高等学校图书情报与档案管理系列教材

新媒体环境下的信息服务

郭海玲　史海燕　徐　杰　主编

科学出版社

北　京

内 容 简 介

新媒体在发展演变过程中，依托数字技术、网络技术、移动通信技术和智能技术，呈现出各种媒体形态，新媒体的发展促进了信息服务在服务理念、服务内容、服务方式等方面的变革与发展。面对新媒体环境，开展信息服务不能再局限于传统的思维和条件，要与时俱进，具有一定的前瞻性。本书将新媒体形态划分为五大类：网络媒体、聚合媒体、社交媒体、智能媒体和互动电视媒体，并以信息加工、信息发布、信息导航、信息推送、信息检索、信息咨询、知识服务为主线，详细介绍新媒体环境下各种信息服务的应用策略。本书各章节在阐述理论的同时，辅以丰富案例，理论与实践并举，帮助读者深入理解所学知识。

本书可以作为高等院校信息资源管理、信息管理与信息系统、电子商务、图书馆等相关本科专业及图书情报学科研究生的课程教材，也可以为从事信息资源开发、管理和利用的有关人员提供学习参考。

图书在版编目（CIP）数据

新媒体环境下的信息服务/郭海玲，史海燕，徐杰主编. —北京：科学出版社，2021.3

高等学校图书情报与档案管理系列教材

ISBN 978-7-03-067312-1

Ⅰ. ①新… Ⅱ. ①郭… ②史… ③徐… Ⅲ. ①情报服务-高等学校-教材 Ⅳ. ①G252.8

中国版本图书馆 CIP 数据核字（2020）第 265315 号

责任编辑：方小丽　王丹妮 / 责任校对：贾娜娜
责任印制：张　伟 / 封面设计：蓝正设计

科学出版社 出版
北京东黄城根北街 16 号
邮政编码：100717
http://www.sciencep.com
北京凌奇印刷有限责任公司 印刷
科学出版社发行　各地新华书店经销
*
2021 年 3 月第　一　版　开本：787 × 1092　1/16
2022 年12月第二次印刷　印张：10 1/4
字数：282 000

定价：68.00 元

（如有印装质量问题，我社负责调换）

前　言

信息服务业是国民经济的基础性、先导性和战略性产业，是信息产业中最活跃、智力最密集和发展最快的产业，是信息化的核心和灵魂。从世界范围来看，信息服务业发展迅速，已成为世界经济增长的新动力。在发达国家，信息服务业在信息产业中所占的比重已超过信息产品制造业，成为国民经济中新的经济增长点。可见，在信息化生态大环境下，信息服务俨然成为经济发展模式转变的主要方向。

当今以互联网技术、移动通信技术、数字媒体技术为代表的新媒体在社会经济系统中发挥着举足轻重的作用，其对于信息服务业的发展产生了深远影响。这些新媒体不仅改变了信息服务理念、拓宽了信息服务渠道、创新了信息服务模式、极大地释放了公众信息服务消费潜力，而且带动了传统信息服务业的数字化转型，催生了数字创意内容、在线教育、医疗健康等大量新应用、新模式、新业态，不断满足公众对信息服务消费的需求，推动了信息服务消费快速增长。在新媒体环境下，正是凭借着信息服务的帮助、释疑、解惑等功能，实现了信息流的高效流转和传输，信息服务已经成为社会信息化进程的主力军。

信息服务业的高速发展引发了巨大的人才缺口，国内外高校注意到该现状与趋势，纷纷设置了信息服务相关课程，以培育该领域的专门人才。信息服务作为信息管理的中心环节，在整个专业领域处于一个归属和目的的位置，是高等院校信息资源管理、信息管理与信息系统、图书馆等相关本科专业及图书情报学科研究生的核心课程。2017 年，主编郭海玲获批国家社会科学基金青年项目“跨境电子商务信息服务协同创新模式研究”（项目编号：17CTQ046），信息服务的发展与创新是该项目的出发点和落脚点，这给了编者更多的机会和动力去重新梳理新媒体环境下信息服务的变革与创新问题。因此，编写这本《新媒体环境下的信息服务》既是对编者教学与科研体会的展示，也是为求教于各位同行专家，更是希望通过此书抛砖引玉，希望求得专家学者对新媒体给予更多关注和思考，从而让信息服务工作紧跟时代发展，在新媒体浪潮中焕发光彩。

在内容编排过程中，本教材充分考虑信息服务的特性，既分析了信息视角的信息服务，又分析了服务视角的信息服务，既考虑了信息服务的技术问题，又考虑了信息服务的经济问题。通过编纂，我们力求为学生提供一本既能够了解信息服务基本原理，又能够客观、全面地了解新媒体环境下信息服务发展全貌的教材。当然，基于编者的学科特长自然容易有所侧重，但我们力求反映国内外最新的学术研究成果，力求基本概念的准确、一致，力求内容安排的科学合理。

本书既包括理论，又提供相关案例，实现了信息服务理论知识与实践内容的结合。具体内容安排如下：全书分 10 章，其中前 3 章为基本概念篇。第 1 章是信息服务业概述，对于信息服务业的概念、国内外主流信息服务业分类体系及全球信息服务业的市场发展格局进行介绍。第 2 章是信息服务概述，介绍信息、服务、信息服务的基本概念，总结信息服务的基本原理。第 3 章是新媒体概述，介绍新媒体的概念、使用情境、基本特点、技术基础及发展形态。第 4 章是新媒体与信息服务，主要介绍新媒体对信息服务的具体影响，并对新媒体形态及信息服务的方式进行了具体划分，该章节内容是后续章节研究的基础。第 5～9 章，按照新媒体的具体形态进行章节划分，并以信息加工、信息发布、信息导航、信息推送、信息检索、信息咨询、知识服务为主线，详细介绍新媒体环境下各种信息服务的应用策略。其中，第 5 章是网络媒体与信息服务，第 6 章是聚合类媒体与信息服务，第 7 章是社交媒体与信息服务，第 8 章是智能媒体与信息服务，第 9 章是互动电视媒体与信息服务，上述 5 章采用循序渐进的逻辑刻画了新媒体环境下信息服务的全场景。第 10 章对新媒体环境下信息服务的发展趋势进行了展望。

本书撰写中参阅并引用了大量有关著作和文献，使用了大量案例，恕不在此逐一列举，仅对各位作者一并致以真诚谢意。同时，对出版本书的科学出版社方小丽编辑表示由衷的感谢。由于作者水平有限，本书具体编撰中还存在不少疏漏和不足，不当之处望读者不吝批评指正。

郭海玲　史海燕　徐　杰

2020 年 10 月

目　　录

第1章　信息服务业概述

近年来，随着国民经济的发展和人民生活水平的提高，新媒体行业发展迅猛。新媒体是在新的技术支撑体系下出现的媒体形态，如网络视频、数字广播、移动电视、数字电视、触摸媒体等。相对于报纸、杂志、广播、电视四大传统意义上的媒体，新媒体被形象地称为“第五媒体”。

无线通信在过去20年经历了突飞猛进的发展，从以话音为主的2G时代，发展到以数据为主的3G/4G时代，目前正在步入万物互联的5G时代。2019年6月6日，随着5G商用牌照的发放，我国正式进入5G商用元年。5G以全新的网络架构，提供高带宽、低时延、超高密度连接，实现了网络性能的优化提升。

今天，以互联网技术、移动通信技术、数字媒体技术为代表的新媒体已经在社会经济系统中发挥了举足轻重的作用，其对于信息服务业的发展产生了深远影响。不仅改变了信息服务理念、拓宽了信息服务渠道、创新了信息服务模式、极大发掘了居民信息服务消费潜力，还带动了传统信息服务业的数字化转型，催生了数字创意内容、在线教育、医疗健康等大量新应用、新模式、新业态，不断满足大众的信息服务消费需求，推动信息服务消费快速增长。截至2018年底，信息服务消费占信息消费总规模的比重约为52%。

信息服务业是21世纪的战略性产业，是第三产业中最为活跃的行业，它的发展可满足国民经济和社会多样化的信息需求，为生产和生活、管理和决策服务，也为提高劳动者素质、节省物资和能源、提高效益服务。

1.1　信息服务业的出现和发展

信息服务古已有之，我国秦汉时期的驿传制度便是信息服务业的初始形态。纵观信息服务业的发展历程，其大致经历了四个发展阶段[1]，具体如下。

第一阶段，政治化信息服务阶段。农业经济时代，由于社会分工体系不健全，工农业生产水平不高，用于交换的剩余商品数量有限等诸多限制条件，人们对信息服务几乎没有需求，该阶段也不具备生产性和消费性信息服务发展的基本条件。此时的信息服务活动多是围绕政治和军事需求而开展，是政治活动的产物。例如，因军事防卫需求而设立的烽火制度是典型的信息传输服务制度；汉朝时期的报纸服务业，也是在汉朝国土面积辽阔的条件下，出于各地藩王对京师政治情报的需求而诞生的一种信息传输服务方式。

第二阶段，工业化信息服务阶段。社会经济结构由农业经济转向工业经济，在工业和服务业发展需求的推动下，信息服务业真正成为一门专门性质的产业。科技、生产、生活及战争等各类信息大量产生并交换流通。首先，工业化进程改变了社会分工格局，在市场经济活动中，企业对数据和技术等方面的信息需求增加，让部分企业看到了生产性信息咨询服务的发展前景，加速推动了现代通信传输服务业的诞生和发展。其次，随着社会消费成员生活水平的不断提高，人们逐渐产生了对信息服务的需求，这种消费需求成为企业提高市场竞争力的重要条件。从服务的提供方和服务模式上看，这一时期的信息服务活动主要依托于各类图书馆和科技情报信息服务机构，由专业信息服务人员提供，服务方式为一对多的被动式服务，缺乏主动性和个性化；政府部门、产业部门、文献出版部门及其他信息服务实体之间相互协调，但联系却相对松散。

第三阶段，“一站式”信息服务阶段。随着专业化生产体系的完善，企业出于消除融合发展过程中出现的信息收集不充分和信息不对称、提高生产水平和科技能力、降低交易总成本等目的，对中间性服务和互补性服务的需求不断增长，信息服务业开始进入高附加值阶段，表现形式包括为企业提供市场调研、需求评估、市场宣传、竞争对手情报收集等信息活动。同时，信息技术和互联网的出现改变了信息服务模式，信息服务提供商可以摆脱时空的限制，为消费者提供远程医疗、远程教育、电子商务等虚拟平台的信息服务，扩大了信息服务的范围，丰富了信息服务的内容。人们开始希望通过统一的网络接口，获得来自不同信息源的多媒体信息服务。至此，“一站式”信息服务模式开始出现，以电子邮件、搜索引擎、虚拟社区为代表的网络信息服务开始兴起并迅速普及，传统的信息服务机构也积极顺应时代的变化而不断进行服务创新，推出“一站式”和“平台自助式”服务模式，为企业发展提供有更高附加值的服务。

第四阶段，综合化信息服务阶段。为适应日趋激烈的经济全球化竞争环境，信息服务领域出现了将优势资源、技术和人才等多种要素集成在一起的信息服务机构，它们以战略联盟或者合并的方式组建而成，我们称之为第四方信息服务机构。这种信息服务机构所具备的综合集成技术和战略管理能力可以帮助企业提升其信息链各环节的价值，为企业提供契合经营和生产各环节的全套解决方案，属于知识密集型服务业。从内部结构来看，第四方信息服务机构需要集合行业内外大量的知识资源，其中内部结构中应该拥有知识交流、学习和分享的机会和渠道，而外部结构则需要建立对外部环境发展和变化的识别和收集机制，保持机构内外部环境信息势能的水平一致。同时，机构还需要对客户的信息需求快速响应，引导和帮助客户挖掘潜在需求，与客户实现知识互动。

1.2　信息服务业的概念理解

国内外很多机构和学者的研究均涉及信息服务业的概念和范围，但由于信息服务业本身的宽泛性和关注该问题的侧重点不同，实践中给出的信息服务业相关产业在概念定义范围上则是有宽有窄。

1.2.1　国外信息服务业的概念理解

信息服务业的基本概念最早由美国科学家弗里茨·马克卢普（Fritz Machlup）于 1962 年在《美国的知识生产与分配》一书中提出，他认为信息服务及生产相关信息产品的业态属于知识产业的一部分，包括职业信息服务和金融信息服务两大类。其后，美国经济学家马克·尤里·波拉特（Marc U. Porat）在 1977 年出版的专著《信息经济》中对信息服务业进行了解读，其将信息产业分为两类：一是直接向市场提供信息产品和信息服务的所有组织与活动，以及在政府部门中以提供信息为主的部门，为第一信息部门；二是大部分政府机构和其他企事业单位内的管理部门，为第二信息部门，第二信息部门所从事的信息活动仅仅构成行政政府管理职能或者各企事业单位的市场活动必须付出的信息成本。

联合国统计委员会指出信息服务业是依靠新的信息技术和信息处理手段，将信息产品的研发生产与提供信息服务融合在一起，具体包括媒体信息的制作、计算机通信相关活动，以及各项文化体育和娱乐活动。

欧盟大多数国家对于信息服务业服务范畴的认知基本一致，认为信息服务业包括信息产品产业以外的所有行业部门，涵盖信息处理与加工、网络服务、软件产品及系统集成服务等一系列服务内容。

日本科学技术与经济协会将信息服务业归纳理解为与信息的生产、获取、加工、存储和流通等活动相关的各项产业的总称。

韩国信息社会发展研究所发布了《2018 年韩国信息和通信技术（ICT）行业报告》，报告中指出信息服务业主要包括信息基础设施服务、信息媒体服务和信息提供服务。

1.2.2　国内信息服务业的概念理解

中国学者对于信息服务业具体概念的研究较晚，但也有许多代表性的观点。匡佩远认为信息服务业是指从事信息的采集、存储、加工、传递、交流，向社会提供各种信息产品或服务的行业，包括信息网络、信息技术和信息内容服务业[2]；李南南和孙秋碧认为信息服务业是信息产业集群的一个子集，它通过各种方式，包括现代信息技术和传统的手工服务方式，为信息用户进行生产、消费、流通提供有价值的信息产品或劳务的各种活动的总和[3]；刘合翔援引信息经济学家马克斯·H. 布瓦索（Max H. Boisot）的“信息空间”理论，以一种针对信息本身的完整理论视角，尝试对信息服务业做了界定和划分，其强调“信息服务业是从事信息的编码、抽象和扩散等方面产业服务性活动机构的总和”[4]；朱红和王素荣在《信息资源管理导论》一书中指出信息服务业是高智慧的智力密集型活动，是信息管理过程中一个重要环节，其根本目的是更高效地利用信息资源。除此之外，她们还从广义和狭义两个视角定义了信息服务业：广义层面的信息服务业指的是以产品或者劳务的形式为使用者提供的信息活动；狭义层面的信息服务业指的是以信息为服务内容的行业[5]。

近年来随着社会经济的发展和科技的进步，传统的信息服务业业态发生了新的变化，逐步形成了以计算机应用为基础，以数据库、软件服务、系统集成、网络服务、信息咨询服务等为主要内容的现代信息服务业。现代信息服务业在促进知识和信息的接收、传递和应用方面起着关键的作用，高质量的信息服务是繁荣经济的催化剂，不仅对于成熟的市场导向的经济体制是这样，对于转轨型的经济体制也是这样。在所有的经济与社会层面及时提高对适用信息、信息系统和技术的认识、接收和应用，对所有进行巨大经济与社会变革的国家都是极其重要的。黎苑楚在 2004 年指出现代信息服务业是指充分利用计算机、通信和网络等现代信息技术对信息进行生成、收集、加工、存储、检索和利用，为社会提供信息产品和服务的专门行业的集合体[6]。现代信息服务业与其他产业的关联性较强，同时涉及信息、通信、广电、影视、文化、出版、流通等众多领域及其相关管理部门。就现状来看，国内外许多机构和学者研究的重点纷纷转向现代信息服务业。

1.3 国外主流信息服务业分类体系

信息服务业凭借其对社会生产的巨大带动作用、与其他产业的高度关联等特质，已经成为信息产业中发展速度最快、技术创新最活跃、增值效益最大的一个产业。但考虑到信息服务业一直以来是一个相对抽象和模糊的概念性产业，国际上对其行业界定和子行业划分也一直未能有一个统一的看法。笔者选择参考各国权威统计部门提供的行业标准，对信息服务业的概念和范围进行界定。目前，国际上比较权威的几种主流信息产业分类体系主要有国际组织建立的产业分类体系、澳新标准产业分类体系、北美产业分类体系，国际组织建立的产业分类体系主要包括经济合作与发展组织（Organization for Economic Co-operation and Development，OECD）产业分类体系、欧盟经济活动统计分类体系。此外，世界贸易组织（World Trade Organization，WTO）的服务贸易协定和日本的信息服务业在国际上也有较强影响力。

1.3.1 联合国对信息服务业的分类

联合国统计司于 1948 年设计的经济活动国际标准产业分类（international standard industrial classification of all economic activities，ISIC）体系，从诞生至今，经过多次修订，目前是世界上对经济活动分类最权威、最有影响力的国际标准之一。如表 1-1 所示，该标准为 ISIC 修订本第 4 版（ISIC Rev. 4），其对信息和通信活动的处理建立在活动特征的基础上，更大程度地满足了经济活动的一致性。其中，信息服务活动主要包括数据处理、托管和相关服务，门户网站，新闻机构活动，以及其他信息活动。

表 1-1 ISIC Rev. 4 体系中信息服务活动列表

		类别代码	类别名称	说明
J63	信息服务活动	J6311	数据处理、托管和相关服务	托管、数据处理和相关活动的设备提供、专业托管活动，应用服务提供，虚拟主机提供，数据处理和数据接入活动
		J6312	门户网站	门户网站运营及其他网站的运营
		J6391	新闻机构活动	向媒体提供新闻、图片、特写的辛迪加和新闻机构的活动
		J6399	其他信息活动	诸如信息服务电话、基于合同或付费的信息检索服务、剪报服务等在别处没有定义过的其他信息服务

1.3.2 OECD 对信息服务业的分类

OECD 是较早研究信息产业部门内容与分类标准的国际组织之一，该组织以 ISIC 修订本第 3 版（ISIC Rev. 3）中“部门组别”为分类依据，打破原有的经济部门设置，归并组织构架，从信息制造与信息服务两大主线出发，提出了“信息和通信技术部门”的概念。2007 年在 ISIC Rev. 4 行业分类标准基础之上，OECD 对信息制造产业进行了两次修订，首次提出信息服务业的概念，将信息产业界定范畴进一步延展，同时也肯定了未来以制造带动服务发展的趋势。在产业分类体系中，OECD 要求其服务业门类下产业部门的活动必须具备以电子方式实现通信传输和信息处理等功能，因此，传统的出版、新闻机构均被排除在 OECD 信息服务业门类之外。

1.3.3　WTO 对信息服务业的分类

《服务贸易总协定》(general agreement on trade in services，GATS）是 WTO 管辖的一项多边贸易协议，适用于各成员方采取的影响服务贸易的各项政治措施。其所列服务行业包括以下 12 个部门：商业、通信、建筑、销售、教育、环境、金融、卫生、旅游、娱乐、运输、其他等。按照 GATS 的总体框架要求，2009 年，WTO 秘书处向成员方提交了计算机及其相关服务，具体包括与计算机硬件安装有关的咨询服务、软件实施服务、数据处理服务、数据库服务及数据准备和培训等相关的服务。

1.3.4　北美产业分类系统的信息服务业分类

1997 年，美国、加拿大、墨西哥三国联合制定了《北美产业分类系统》(North American industry classification system，NAICS），NAICS 是以新兴产业、服务业和高新技术产业为主的分类体系，以生产为基本分类准则，将信息生产过程相同或相似的服务活动全部归到信息产业活动类别中，既包括生产、传播或提供信息分配手段的单位部门，也包括提供数据加工服务的单位部门，具体有出版业、电影和音像业、广播电视和电信业、信息和数据处理服务业等。其中，与信息服务相关的分类包括：①报纸、期刊、图书和黄页出版、软件出版；②电台广播和电视广播、有线和其他节目发行、通信；③数据处理、托管及相关服务；④新闻辛迪加、图书馆与档案馆、互联网出版和广播及 Web 搜索门户等其他信息服务；⑤管理、科学与技术咨询服务。

1.3.5　欧共体经济活动统计分类体系的信息服务业分类

欧共体经济活动统计分类（statistical classification of economic activities in the European community，NACE）体系由欧盟统计局负责管理，派生于 ISIC 的产业分类体系，是目前最有影响力的派生型产业分类体系之一。NACE 在欧洲的应用非常广泛，除了成员国，还有另外 15 个国家利用它建立了相应的国家产品分类体系。欧盟对信息服务业的界定采用了 J 类信息与通信（information and communication）行业的划分标准。2008 年颁布的 NACE 修订本第 2 版（NACE Rev. 2）与 ISIC Rev. 4 对信息服务活动行业范围划分基本保持一致，主要包括数据处理、托管和相关服务，门户网站，新闻机构活动，以及其他信息服务活动。

1.3.6 澳新标准产业体系的信息服务业分类

澳大利亚和新西兰标准产业分类（Australian and New Zealand standard industrial classification，ANZSIC）体系是由澳大利亚和新西兰联合推出的便于核算的产业分类体系。1993 年，澳大利亚和新西兰统计局借鉴 ISIC Rev. 3 的经验，在 ASIC 1983 和 NZSIC 1987 的基础上首度联合，推出了共同的产业分类体系 ANZSIC，与 ISIC 的编码方式类似，ANZSIC 率先于 ISIC Rev. 4 将 J 类信息服务独立成项。其后，为了尽可能与 ISIC Rev. 4 接轨，将 J 类信息服务更改为 J 类信息媒介与通信，该类主要包括从事信息产品创作和存储、使用模拟和数字信号传播信息产品、提供信息产品的传输和存储服务的相关活动，具体有出版业、电影录像业、广播、互联网出版和广播、电信业、互联网服务供应、Web 搜索门户和数据处理服务、图书馆和其他信息服务活动。与 ISIC Rev. 4 有所不同，该类包括图书馆和档案馆的信息服务。

1.3.7 日本的信息服务业分类

日本总务省统计局颁布的《日本标准产业分类》在借鉴北美分类方法的基础上，考虑日本国内信息服务业的实际发展状况，共两次修订了日本标准产业分类方法。根据日本经济产业省对信息服务业的具体界定，将其分为三大类。第一类，以信息数据处理、分时服务、设备管理等各项网络增值服务为主要内容的信息处理服务业；第二类，以数据加工、收集、存储服务和市场调研为主要内容的信息提供服务业；第三类，以软件开发和销售为主的软件服务业。2014 年日本又发布了《信息服务产业白皮书》，将信息服务业分为软件业、信息处理与提供服务业、互联网附属服务业，并细分为 10 个子行业。

综上，对于信息服务业的划分，各国有着不同的方法，这些方法适应了各国、各时期产业经济的发展和管理需要，上述标准为描述信息服务内容提供了基本参考。

1.4 国内信息服务业分类相关研究

1.4.1 国内学术界对信息服务业的分类

信息服务业结构问题是从 20 世纪 80 年代至今热度一直未减的话题。信息服务业的界定和行业结构研究直接关系到信息经济与信息服务经济分析，决定着信息服务业宏观管理理论的确立。关于这一问题，国内学术期刊发表了上百篇论文，以下选取较具代表性的几种分类方式介绍。

刘昭东从信息服务业的服务形态和服务媒介出发，将信息服务业分为传统信息服务业和现代电子信息服务业。与传统信息服务业不同的是，现代电子信息服务业是以计算机、多媒体技术和现代通信等电子信息技术手段为主要信息处理方式的信息服务业，以信息处理服务业、信息提供服务业、软件开发服务业、系统集成服务业、咨询服务业及网络服务业为主要代表[7]。方清华结合我国实际，将信息服务业分为传统信息服务业与现代信息服务业，传统信息服务业包括文献采集、处理、传播服务业及新闻报道与广告出版业；图书档案与文献情报业；邮政邮电与专利标准服务业。现代信息服务业包括软件业、系统集成业、网络服务业、数据库业、信息处理业、咨询业、信息提供业[8]。

陈禹和谢康把信息服务业划分成生产性信息服务业和消费性信息服务业。生产性信息服务业包括：金融、保险、数据库、软件服务业；信息网络工程服务、视听业；邮电、出版、图书销售、娱乐业；信息设备修理、市场信息服务、综合技术服务、专业信息服务业。消费性信息服务业包括：科技研究、教育、体育、新闻报道业；文献采集、处理、传播、存储服务业；图书、情报、档案、专利、标准服务、部分旅游、医疗卫生业等其他服务业[9]。

关于现代信息服务业，邓胜利指出在产业规模持续扩张的年代，现代信息服务业的内涵不断丰富，如图1-1所示，主要表现为四个方面：信息咨询服务业、计算机服务业、信息传输服务业、软件服务业。信息咨询服务业包括教育与培训业、中介与代理业、社会调查业、咨询业；计算机服务业包括数字媒体内容业、动漫与网络游戏业、数字设计与文化创意业；软件服务业包括数据处理业、增值电信业、数据库服务业、软件和集成电路设计业；信息传输服务业包括数字广播业、数字电视业、互联网增值服务业、移动通信增值服务业。

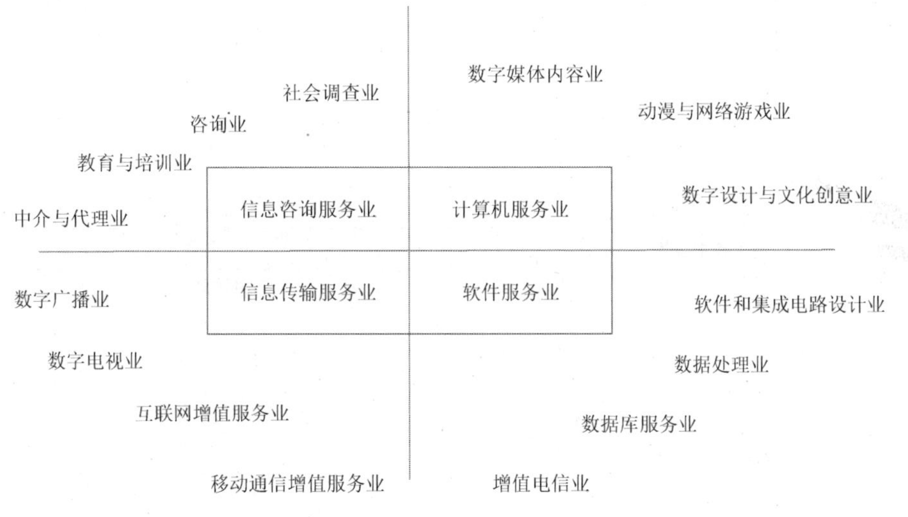

图1-1　现代信息服务业构成

随着信息技术及网络通信的飞速发展，现代信息服务业也逐渐形成了新时期的特点，总结起来，主要包括：①与传统服务业深入融合，使信息服务业规模不断扩大，国民经济占比逐渐上升，许多发达国家信息服务业的增长速度普遍高于同期国内生产总值（gross domestic product，GDP）的增加速度；②移动通信、物联网、大数据、云计算等信息技术的不断发展，使新型信息服务业态不断涌现，技术与产业的融合进一步加深，分工逐步细化；③信息共享全球化，催生了软件与信息服务产业转移，信息服务外包态势更加明显；④互联网信息服务与数字服务产业更加专业化，大批量高科技从业人员的加入使得商业模式不断创新，信息服务业不断专业化。

1.4.2　国家标准中的信息服务业分类

我国于 2002 年 10 月 1 日起正式实施的《国民经济行业分类》就改编自 ISIC Rev. 3 版本。经历 4 次修订，2017 年实施的《国民经济行业分类》对于信息传输、软件和信息技术服务业进行了分类，但是该分类标准难以对信息服务活动进行准确和全面的反映。2018 年，国家统计局参照国际相关分类标准并以《国民经济行业分类》（GB/T 4754—2017）为基础，制定了《高技术产业（服务业）分类（2018）》。如表 1-2 所示，将信息服务归为一大类，信息服务大类包括 3 个中类，分别是信息传输服务、信息技术服务、数字内容及相关服务，中类细分为 35 个小类。

表 1-2　高技术产业（服务业）分类（2018）

中类	小类
信息传输服务	固定电信服务
	移动电信服务
	其他电信服务
	有线广播电视传输服务
	无线广播电视传输服务
	广播电视卫星传输服务
	其他卫星传输服务
信息技术服务	互联网接入及相关服务
	互联网搜索服务
	其他互联网服务
	基础软件开发
	支撑软件开发
信息技术服务	应用软件开发
	其他软件开发
	信息系统集成服务
	物联网技术服务
	运行维护服务
	信息技术咨询服务
	互联网安全服务
	互联网数据服务
	信息处理和存储支持服务
	集成电路设计
	呼叫中心
	其他未列明信息技术服务

续表

中类	小类
数字内容及相关服务	地理遥感信息服务
	动漫、游戏数字内容服务
	其他数字内容服务
	互联网游戏服务
	互联网其他信息服务
	电子出版物出版
	数字出版
	互联网广播
	互联网电视
	广播电视集成播控
	其他文化艺术

可以看出，该产业分类主要侧重信息服务业中与互联网相关的高技术部分，不包含信息中介等传统信息服务业，在信息咨询方面也仅仅提及了信息技术咨询。目前，业内较为认可的观点是将信息服务业划分为三部分，分别是信息传输服务业、信息技术服务业和信息内容服务业。其一是与信息通信网络密切相关的部分，不仅包括电信和互联网服务，还包括广电传输和增值服务。依托网络基础设施进行生产和运营活动是信息服务业的本质特征，因此可以把这一类信息服务称为信息传输服务业。其二是与计算机及软件有关的服务，包括软硬件支持、信息技术（information technology，IT）咨询和集成、服务外包等，这部分内容可以被称为信息技术服务业。其三是与内容有关的服务，包括内容的创意、设计、制造等，这类服务的产出将成为信息通信网络“高速公路”上奔驰的各种“车辆及货物”，可以称其为信息内容服务业。

笔者比较认同上述分类标准，但本质上，信息服务业的概念是一个动态的概念，其范围也是一个动态的范围。对信息服务业概念和范围的界定也会随着社会的发展和人们认识的逐渐深入而不断变化。从目前的发展态势和社会影响力来看，有几类信息服务业态比较突出，主要包括网络信息服务企业、数据库产业、信息咨询业、电信增值服务业等。当然，这种对当前信息服务业态的市场认知并不是一种完整的分类，存在一定的概念交叉。基于此，本书重点针对上述信息服务业所涉及的信息服务类型进行介绍。

1.5　全球信息服务业的市场发展格局

1.5.1　美国的信息服务业发展现状

美国是当今信息产业最发达的国家之一，其强大的计算机技术、通信技术及网络技术带动了信息服务业的快速发展，同时丰富的管理经验也构成了美国信息服务的基础。美国信息服务业总体规模占全球的 1/3 左右，信息服务业也是美国发展最迅速的产业之一。产业日益发展壮大，数据库服务快速发展，信息服务体系形式多样是美国信息服务业发展的特点。这些都要归结于美国良好的政策与法律环境，以及技术上的先发优势。首先，美国是现代信息技术革命的发源地，具有世界领先的现代信息技术产品生产企业，如 IBM[①]、Apple[②]、HP[③]和 Intel[④]，同时有一批世界顶级的软件、信息技术服务企业，如微软、Oracle（甲骨文有限公司）、Facebook 等；其次，美国信息服务业发展也具有庞大的市场需求，上至联邦政府，下至地方政府、企业集团，其中一些重要的政治、经济决策往往需要依靠产业化的信息服务机构提供决策支持。

美国的信息服务业，专业化、专题化数据库发展非常迅速，特别是近 10 年计算机和网络技术的快速发展，使得行业建设数据库的传播速度远超过了数据库机构的信息传播速度，数据的加工、存储、提供变得更加简单，一些数据库建设不再被信息服务专业机构所垄断。

1.5.2　欧盟各国信息服务业发展现状

欧盟的信息服务业稳健发展，在世界各国、各地区中占据着重要的地位。这得益于欧盟国家对信息服务业的重视，欧盟各国纷纷制定完善的信息产业政策法规，并高度重视服务创新，重视信息产业基础设施建设，正是凭借着这些独特的优势，欧盟各国信息服务业发展态势良好。

但是欧盟各国信息服务业市场发展存在着很大的地域差异，英国（2020 年 1 月 30 日，欧盟正式批准了英国脱欧）、法国和德国三国的信息服务业增加值总额（gross value added，GVA）[⑤]的产值一直居于欧盟 27 国的前三位。

欧盟各国中信息服务业发展规模最大的是英国，英国信息服务业的发展是欧洲信息服务业发展的重要体现。英国的信息服务市场中通信和信息化应用方面发展较快，互联网建设及使用情况良好。首先，英国的无线网络普及率、移动互联、电子商务等居世界领先地位，宽带使用率高且费用低廉，其互联网服务业仍是欧洲最具竞争力的行业。其次，英国信息数据库历史悠久、涉及面广，拥有许多世界上最全面的历史数据集，其中比较著名的是英国科学技术专家数据库（British expertise in science and technology，B.E.S.T），该数据库容纳了大学、工学院、政府各部研究机构、部分工业研究协会等单位的研究人员及相关成果信息，因其所包含的信息范围和多样性适用于各种企业而受到社会广泛好评。

类型多是法国信息服务部门的一大特色，其中科技信息服务业发展规模最大。法国的公共科技信息服务机构绝大部分是公立部门，形成纵横交错的全国性网络。但近几年，法国的信息技术服务和信息化咨询业发展缓慢。

---

① International Business Machines Corporation，国际商业机器公司。

② Apple computer Inc，苹果电脑公司。

③ Hewlett-Packard Development Company，惠普公司。

④ Intel Corporation，英特尔公司。

⑤ GVA 是一个估计 GDP 的重要方法，GDP 和 GVA 的区别可以用一个公式来表达：GVA – 生产的税收 – 生产的补贴 = GDP。

德国是信息产业发展较早的国家，其早期电信网络和互联网建设世界一流，网络升级和信息化应用发展速度也很快。咨询服务业作为知识密集型产业，是第三产业中的一个重要支柱。目前，德国在信息咨询服务业的竞争力非常强，已出现一系列知名的大型综合咨询公司，咨询服务领域也已经由最开始的工程领域拓展到了政治、经济、社会等各行各业。总结德国的信息咨询服务业，主要具备以下特点：注重科研成果转化、信息共享程度高、咨询服务规范、协会的服务和管理功能较大等。此外，德国的云服务市场发展潜力巨大，来自全球的云服务提供商纷纷寻求机会进入德国市场，以期抓住机遇。

1.5.3　日本信息服务业发展现状

信息服务业作为日本国民经济运行中的重要支柱性产业，尽管受到了 2008 年金融危机的冲击，但是仍然呈小幅的正增长态势。就目前发展状况来看，日本是世界第四信息服务业大国，其信息服务的发展呈现产业保持稳步增长、软件服务占据重要位置、合作协同日趋紧密、政府大力扶持产业发展等特点。

日本信息服务业中的金融、政府项目、通信和零售起到了引领业界发展的作用，一般来说，来自金融业和软件业的订单较多且比较稳定。在日本的信息服务业中软件开发业务相对庞大，在国民经济中占有重要地位，其销售额占总销售额的比重较大，软件服务中向大型计算机用户“定制软件”的受托服务产值规模是压倒各国的，受托计算机服务即信息处理服务，是日本信息服务中“特殊服务”项目中的一个主要内容。此外，日本政府对产业结构调整的干预程度很强，日本软件与信息服务业能在短时期内迅速腾飞，很大程度上源于政府对于产业的扶植和正确引导。在资金方面，政府通过提供补助金来确保企业能有足够的资金用于人才培养、软件开发和数据库建设事业。

1.5.4　中国信息服务业发展现状

进入 21 世纪以来，中国信息服务业发展迅速，产业收入规模保持着稳健的增长，各级政府高度重视现代信息服务业的发展，将它列入“十二五”发展规划，信息服务业成为战略性新兴产业及现代产业体系的重要组成部分。互联网等信息传输服务业作为信息服务业中的新兴部门，其产业发展更是十分迅速，国家政策支持力度也不断加强。“十二五”期间是互联网蓬勃发展的阶段，在“十二五”规划的指导下，互联网在工业、农业、金融、政府、民生各方面应用推广的优惠政策相继出台，为产业发展提供了持续的政策支撑。互联网基础环境全面优化，互联网企业迅猛发展，竞争能力不断增强，跻身国际前列，互联网企业产品创新惠及百姓生活，网络经济时代全面开启。2015 年国家又提出“互联网+”计划，为互联网产业发展创造了更为有利的条件。信息服务业各细分行业依靠国家政策支持，实现技术不断创新，特别是随着政府、教育、企业等国家重要信息化领域的需求进一步增加，各细分行业将具有更为优越的发展前景。

此外，信息服务业具有较强的产业渗透能力，作为基础性产业，信息服务业与其他产业不断融合，为我国产业转型升级创造了有利条件。在产业层面上，传统制造业、批发零售业、广告传媒业等各产业纷纷引入新技术、新工具，信息化程度不断增强。在企业价值链层面上，设计、采购、生产、销售等各环节逐渐网络化、数据化，商业模式不断创新。随着互联网产业的发展，我国信息服务业跨界融合更加深刻、广泛，尤其是互联网产业的发展，几乎渗透到所有传统产业。传统产业通过与互联网产业相融合，实现了信息、产品、资金、物流等的重新整合，形成新的业态，搭建新的平台，产生新的应用，推动产业结构的优化与升级[10]。

但我国信息服务业起步晚，受外部环境和自身条件等多方面的影响，中国信息服务市场发展还处于初级阶段，信息服务业占国民经济的比重相对较低，与欧美、日本等发达国家和地区相比还有很大的差距。目前，中国的信息服务业产业结构不合理，从信息服务业的构成来看，通信和软件、互联网服务在整个信息服务业中占比较大，而广电传输、数字内容产业等在信息服务业中占比较低，出现了严重的结构失衡现象。相比而言，欧美发达国家和地区在发展信息服务业方面，普遍以附加值高、产业辐射力强的信息分析与咨询服务业为龙头，具有较为鲜明的高端化特征，而我国信息服务业在信息分析与咨询服务业上增加值过小。此外，我国的信息服务业还呈现产业发展地域聚集的趋势，存在东西部信息服务业发展差距较大，供需不平衡等问题。

总之，我国信息服务业发展从快速增长到逐渐步入平稳调整、深度转型阶段，面临由大变强、提质增效、由生产性向服务性转变的新挑战。在新常态下，高速发展的信息消费、发展空间巨大的信息科技领域，信息服务业的发展更加深入社会生产与服务，继续深化与传统产业的融合，我国的信息服务业将具有更大的发展潜力。

1.6　发展信息服务业的意义

世界各国都将发展信息服务业视为促进本国经济发展和产业优化升级的关键措施。虽然我国信息服务业的发展起步较晚，但各级政府高度重视，纷纷制定了各种信息服务业发展的规划性政策文件，并通过政策倾斜的方式大力倡导信息服务业的发展。信息服务业属于科技含量高、产业附加值高、产业关联带动作用大、能源资源消耗低、环境污染低、人力资源利用充分的新型产业，其发展对我国经济发展和社会转型有着十分重要的意义。

首先，发展信息服务业可以软化产业结构，推动产业结构优化升级。随着经济社会的发展和演进，在产业结构上表现为：农业比重持续下降、工业比重先升后降、服务业比重持续上升。这种服务业比重持续提升的过程可称为国民经济产业结构软化，是产业结构优化升级的重要标志。信息服务业软化产业结构的作用主要体现在两个方面：一是信息服务业发展使得服务业在产业结构中的比重持续上升，带动了产业结构的软化；二是在对传统产业渗透的过程中，信息服务业作为一种典型的通用目的性技术，可以从投入和需求两个方面软化产业结构。

其次，加快发展信息服务业有利于提升经济效率，促进经济发展。信息服务业是处理信息的产业，对提高市场运行效率、减少信息不对称、降低交易成本有着重要作用。信息服务业作为推广和应用信息与通信技术的产业载体，具有明显的扩散效应和乘数效应。一方面，信息和通信技术的应用和创新会创造出一些新的产业形态，如远程教育、远程医疗等，直接拉动了就业和提升了经济产出；另一方面，信息服务业会渗透到国民经济的各个领域，提升其他生产要素的信息含量和利用效率，带动传统产业优化和升级，产生巨大的效应。

最后，加快发展信息服务业有利于促进工业化和信息化融合。实现两化融合是我国当前经济发展的一个重要任务，信息服务业在推动信息化的过程中，可以带动两化融合，实现工业化和信息化的循环提升。事实上，信息服务业通过深化信息化应用来改造和提升传统工业，走上新型工业化道路的同时，新型工业化也为信息服务业的发展提供了物质技术基础和广阔的市场空间。这种循环互动过程将会促进新型工业、现代农业和服务业的形成，从而实现经济和社会的跨越式发展。

无疑，新媒体的迅速普及、信息资源的爆发式增长、网络技术和通信技术的飞速发展和有机融合，将把信息服务业推向一个新的发展阶段，使其在服务内容、方式、深度、广度、效果和效益等各方面都将迈上一个新的台阶，成为信息产业中名副其实的主体产业。

参考文献

[1] 张雷. 中美英德日韩信息技术与信息服务业国际竞争力分析. 长春：吉林大学，2018.

[2] 匡佩远. 信息服务业：定义和统计框架. 统计教育，2009，（5）：20-26.

[3] 李南南，孙秋碧. 信息服务业的概念及范围初探. 现代情报，2007，27（12）：69-70，74.

[4] 刘合翔. “信息空间”理论视角下的信息服务产业界定与划分. 图书情报工作，2010，54（22）：47-50，15.

[5] 朱红，王素荣. 信息资源管理导论. 北京：国防工业出版社，2006.

[6] 黎苑楚. 信息产业导论. 武汉：湖北人民出版社，2004.

[7] 刘昭东. 关于中国信息产业发展问题的思考. 中外科技政策与管理，1994，（3）：5-10.

[8] 方清华. 图书情报机构的现代化及其在现代信息服务业中的定位. 武汉：武汉大学，2005.

[9] 陈禹，谢康. 知识经济的测度理论与方法. 北京：中国人民大学出版社，1998.

[10] 杨楠. 基于投入产出法的我国信息服务业发展研究. 天津：天津大学，2016.

第 2 章　信息服务概述

如今，信息是当代社会使用最多、最广、最频繁的词汇之一，与物质、能源一起被称为社会发展的三大基础资源，已经在生产生活的各个领域引起人们的广泛关注。信息对国民经济增长具有重要作用，这种作用必须通过信息服务才能实现。信息服务是信息生产活动的延续，是连接信息产品生产者和信息产品消费者的桥梁和纽带。发展信息服务产业的过程就是开发、利用信息资源的过程。因此，首先，本章将明确信息、信息资源的相关概念。其次，考虑到信息服务是一种典型的服务类型，是发生在服务机构与信息用户之间的满足用户信息需求的一种服务行为，对于服务及相关概念的介绍也有助于帮助读者更好地理解信息服务的内涵和外延。最后，本章将介绍信息服务的基本原理。

2.1　信息及信息资源

2.1.1　信息的概念

由于研究的侧重点、学科领域不同，对信息的提法有很多，如消息、事实、数据、信号、符号、资料、专利、经验、知识、智慧、减少或消除不确定性和无序程度的要素、事物的特征或属性等，以上关于信息的词汇均是人们从不同角度、不同学科对信息的理解，往往带有特定的意义。

最早把信息作为科学对象加以研究是在通信领域，因为通信的本质就是传输信息。在通信领域，克劳德・艾尔伍德・香农（Claude Elwood Shannon）、诺伯特・维纳（Norbert Wiener）、里昂・布里渊（Leon Brillouin）等专家对信息有着共同的理解，他们指出信息是对有序程度（或组织程度）的度量和负熵，用以减少不确定的要素。随着科学技术和经济的发展，人们的认知水平不断提高，信息的概念也不断拓展。信息被看作数据、经验、知识和资料，诸如“信息是作为存储、传递和转换的对象的知识”“信息是人与人之间传播着的一切符号系列化的知识”“信息是决策、规划、行动所需要的经验、知识和智慧”“信息是组织好的、能传递的资料”，这些均是较具代表性的定义[1]。

对于信息的概念，钟义信教授给出了相对清晰的诠释，更能恰当、通俗地揭示信息的本质含义。他从本体论和认知论两个角度来定义信息。本体论层面的信息是指事物存在的方式和运动状态的表现形式。其中，“事物”泛指存在于人类社会、思维活动和自然界中一切可能的对象。“存在方式”指事物的内部结构和外部联系。“运动”泛指一切意义上的变化，包括机械的、物理的、化学的、生物的、思维的和社会的变化。“运动状态”则是指事物在时间和空间上变化所展示的特征、态势和规律[2]。这个层面上定义的信息具有客观性，是最普遍、最广义的信息。认知论层面上的信息是指主体所感知或表述的事物存在方式和运动状态。这里主体所感知的是外部世界向主体输入的信息，主体所表述的则是主体向外部世界输出的信息。认知论层次上，强调没有主体就没有信息；在本体论层次上，信息的存在不以主体的存在为前提。认知论层次的信息概念比本体论层次的信息概念具有更为丰富的内涵，因为主体具有感知能力、理解能力和目的性。

颜瑞武和王曰芬基于上述两个层面对信息的理解进行了通俗的展示[3]，如图2-1所示。

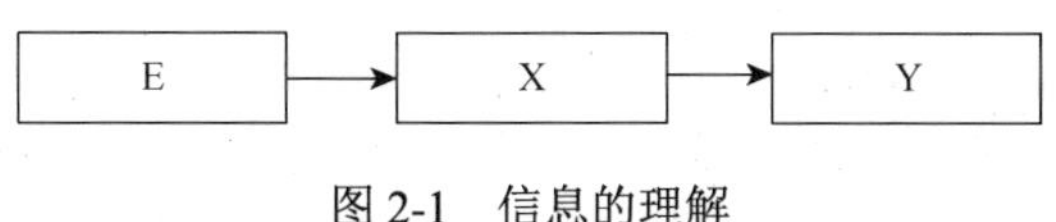

图2-1　信息的理解

其中，E代表世界上千变万化的客观事物运动状态的无穷集合，具体包括客观世界的物质运动状态、人类的实践活动和认识活动状态，如细胞繁殖、山体运动、商品交易活动、企业生产活动等。X代表被各种信息媒介再现或反映的那部分客观事物状态的集合，如广播、报刊、网络等媒体上所发布的新闻报道。Y代表被信息用户接受并感知、认识到的那部分事物状态的集合，是用户所需的信息。事实上，存储在各种媒体中的信息没有被用户获取并利用，就不是真正意义上的信息。

换言之，上述过程其实也反映了信息存在的三种状态：记录状态、传递状态和接收状态。记录状态是主体；传递状态将信息的产生与使用联系起来，是信息流动转移的状态，是信息得以存在的条件，它影响着信息转移的效率；接收状态，即通过听、看、闻、触等方式接收信息并存在于人的头脑中，被人们所理解和吸收的状态，它关系到信息使用者的主体活动，是信息产生效益的状态，也是信息活动要实现的目标。

张晓林指出，信息在本质上是多媒体和富媒体的，音、影、貌、形、图、表、数据等“原生态”地反映自然和社会，只是以前要广泛地组织、传输、利用和保存这些信息形态很困难，所以不得不用纸张和文字来近似地代表或代替[4]。但在新的信息环境下，凡是使用智能设备的人都能感受到，信息的记录形态、传递和交流方式发生了巨大的变化。

2.1.2　信息的分类

信息就是信息，既不是物质也不是能量。信息种类繁多，所以，我们需要对信息进行分类，明晰的信息分类可以为信息服务参加者选择使用信息提供指导。已有学者从不同视角并依据不同标准对信息进行了分类，下面介绍几种经典的信息分类方式。

（1）以信息来源为依据将信息分为自然信息和社会信息。自然信息是一切非人际传播的信息，是自然界物质系统以质、能波动形式呈现的自身状态和结构，以及环境对人的自然力作用，如生物信息、神经信息、矿产信息、天体信息等。社会信息是人际传播信息，包括一切由人创造的、具有广义社会价值的文化形态和观念形态的信息。信息服务的出现离不开自然信息和社会信息的存在，它们的共同作用能促使个人和组织产生相关的信息需求。社会信息是指人类在各类社会活动中创造、传播、交流和使用的信息。但凡是由人类的活动所创造的信息都可被称为社会信息。自然信息作用于人类，也将促进人类自然科学知识的产生，从而形成反映这些知识的社会信息。人类活动必须依托社会信息来完成组织和协调行为。

（2）依据信息的性质可划分为语法信息、语义信息和语用信息。认识论层次上的信息同时考虑到了事物存在方式和运动状态的外在形式、含义及效用价值，我们把考虑其中形式因素的信息称为语法信息，把考虑其中含义因素的信息称为语义信息，把考虑其中效用因素的信息称为语用信息。

（3）按信息的运动方式分为静态信息和动态信息。静态信息是不随时间变化而变化的信息，如历史文献、资料和储存的知识等，它们一经产生便固定下来，若无人为参与便不再自发地产生新的信息，在信息运动过程中，它们只能被动地等待人们的采集与获取，也被称为被动信息。动态信息是指随时间而变化的信息，如新闻、情报等。值得注意的是，动态信息和静态信息具有一定的相对性。

（4）按信息的加工深度划分，可以分为零次信息、一次信息、二次信息和三次信息。零次信息是客观存在于社会生活中，通过人的视觉、听觉、触觉等形成的言语、神情、动作、气氛等表象形式。零次信息是一切信息产生的源信息。零次信息有三种形态，即人的表象形态，环境和实物（样品、样机等）形态，未公开发表或传递的书信、手稿、讨论稿等原始记录的零次文献形态。一次信息也被称为原始信息，是人类社会实践活动中直接产生或得到的各种数据、概念、知识、经验及其总结，包括已经正式出版和公开发表的图书、期刊论文、会议文献、技术标准，也包括未公开的实验记录、内部文档、设计草稿等，还包括半公开的灰色文献，如研究报告、行业协会资料等。二次信息也称加工信息，是根据特定需求，对原始信息进行整理、加工、改编、重组、综合概括生成的信息。它是为了便于管理和利用大量的、分散的、无序的一次信息，按照一定的方法编辑、出版或累积起来的信息，如目录、文摘、索引等。三次信息是根据一定的目的和需求，在大量利用有关原始信息和加工信息基础上，对有关信息和知识进行综合分析后生成的产物，如综述、述评、文献指南、书目指南等。信息从零次到三次逐步提升的过程，是由分散到集中，由无序到系统化的增值过程，也是社会分工的结果。

（5）按照载体材料和存储技术可以分为印刷型、缩微型、声像型和电子型信息[1]。①印刷型信息，主要以纸质材料作为载体，以文字或图像作为记录符号，它是信息存储的传统形式，主要特点是便于阅读和流通，但是纸质材料存储的信息密度低，占据空间大，难以实现加工利用自动化，包括图书、期刊、报纸等。②缩微型信息，一般指以感光材料为载体，利用光学记录技术将文字或图像记录存储在感光材料上，包括缩微胶卷、缩微胶片和缩微卡片等缩微品。③声像型信息，又被称为视听资料，以磁性材料和感光材料为载体，借助特殊机械装置，直接记录声音与图像的形式，包括唱片、录音带、幻灯片、电影片、录像带等。④电子型信息，是指采用计算机技术和存储技术，把文字、图像和音视频资料等转化为数字化信息存储在磁、光、电和网络等载体上。

（6）按信息的主题分为学术信息、学习信息、商务信息和生活信息。学术信息获取来源如图书期刊、学术讲座、学术信息门户、数字图书馆等；学习信息获取来源如文库类、百科类、在线课堂等；商务信息的获取来源主要是购物网站、购物搜索引擎、社交化电子商务等；生活信息获取来源如点评类网站、本地化平台等。

对于信息的分类，还有一些其他的划分方法。例如，按信息内容分为科技信息、经济信息、政治信息、文化信息、法律信息、医疗保健信息等；按信息的记录方式将信息分为语音信息、视频信息、图像信息、文字信息和数据信息；按信息的流通渠道分为正式信息和非正式信息。上述按信息的内容、记录方式和流通渠道进行的分类，为信息服务的展开打好了基础。

2.1.3　信息的特性

1）信息存在的普遍性和客观性

信息是描述事物存在方式和运动状态的，而事物无时不在，无处不在，无时不在运动，因而反映这种存在方式和运动状态特征属性的信息就是普遍的、客观的。

2）信息产生的广延性和无限性

事物的产生、事物的运动是无限的，因而反映这种存在和运动的信息就是无限的，即使是在有限的空间中，信息也是无限丰富的。

3）信息在空间和时间上的传递性

信息的产生与信息的传递紧密相连。如果客观事物未经传递，只能被称作"事物的运动状态"，而不能称之为信息。一个信息的产生可以在时间上纵向传递，也可以在空间上横向传递，我们将在时间上的传递称为信息存储，而在空间上的传递实质为现代的通信。如果信息在时间和空间上不能传递，那我们如今的世界就是一个信息荒漠。可见，现代计算机、通信网络技术等媒体所依附的技术为跨时空的信息传递提供了条件。

4）信息对物质载体的独立性

虽然信息是事物存在方式和运动状态的反映，任何信息都需要物质载体来携载和传递，但是信息又可以离开物质载体而独立存在。同一信息的载体是可以变换的，可以记录在纸张、软盘、光碟、网络上。

5）信息对认识主体的相对性

认识论层次上的信息是人对事物存在方式和运动状态的感知，而人的信息储备、先验信息、知识背景及观察角度不同，对信息的理解也会存在差别。人们对信息的识别总会受到一定历史条件或客观条件的局限，这就要求人们在信息活动中，不要先入为主，应全面分析问题以获取解决问题所需的信息。

6）信息对利用者的共享性

不同于有形产品，信息的占有不影响别人的使用，因而信息的产权和管理变得非常复杂。既要强调信息可以共享，又要保障信息生产者的权益。因此，需要制定版权法来保护无形资产。

7）信息的不可更换性和不可组合性

组成信息的要素不是简单的算术相加，而是有机结合，不能把这些要素任意拆分、任意组合，信息中要素的位置和其他要素的组合都具有专指性、特定性。

8）信息产生和利用的时效性

信息是事物存在方式和运动状态的描述和表征，而事物每时每刻的存在方式和运动状态是不一样的，因此产生的信息是有时效性的，我们只有在正确的时间获取和利用正确的信息才能充分发挥信息的价值。

2.1.4 信息的作用

人类社会已进入信息时代的今天，信息在经济社会发展中扮演着更加重要的角色。信息是人类交流和沟通的媒介，可以帮助我们制定相关决策。笔者借鉴经典的“三论”观点，即资源论、经济论和决定论来概括信息的作用[5]。

资源论的观点将信息看作人类社会的一种重要资源，它在创造物质财富和精神财富中发挥着重要作用。如果善于开发利用信息资源，就能有效促进经济和社会的快速发展；如果对有效的信息视而不见，见而不用，即使拥有丰富物质资源的国家，其经济增长速度也会受到限制。例如，日本是高度重视情报的国家，由于自然资源贫乏，信息资源的开发与利用在日本政府与各大企业中历来被视为头等重要的国策和核心战略。第二次世界大战结束后短短的二三十年，日本一跃成为仅次于美国和苏联的第三经济大国，究其原因，主要就是它善于吸收、利用国外的信息资源，大力提高与发展本国的工业技术，在充分分析情报的基础上不断地制定出正确的经济发展战略。我国与日本相比可谓资源丰富，但中华人民共和国成立后三十年可以说基本上是半封闭状态，因为我们与其他国家除了政治上的交往以外，经济上很少有往来，导致我国生产力长期落后。信息作为一种资源，是国家经济实力的倍增器，是科技创新的催化剂，是军事实力的放大器，是文化实力的保护神。

经济论强调要充分利用信息，在信息资源充分利用的基础上进行的发明创造、生产经营等活动是最经济、最有效益的。著名的诺贝尔经济学奖获得者肯尼斯·约瑟夫·阿罗（Kenneth J. Arrow）在《信息经济学》中提到“大多数经济决策都是在具有相当的不确定条件下做出的，人们可以花费人力、物力及财力来改变经济领域所面临的不确定性，而这种改变恰恰是信息的获得。不确定性是具有经济成本的，因而不确定性的减少就是一项收益”[6]。信息可以使我们将有限的人力、物力、财力用到最恰当的地方，保证决策的准确性。当然，与一个准确决策给组织带来的效益相比，为获取信息而付出的成本可能是微不足道的。

决定论是指信息可以成为决定性的因素。在 21 世纪，信息在我们的生活中扮演着十分重要的角色，可以说，谁掌握了信息，谁就掌握了主动权和竞争力。无论是一个国家还是一个企业，掌握更多的信息已经成为人们获得竞争优势的重要途径。从国家层面来说，哪个国家拥有更多、更快、更全面的信息，哪个国家的综合国力就会更加强大；从企业层面来说，要在激烈的竞争中立于不败之地，就必须把信息工作摆在重要战略资源的位置上。通过对信息的筛选和运用，可以获得有价值的资源和机遇，也可以显著提高工作效率和质量；避免走弯路，避免不必要的经营风险。另外，企业利用信息收集综合而来的数据和资讯，可以创新业务模式，增强企业的竞争力。

2.1.5 信息资源的概念

信息资源是信息和资源两个概念整合衍生出来的。资源是自然界和人类社会中创造财富的各种客观存在形态或存在物。信息是普遍存在的，但并非全部都是资源，只有满足一定条件的信息才能被称为信息资源。换句话说，只有经过人们组织和开发的信息才能被称为信息资源。无序或杂乱的信息不能被称为资源，所以在进行信息服务提供时，应该面向用户需求或偏好，进行信息资源的组织工作。

发展至今，对于信息资源概念的理解，目前有两种观点具有代表性。一种是狭义的理解，认为信息资源是指人类社会经济活动中经过加工处理有序化并大量积累起来的有用信息的集合，如政策法规信息、市场动态信息、科技信息等都是信息资源的重要构成要素；另一种是广义的理解，认为信息资源是人类社会信息活动中积累起来的信息、信息生产者、信息技术等信息活动要素的集合[1]。其中，信息生产者和信息技术等要素是信息资源开发利用的必要条件。信息设备、设施、信息活动经费等是有效加工和存储信息资源的手段，这种观点把信息活动的各种要素都纳入到了信息资源的范畴，更加全面、系统地帮助我们理解信息资源的内涵。比较而言，狭义的信息资源管理虽然忽略了“系统”的特性，但是却突出了信息要素这一信息资源的核心和实质，信息要素能够消除社会经济活动中的不确定性，减少其他资源的消耗，辅助相关主体进行选择决策，具有十分重要的经济功能。本书以狭义的信息要素资源为研究对象。

数字信息资源是伴随着信息技术的发展而形成的。在现代科学技术的支撑下，当信息以计算机可识别的二进制代码方式存在时，我们将信息资源称为数字信息资源。信息具有非物质性，需要借助物质载体才能被记录，并通过对物质载体的保管、拷贝、传播和开发利用而达到对所荷载信息内容的保管、拷贝、传播和开发利用的目的。除了沿用已久的纸张载体外，计算机可识别的磁性载体、光学载体等非纸质介质的载体也在不断地革新，新兴载体层出不穷。随着新媒体的出现，特别是互联网的普及，人们更是广泛地将信息存储在互联网络上，通过网络来实现信息的传播，这从根本上摆脱了纸质载体信息存储密度小、体积大、分量重、管理困难等限制，使信息空间具备无限的伸展能力和渗透能力。数字信息资源的出现，极大地改变了信息资源的生产方式、存在形式和运动规律，促进了新信息环境下信息资源的开发和利用，推动了人类社会向数字时代的纵深发展，同时也为信息资源的相关研究提供了新的方向。

2.2　服务及信息服务

2.2.1　服务的概念及特征

1. 服务的概念

服务营销学家克里斯琴·格罗路斯（Christian Gronroos）认为，服务一般是以无形的方式，在服务对象与服务人员，有形资源产品或服务系统之间发生的，可以解决用户问题的一种或一系列行为。服务具有丰富的内涵和外延，在认识自然、人类和社会中的服务时，不同的人根据不同的认识层次和参考标准，可能会获得不同的服务内涵。

服务可以划分为劳动密集型服务和知识密集型服务，现代服务业的发展越来越强调服务活动中的知识附加值。目前，服务出现了一些新的特征，如以网络和信息技术为依托，知识和技术密集程度不断提高、服务的市场和提供服务的主体呈全球化趋势等，而这些新特征也使得服务经济在全球范围内迅速发展，驱动服务及其产业的进一步变革，进而实现服务创新。

2. 服务的特征

服务作为一种特殊的活动或产品，与其他实物产品相比，具有以下特征。

1）服务的无形性

顾客在购买之前往往是看不见，摸不到服务的，服务很难进行存储、展示、沟通和定价。消费者在面对无形服务时，要依靠有形证据，通过了解品牌来判断服务质量，在消费服务以后，也只能从自身感知来评价服务的质量效果。

2）服务的不可分割性

强调服务生产和消费的不可分割性，在空间和时间上是并存、同时进行的，这也就意味着用户会不可避免地参与到服务的生产和消费过程中，同时用户的参与也会对服务过程中的服务质量和要求带来不确定的影响。因此，在进行服务流程设计时，服务提供者需要制定严格的标准化规范来加强对服务的监督和监控，同时积极鼓励用户参与，共同创造产品，成为价值的共同创造者。

3）服务的异质性

不同于有形产品的标准化，服务具有异质性的特点，这也就意味着服务的提供如何让用户满意等问题涉及许多不可控因素。除服务提供者外，服务本身还会涉及服务对象、服务环境等。因此，选择优质的服务提供者，对用户充分调研，了解其需求，建立顾客投诉系统，可作为改善服务质量的重要途径。

4）服务的易逝性

服务是易逝的，一旦价值实现的机会在限定的时间内丧失，便不能复返。服务过程或服务活动一旦结束，服务也就随即消失，用户即使不满意也很难进行退货或转售。服务的易逝性使得服务提供者难以对服务需求、服务供给量及服务时间等因素进行准确预测，这就要求服务提供者要对产能供需平衡关系做出努力，如提高企业的计划服务能力、实施差异化定价、借助服务自动化和用户参与来提高服务质量和效率。

服务除了具有上述的无形性、不可分割性、异质性、易逝性等特征外，还具有一些其他特征，如可感知性和互动性。其中可感知性强调服务虽然具有无形性，但是服务过程、服务手段、服务环境等是可感知的，服务对象在接受服务后会拥有一定的服务体验。互动性体现在服务活动或服务过程本质上是服务提供者与服务对象之间的互动过程。

2.2.2 信息服务的概念

信息服务是信息管理学研究的重要内容和领域，是用不同的方式向用户提供所需信息的一项活动。随着信息和通信技术的飞速发展和广泛渗透，信息服务在当今社会、经济、政治、文化等各个领域均有体现。同时，作为一项专业实践活动，信息服务理论基础涉及图书情报、计算机科学、信息经济、新闻传媒等学科，相应地引起了上述不同领域专家学者的高度关注。

信息服务既有信息又有服务，前面几节我们对信息及服务的相关概念和特点进行了描述，但信息服务并不是“信息”和“服务”的简单相加，而是以信息为内容的服务活动与以服务为载体的信息流的组合。关于信息服务的内涵，专家学者从多个角度进行了剖析。

让·塔格·萨特克利夫（Jean Tague-Sutcliffe）指出信息服务是以独立的机构或机构某一规定功能的形式所表现的一种资源，它的目的是为用户群提供信息[7]。刘合翔指出信息服务是所有在信息的编码、抽象或扩散的一个或多个方面提供的服务活动的总称[8]。王知津和徐芳认为信息服务是以提供有用的显性信息为内容的信息传播过程，包括对信息的组织、存储和传播等核心部分[9]。胡昌平和乔欢指出信息服务是以信息为内容的服务业务，其服务对象是对信息服务有客观需求的组织或个体，他们强调信息服务是从社会现实出发，以充分发挥信息的社会作用、沟通用户的信息联系和有效组织用户信息活动为目标，以信息运动各环节为内容的一种社会服务[10]。孙瑞英认为信息服务是以信息与用户的关系为前提进行的用户服务和用户信息活动，是促进与保障用户对信息的感知、吸收和利用的服务活动[11]。陈建龙和申静给出的定义是：信息服务是指服务者以独特的策略和内容帮助信息用户解决问题的社会经济行为[12]。岳剑波认为信息服务有广义和狭义之分，广义的信息服务包括信息产品的生产开发、报道分配、传播流通及信息技术服务和信息提供服务等，泛指以产品或劳务形式向用户提供和传播信息的各种信息劳动；狭义的信息服务是指专职信息服务机构针对用户的信息需求，及时将加工好的信息产品以用户方便的形式准确地传递给特定用户的活动[13]。张燕飞和严红将信息服务概念归纳为：狭义的信息服务只是信息交流系统中信息搜集、加工、整理、报道、服务、反馈中的一个环节，仅指接待用户并为其提供信息产品的工作；广义的信息服务涵盖了整个信息工作内容，包含信息的搜集、整理、存储、加工、传递和提供利用等，并认为信息活动过程是连续的，信息服务渗透于信息活动的每一个部分[14]。

综上，通过系统梳理近年来国内外学者对信息服务概念的定义，我们发现，信息服务这一概念的内涵与外延具有较强的可扩展性，相关概念对于信息服务的功能、形式和性质等核心要素进行了清晰的阐释，这些有助于我们更好地理解信息服务的本质。本书中笔者采用的是广义的信息服务概念，认为信息服务渗透于信息活动的每一个部分，包含信息的搜集、整理、存储、加工、传递和提供利用等各项活动，是以用户需求为服务起点，以用户满意和价值实现为服务目标，提供以信息内容为主的社会化服务的一切活动。

2.2.3　信息服务的特点

当今社会，无论是文化艺术、商业经济，还是农业服务、军事情报，都离不开信息服务。信息服务在众多行业和人们的日常生活中起到越来越重要的作用，但不同于其他服务类型，信息服务有其自身的独特性，具体如下。

1）用户导向性

在信息服务过程中，用户需求特别重要，如果提供的信息不符合用户需求，那么这就是一条无用的信息。信息只有通过用户的使用才能体现它的价值，才能为信息的提供者带来经济效益。所以，信息服务的基本宗旨就是提供符合用户需求的最有价值的信息。Web 2.0 的出现，强烈激发了公众的参与热情，在这种情况下，用户并不是完全被动地接收信息，而是在所接收的信息基础上，对信息进行完善、改造，然后按自己的意图再将信息发布，完成信息的传递。

2）技术支撑性

信息服务的发展需要有相对先进的技术手段作为支撑才能达到目的。比如，在信息传递的过程中，需要信息输入和输出技术、信息自动化处理技术、信息检索技术、信息存储技术、现代通信技术，以及数据挖掘、机器学习与知识发现技术。只有通过这一系列的技术手段，才能完成信息的解析与传递，才能让人们接收到更加明确的信息。

3）信息共享性

信息的共享性决定了信息服务的共享性，信息服务不会像其他实体物品一样只被某个单位占有。信息是虚拟的，信息服务中涉及的产品也是虚拟存在的。一般情况下，信息一旦发出，但凡接收到的用户都是信息的享用者，信息不具有排他性。向社会大众开发提供的信息服务，可供多人同时使用，每个人都可以根据自己接收到的信息内容来解读信息，各取所需，并做出反馈与评价。需要注意的是，只有为特定用户专门开发提供的个性化信息服务才是具有独占性的。

4）社会性

信息服务实践依靠社会而存在，信息服务的生产、管理等活动都是在社会中进行的，遵循社会发展的一般规律。信息服务脱离了社会，便失去了土壤，最终的结果只能是消亡。信息服务的存在与发展是由当时的社会实际决定的，受当时社会条件的制约、国家政策的影响和法律的严格约束。反过来，信息服务从业人员的思想与行为又是当时社会实际的反映。此外，信息服务的行为表现不仅是服务者自身的，更是人与人之间的、组织间的，属于社会行为。

5）时效性

信息服务具有时效性。信息不是永恒不变的，它具有明显的时效性特征。信息只有在被及时传递、处理和使用的情况下才能体现其价值，过时的信息就会失去原本的价值与意义。可见，在不断变化的信息社会中，信息的“保鲜度”是很重要的，信息服务能否给用户带来实际效用，是否在用户接收时起到初始作用，取决于信息服务在时间效益上能否做到精准把控。同时需要注意，并不是所有的信息越早传播给用户越有效，信息传递早，可能并不会引起用户的重视，最恰当的传播是把握时机，在用户最需要的时候提供信息。

6）不可逆性

信息服务具有不可逆性。信息一旦发生并且传播，就不可能消除相关影响。一旦客户接收到了信息，那么信息就会在客户的脑海里留下印记，对客户的思维产生一定的影响。从某种意义上讲，服务提供者在进行信息的传递与交换等服务行为时，信息同时会被客户消费，无论是以产品的形式出现还是以过程的形式出现，信息服务一旦发生，就是不可逆转的。

2.2.4　信息服务的分类

目前来说，对信息服务并没有一个统一的划分标准，但是我们可以从不同的维度对它进行一个简单分类。

信息是信息服务的主要内容，信息服务的类别划分在某些维度上会与信息分类保持一致。例如，按信息服务的行业领域或信息主体内容可分为图书馆信息服务、科技信息服务、经济信息服务、法律信息服务、地理信息服务、政府信息服务、旅游信息服务、农业信息服务等。按信息服务的服务层次或信息加工深度可分为以原始信息为内容的一次信息服务；以二次信息包括目录、文摘索引为内容的二次信息服务；以综述、评价为内容的三次信息服务。

除此之外，为了进一步明确信息服务的体系构成，下面从信息服务的能动性、信息是否增值、服务者与用户在信息服务过程中的空间距离维度、信息服务产品经营维度等方面对信息服务业务进行具体分类。

（1）按照信息服务的能动性可以划分为主动信息服务和被动信息服务。主动信息服务指服务者在信息服务过程中充分发挥自身积极主动性的服务方式，主要体现在主动展示自己、主动寻求用户、主动了解用户待解决的问题，分析用户的心理和行为变化，帮助用户理解问题、解决所需的信息，必要时还会主动寻求其他信息服务者给予协助等方面。被动信息服务是指用户提出服务请求，服务者接收服务请求后开展信息服务的方式。

（2）按照信息是否增值划分为原值信息服务和增值信息服务。原值信息服务主要是信息服务提供者向用户提供未经综合加工处理的信息产品的服务方式，如图书馆、档案馆的借阅、咨询等服务，服务提供者只需要帮助用户找到解决问题的信息并及时提供给用户。需要注意的是，原值特指信息维度，因信息服务过程中会有服务劳动，所以原值信息服务不等于没有增值，其增值体现在信息获取性增值方面。增值信息服务是指向用户提供经过综合加工处理的信息服务产品的服务方式，主要通过对信息的序化积累、释疑解惑等方式来实现信息服务的增值。

（3）按服务者与用户在信息服务过程中的空间距离维度划分为现场信息服务和远程信息服务。现场信息服务是指服务提供者当面把特定的信息服务和信息服务产品提供给用户的服务方式。远程信息服务是指服务者通过一定的技术手段把特定的信息服务和信息服务产品远距离提供给用户的服务方式。

（4）按信息服务产品经营维度分为有偿信息服务和无偿信息服务。有偿信息服务是以营利为目的的服务方式。无偿信息服务是服务提供者不以营利为目的，包括公益性质的、不收取任何费用的信息服务，以及非营利性质的只收取劳动资料和劳动对象的信息服务。营利性质的服务中尚处于市场推广阶段的免费信息服务。

（5）从信息用户和社会信息源与信息流的综合利用角度来看，社会化信息服务包括信息资源开发服务、信息传递与交流服务、信息加工与发布服务、用户信息活动组织与信息保障服务等相关内容。①信息资源开发服务。信息资源开发首先是去除杂质，然后根据用户需求对信息进行不同程度的提炼。②信息传递与交流服务。从本质上讲，信息传递只是一种手段，信息交流才是最终目的。通过各种信息传递手段，信息传递者与信息接收者之间才能形成互相理解、互相作用的良性循环。③信息加工与发布服务。信息加工是把原始信息素材转化为完整成熟的信息成果的重要过程，它决定着信息服务产品的层次和质量。信息发布服务是发布主体单位运用一定的发布手段把特定的信息发送到特定的信息需求者手里，表现为一个由此及彼的过程。④用户信息活动组织与信息保障服务。信息保障是根据信息组织及各方面用户的需要，通过各种可能的途径和方式提供多种形式的信息及信息获取、传递工具和其他各种信息服务，确保信息开发工作的顺利进行。

对于信息服务而言，其后台推动力主要是信息和技术，前台关键是需求获取能力和信息解析能力，因此，信息服务的发展需要依赖人力资源和技术资源，从信息服务的资源依赖角度来看，可以将其划分为执行型、经验型和专家型[15]。①执行型信息服务，主要依赖特定信息服务系统，前台产品往往是按照用户明确要求提供的信息产品。后台集中在信息有序化、信息系统设计与维护等方面，在服务过程中，用户是主导因素，如信息传递服务、软件应用服务。②经验型信息服务，主要依靠经验，前台产品是在现状分析、判断用户需求基础上提供的定制化信息。后台强化信息采集和整合，用户和信息服务提供者均扮演着重要角色，如信息咨询、行业报道等。③专家型信息服务，主要依靠系统，前台产品主要是报告及解决方案，后台主要是解决信息采集及信息解析工作，信息服务提供者在服务过程中发挥着主导作用。

对于信息服务业务，还有一些其他的划分方法，如表 2-1 所示。

表 2-1　信息服务分类列表

划分依据	划分类型	具体说明
信息服务手段	传统信息服务	借助传统人工服务或传统技术方法实现的信息服务，如书本式和卡片式目录、缩微技术等
	电子信息服务	通过计算机技术、通信技术实现的信息服务，如借助磁盘、光盘等电子载体和网络载体的信息服务
信息服务指向范围	单向信息服务	面向单一用户的信息服务
	多向信息服务	面向众多用户的信息服务
信息服务用户范围	内部信息服务	面向内部用户的信息服务，如企业信息服务部门对企业内部人员的信息服务
	外部信息服务	面向外部用户的信息服务
信息服务持续时间	长期信息服务	较长一段时间内面向用户的信息服务
	即时信息服务	即时接待用户的服务，如信息咨询服务
信息服务的主体	专职信息服务	专门任职或专门从事信息服务工作
	非专职信息服务	兼职从事信息服务工作

2.3　信息服务的基本原理

2.3.1　信息服务的生产过程

信息服务是以信息为内容，面向用户开展的服务活动。信息资源管理专家福雷斯特·伍迪·霍顿（Forest W. Horton，Jr）曾提出，信息是有生命的，信息资源是一种具有生命周期的资源。他认为，信息生命周期是指信息运动的自然规律，一般由信息需求的确定，以及信息资源的生产、采集、传播、处理、存储和利用等阶段所组成[16]。

对于信息服务而言，它的生产过程并不等于信息的生产过程，也不等于信息产品的生产过程，而是信息服务产品和特定服务的生产过程。信息服务的生产过程是在一定的生产关系下，以信息和信息产品为劳动对象，借助信息技术等劳动资料，采用处理、共享、传递、咨询等服务行为，经过与信息服务对象的需求对接、内容调研、综合集成等交互环节，形成可得、可见、可用的信息服务产品，并通过交付帮助信息服务对象解决问题的全过程[12]。这个生产过程实际上是以信息的生命周期理论为基础的。

信息服务生产活动分为三个环节：需求对接与问题识别环节、内容调研与增值处理环节及综合集成与服务输出环节。

在信息服务的需求对接与问题识别环节，服务者在面对服务对象的差异、服务对象需求的差异及服务对象的需求演变时，如果缺少有效的手段区分及跟踪，就会造成服务者对服务对象及其需求出现认知偏差，进而很难保障服务匹配度与服务质量。

在内容调研与增值处理环节，服务者提供面对自己所有或可外部调用的服务资源，如果不能快速灵活地寻找与调用，就会错失很多的服务机会，空置服务资源，有损服务形象。同时，服务提供者生产的信息服务产品如果不能被用户真正地理解与使用，就会使其产品的价值大打折扣。因此，服务提供者需要借助信息技术手段对用户所需信息资源进行挖掘和开发，来提升服务产品的效用和满意度。

在综合集成与服务输出环节，服务提供者面对不同层级和不同来源的集成项目，如果不能实现有效的统筹管理，容易造成集成项目之间的冲突和不合理配置，导致集成效果不明显甚至产生逆效用。面对不同的用户，服务提供者如果不能有的放矢、合理地分配或使用服务资源，就会造成资源拥塞或资源闲置等不利的资源配置现象，因此，服务提供者需要运用管理和技术手段对用户的资源进行合理配置，对集成项目进行灵活管理。

由此可见，信息服务的几个基本活动环节和信息的生命周期理论实际上是基本对应的。比如，调查研究环节对应信息的采集和传播环节，内容调研与增值处理环节对应信息的处理和利用环节等。换句话说，其实信息服务的生产过程与信息的生命周期理论是内在对应的。

2.3.2　信息服务的内容及价值

明确了信息服务的生产过程，我们发现信息服务的顺利开展和实施离不开四大要素。

首先，要有相应的技术与方法作为信息服务的支撑，如信息的搜集、检索、传播与发布等需要一定的技术方法或手段才能实现。其次，要有一定的用户群体，包括现实用户和潜在用户，这是任何行业存在和发展的重要前提，没有用户就没有市场，没有市场也就没有收益，没有收益那么行业也就失去了存在的意义。再次，需要有相应的服务提供者来维持整个活动的正常运转，为用户提供服务，只有用户而没有服务提供者无法构成供需市场，也就无法形成信息服务活动。最后，要有相应的信息内容在供需双方之间传递，即利用相应的产品或者服务，在供需双方之间建立联系，让市场运转起来。

在信息服务的四大构成要素中，信息服务内容是核心的部分。信息服务内容包括特定的服务和独特的产品。其中特定的服务是信息服务的主要内容，其具体体现在帮助服务对象解决问题的过程中，独特的产品不是一般意义上的信息产品，而是特定服务所需的为信息服务对象定制的产品。信息服务产品的消费对象一般比较明确，它的生产始终以用户待解决的问题及用户吸收能力为依据，其偏定制化，而一般的信息产品的生产是批量的，非定制的，可供大众消费使用。可见，虽然信息服务产品的价值主要由其所含信息决定，但该信息是用于解决问题的、具有明确指向性的信息。这些信息在服务中承载着能让服务对象感觉得到的服务和看得见的产品。因此，信息服务本质上是一种有指向的、需要精确定位和捕捉用户基本信息及具体需求的个性化程度很高的生产活动。另外，值得注意的是，信息服务产品除了包含独特的信息产品外，为了保障信息服务活动顺利进行，往往会采用一些非信息产品，如一些信息服务活动需要技术产品的支持和辅助。

基于信息服务内容的分析，从价值的构成来看，信息服务价值可以分为两方面：其一是信息内容价值，其二是作为劳动本身的服务过程所提供的附加值。信息内容价值体现为信息价值主客体关系的适应性，在信息服务系统中，信息服务提供者必须与用户的价值判断相吻合，只有这样才能充分地实现信息的价值。再有，考虑到针对信息产品存在不同的服务目的、操作方式、服务对象、服务手段，而各种具体服务劳动会产生不同的使用价值，其价值量的表现形态及计量有一定的复杂性，关键在于决定价值量的社会必要劳动时间的计量。

李桂华以信息服务的市场价值和共享性为维度，将其分为四个象限[15]。

第一象限：高使用价值，高共享性。该类信息服务固定成本高，边际成本低，具有显在的经济效益，如金融市场信息服务，常见问题解答（frequently asked questions，FAQ）等，其商业价值较大，经营过程中应强调经济性和排他性。该类服务信息收集及资源管理非常重要。

第二象限：低使用价值，高共享性。该类信息服务每次使用带来的用户增值不一定高，但更加公共化，社会效益大。这种服务固定成本相对较低，服务系统维护成本高，如图书馆的借阅服务、数据库服务等。此类服务的可替代性强，且具有潜在的经济效益，一般应采取开放式的服务模式，对该类服务而言，服务场景管理特别重要。

第三象限：低使用价值，低共享性。此类服务没有市场价值，基本上不可取。

第四象限：高使用价值，低共享性。该类信息资源服务高差异化，因而具有独特性，一旦建立，将具有不可替代性，如咨询服务。该类服务对于用户的交互过程管理非常重要，能提供有针对性的、个性化的服务。该象限服务借助信息技术和标准化管理，可以实现向第一象限的转化。

2.3.3　信息服务的原则

信息服务应该以用户需求为服务起点，以用户满意和价值实现为服务目标，通过信息服务载体实现与用户的交互，在关注用户体验和反馈的同时，及时调整和改进服务策略，不断促进用户对信息的感知、吸收和利用，这是一项具有探索性且任重道远的工作。因此，为了保障信息服务的顺利开展，信息服务提供者应始终坚持以下几项基本原则。

1）针对性原则

每个用户对信息的需求都是千差万别的，把握用户的信息需求才是信息服务的出发点和归宿。因此，无论是公益性还是有偿性的信息服务，在信息服务过程中，信息服务提供者都要有针对性地分析用户的信息服务需求，善于分析归纳不同背景、年龄、职业的用户类型，实现服务内容和服务对象需求的匹配，确保所提供的产品或服务符合用户的问题状态、需求状态和心理状态，在最大限度发挥信息效用的同时，满足用户的个性化信息服务需求。

2）准确性原则

准确是信息服务最基本的要求，不准确的信息对用户来说不仅无益，而且可能导致用户决策失误，进而给用户带来不可避免的损失。因此，提供精准的服务才是信息服务应该坚持的理念。而要确保信息服务的准确性，一方面要确保信息搜集的准确性，避免信息传递中的失真；另一方面要确保信息判断的准确性，得出的结论要可靠。

3）精炼性原则

用户的信息服务需求是特定的，用户吸收和处理信息的能力也是有限的，因此，信息服务提供者提供给用户的信息应当尽量精炼简明。而要达到精炼的目的，除了提高服务人员的业务素质外，还必须加强信息的分析、加工和研究工作，开辟专项信息服务业务，努力提高专业性信息服务的质量。

4）易用性原则

信息服务要让用户可获得、可接近，在提供相关服务时应采用最方便用户接收和使用的现代信息技术，让信息产品能够顺畅有效地流动，确保新产品的利用率。与此同时，也不能忽视用户的需求，要尊重用户的思维和行为习惯及对技术的接受程度，充分考虑人机的交互和操作逻辑，时刻兼顾“功能性”与“易用性”。

5）效益性原则

信息服务需要实现社会效益和经济效益的有机统一，只有当用户和信息服务提供者之间达成一种平衡和谐的关系时，信息服务才能发挥出最大的效益，信息服务供求关系才能确保可持续。从信息服务交易过程出发，用户在支付服务费用后会考虑自身的投入产出效益，而信息服务机构通过付出信息劳动，消耗成本来生产、加工并提供信息产品与相关服务后，也会注重自身效益的获取。因此，在进行信息服务费用效益评价时，要对用户和信息服务机构双方的效益做出综合评价。只有在注重用户使用信息的效果、确保用户获得积极的信息效用、保证用户收益的前提下，信息服务提供者的利益才能得到持续的保证。

6）知识性原则

面向用户的实际问题，信息服务提供者在提供信息的基础上，应增加知识含量，提出有建设性、有针对性的解决方案，而不是将显性信息进行简单堆砌。这就要求信息服务提供者采用智能化手段挖掘蕴藏在显性信息中的隐性知识，并利用这些知识帮助用户实现知识创新。

7）及时性原则

信息的价值与提供信息服务的时间密切相关，它的时效性导致信息在不同时刻蕴含的价值不同。及时性主要体现在两个方面：一方面，在接收用户的信息服务需求时要及时；另一方面，提供或发布信息时要及时，使用户尽可能以最快的速度获取所需的信息服务。而要实现及时性的目标，必须保证有畅通的信息沟通渠道。

除了以上基本原则外，信息服务同其他服务一样，必须强调服务人员的态度，注重优化服务结构与管理等方面的工作。

参 考 文 献

[1] 马费成，赖茂生，孙建军，等. 信息资源管理. 2 版. 北京：高等教育出版社，2014.

[2] 钟义信. 论信息：它的定义和测度. 自然辩证法研究，1986，2（5）：19-27.

[3] 颜瑞武，王曰芬. 信息获取与用户服务. 北京：科学出版社，2010.

[4] 张晓林. 颠覆性变革与后图书馆时代——推动知识服务的供给侧结构性改革. 中国图书馆学报，2018，44（1）：4-16.

[5] 孟广均. 信息资源管理导论. 北京：科学出版社，2014.

[6] 阿罗 K J. 信息经济学. 何宝玉，等译. 北京：北京经济学院出版社，1989.

[7] Tague-Sutcliffe J. Measuring Information：An Information Services Perspective. San Diego：Academic Press，1995.

[8] 刘合翔. “信息空间”理论视角下的信息服务产业界定与划分. 图书情报工作，2010，54（22）：47-50，15.

[9] 王知津，徐芳. 论信息服务十大走向. 中国图书馆学报，2009，35（1）：52-58.

[10] 胡昌平，乔欢. 信息服务与用户. 武汉：武汉大学出版社，2001.

[11] 孙瑞英. 信息服务与用户认知过程的关联与互动研究. 情报杂志，2014，33（4）：190-195.

[12] 陈建龙，申静. 信息服务学导论. 北京：北京大学出版社，2017.

[13] 岳剑波. 信息管理基础. 北京：清华大学出版社，1999.

[14] 张燕飞，严红. 信息产业概论. 武汉：武汉大学出版社，1998.

[15] 李桂华. 信息服务设计与管理. 北京：清华大学出版社，2009.

[16] 周九常. 霍顿信息管理思想简论. 情报科学，2006，24（8）：1137-1140，1168.

第 3 章　新媒体概述

3.1　新媒体的概念

新媒体源自英文单词“new media”，其概念被提出时间可以追溯到 1967 年，美国哥伦比亚广播电视网（Columbia Broadcasting System，CBS）技术研究所所长、国家电视标准委员会（National Television Standards Committee，NTSC）视制式的发明者彼得·卡尔·戈德马克（Peter Carl Goldmark）发表了一份关于开发电子录像商品的计划书，计划书中称电子录像为“new media”，新媒体概念由此诞生[1]。其后，美国传播政策总统特别委员会主席罗斯托（Rostow）在向当时的美国总统尼克松提交报告书时也多次使用了“new media”这一说法，彼时的新媒体更多指向电子媒体中的创新性应用。自此新媒体概念开始广泛传播，不久便成为全世界的热门话题。

近年来，随着我国新媒体的迅猛发展，“新媒体”一词也成为国内学界和传媒产业炙手可热的新词汇，越来越多的专家和学者开始关注和探讨新媒体。

关于新媒体的定义目前还没有达成统一的共识，联合国教育、科学及文化组织将其定义为“以数字技术为基础，以网络为载体进行信息传播的媒介”；新传媒产业联盟秘书长王斌认为，新媒体是以数字信息技术为基础，以互动传播为特点，具有创新形态的媒体[2]；熊澄宇指出新媒体是个相对概念，今天的新媒体主要是指在计算机处理技术基础上产生的，具有交互、融合特性的媒体形态[3]；匡文波认为新媒体涵盖了网络媒体、手机媒体和未来的互动式数字电视三种形式[4]；清华大学新媒体研究中心主任彭兰指出定义新媒体概念可借鉴其概念发展轨迹、主要特征及使用情境等线索[5]；伊锡尔·德·索拉·普尔（Ithiel de Sola Pool）认为数字技术导致传播形态的融合，媒介呈现多功能一体化趋势，新媒体是大约 25 种传播设备的简称[6]。

此外，很多学者认为对新媒体的定义应该超越技术形态，从技术、人、社会的互动来定义。例如，利厄·利夫鲁（Leah Lievrouw）和索尼娅·利文斯通（Solia Liviagstone）学者指出，新媒体是传播技术及其相关的社会情景，是延伸人们传播能力的设备装置与实践形成的社会组织与惯例[7]；史蒂夫·琼斯（Steve Jones）认为新媒体的定义应当从历史、技术和社会等方面进行综合性理解[8]；陈卫星从媒介学视角切入，指出新媒体不仅是一种信息生产方式，更是围绕着它所依托的介质和载体所产生的组织性、结构性的活动，重新构建社会性的生产关系[9]；谢新洲和李冰指出新媒体是一个发展的概念，是通过数字技术、通信技术和多样化输入及输出设备构成的媒介形态和信息服务平台[10]。通过对已有概念的梳理，我们发现新媒体这一概念的内涵与外延具有极强的可扩展性，不同领域的学者对其有不同的定义，其研究也呈现出跨学科的特点。

从严格意义上讲，新媒体并非一个科学的概念，因为媒体的“新”与“旧”是相对而言的。

鉴于此，笔者试图从时间和技术维度来对新媒体做出相对客观的界定。

首先，新媒体是一个时间性概念。媒体作为一种工具，其物质形态是随着技术的发展而不断演变的，所谓新媒体只是在与“旧媒体”的对照中所产生的时间性概念。例如，广播、电视相对于印刷媒体是新媒体，但是相对于网络媒体便是旧媒体了。在媒介发展史上，每一次媒介技术的变革都会带来所谓的新媒体，特别是知识爆炸、技术更新迅速的今天，各类新媒体更是层出不穷。从这个角度出发，本书界定的新媒体立足当下，主要指相对于报纸、杂志、广播、电视等传统媒体而言的新媒体形态。

其次，新媒体是一个技术性概念。当下的新媒体主要指依托数字技术、互联网技术、移动通信技术等新兴技术向用户提供信息服务的一系列工具或手段。它主要包括两大类：一类为传统的纸质平面、广播、电视等应用数字技术之后的新形式，它是在传统媒体基础上依托新技术衍生而来的，其传播形态未发生根本性改变，但信息质量得到了有效提升，传播范围也更加广泛。例如，传统期刊、报纸、书籍发展成为使用移动终端可读取的数字期刊、报纸、电子书；传统广播发展成为网络收音机、车载卫星收音机等数字广播；传统电视发展成为有线数字电视、交互式网络电视、车载移动电视等。另一类为新媒体的典型形态，主要以桌面互联网媒体、移动互联网媒体、智能媒体、互动电视媒体为代表，依托全新的传播技术，以改变传播形态为主要诉求，注重互动和用户体验，内容更具分散化和个性化的特点[11]。

3.2　新媒体的使用情境

3.2.1　传播介质层面

新媒体一词最早出现时，强调其传播介质的属性，因此在很多情况下，部分学者又称之为新媒介，但是两者之间存在一定的区别。新媒介主要指用于传播信息的工具或技术，不同的时期有不同的新媒介，《日本现代设计事典》将新媒介主要分为三个类型：有线类、无线类、商品类。而新媒体除了强调介质的传播属性外，还强调以传播为业务的机构或单位等传播主体。

3.2.2　传播形式和传播手段层面

我们在谈论“新媒体应用”时，往往强调新媒体作为一种传播形式和手段。随着互联网技术和移动通信技术的不断发展，新媒体的传播形式和手段也在不断地演进，从早期的电子公告板（bulletin board system，BBS）、搜索引擎、门户网站到博客、微博、微信，再到万物互联的物联网，依附这些传播形式和手段，全社会可以进行高效率的信息传递。

3.2.3　传播机构层面

很多时候，新媒体一般被理解为基于新媒体渠道、平台提供信息服务的专业组织和传播机构，特别是大众信息传播的机构。目前提供大众信息传播服务的机构主要包括新闻通讯社、广播电视台、报纸杂志社、出版社、广告机构等。

3.2.4　平台层面

随着互联网的发展，新媒体不再仅仅局限于媒体的属性，而是有了综合平台的属性。作为平台，新媒体既是传播平台，也是经营平台，同时还是社会服务、社交平台，是带动产业融合、升级、创新的综合平台。在移动时代，新媒体平台的共同特征是不断走向社交化、视频化和智能化。

3.3　新媒体的基本特点

Web 技术和移动技术的普及、社会化媒体的兴起，改变了信息传播的方式，新媒体呈现出了与传统媒体不同的特征。

1）超时空性

传统的大众媒体所传播的大部分信息会被限制在国家和地区范围内，并没有真正实现信息的全球化传播。而新媒体利用互联网和通信卫星完全打破了时空的限制，具有全天候和全覆盖的特征。例如，以微信为代表的即时通信服务可以实现信息的“零时间”即时传播，通过网络可以发送或接收来自世界任何角落的信息。

2）交互性

交互性是新媒体区别于传统媒体的最突出的特点。在新媒体环境下，信息发送者与信息接收者之间的信息交流是双向的，网络的普及为用户提供了廉价的传播渠道，任何拥有联网信息终端的用户既可以是信息的接收者也可以是信息的发送者，真正实现了信息的双向交流，接收者和发送者之间还可以互相反馈信息，实现互动。在新媒体环境下，用户对参与信息交流具有平等的控制权，用户可以根据自己的兴趣和需要选择性地交流信息。例如，传统大众媒体广播以前播放什么，用户就只能听什么，不能直接反馈，只能借助其他媒介，如书信、电话等进行反馈，但是在新媒体环境下，数字广播新媒体可以实现用户跟主持人之间的互动，用户可以通过数字广播平台任意选择自己想听的节目，也可以在平台中对节目内容进行评价。

3）虚拟化

新媒体环境下实现了虚拟信息的传播，虚拟性一方面体现为信息本身的虚拟性，即新媒体环境下传播的信息是以二进制数字代码的排列组合形式记录和表示的。近年来，人工智能的概念从计算机科学的专业层面延伸到了大众视野，虚拟现实（virtual reality，VR）、增强现实（augmented reality，AR）技术让人们能够完全沉浸到虚拟环境或虚拟与现实复合的环境中，将新媒体的虚拟化特点直观呈现在大众面前。虚拟性另一方面体现为传播关系的虚拟性。传统媒体环境下，传播者和受众的角色是特定的，至少传播者的角色是特定的，受众知道信息的来源。在新媒体环境下，传播者和受众的角色大部分是虚拟的，因为数字化赋予人们制造虚拟信息的权利，网民可以在互联网上创造第二身份，同时交易双方的信息对彼此都是未知的，所以建立在虚拟数字信息交流基础上的人际关系也具有一定的虚拟性。

4）个性化

首先，新媒体环境下，信息终端在网络中都有一个固定的地址，如电子邮箱地址、微信号等，随着算法推荐技术、机器学习技术的应用和发展，信息服务机构可以根据地址向一个或多个用户提供个性化的信息服务；其次，作为新媒体用户的个人，也可以成为信息的生产者和传播者，通过新媒体工具，向特定人群传播个人所生产的信息，表达个人观点；最后，个性化还包括分众化，即具有共同兴趣爱好的个体可以组成小团体，大众传播逐渐转变为小众传播。

5）融合性

新媒体时代，传播渠道与功能的融合不可避免，具体体现为大众传播、人际传播、群体传播、组织传播等方面的融合，除了媒介形态的融合外，新媒体的融合还表现为传播手段的融合，多媒体传播被认为是新媒体传播的典型特征。

6）多元化

首先，新媒体信息的表达方式和接收设备实现了多元化，可以为信息使用者提供文本、图片、音频、视频等多媒体信息，接收终端可以是手机、个人电脑（personal computer，PC）和平板电脑等设备。其次，新媒体环境下信息的来源、种类、内容、受众等也趋向于多元化，完全可以满足不同类型信息利用者对信息的不同需求。在新媒体环境下，传播主体从专业媒体主导到专业媒体和用户联动，再到专业媒体生成内容、用户生成内容和机器生成内容“三位一体”共动，传播主体的外延不断扩展。

3.4　新媒体的技术基础

纵观近现代媒介发展史，技术一直是新媒体诞生的决定性力量之一，媒体作为技术变革的产物，其外在形态和传播方式与技术不可分割。以网络媒体和移动媒体为代表的新媒体更是如此，其每一次升级和变革，都离不开数字技术、网络技术、移动通信技术和智能技术的革新。

3.4.1　数字技术

数字技术是将各类信息数字化的技术，是新媒体发展的技术基石。信息的数字化主要表现为任何新媒体的信息都能编码或自动生成的二进制数字信息，可以被各种基于数字技术的媒体所共享。这种共享性使得任何人的信息，在任何时间或地点，通过任何媒体，都可以被传播和被接收，从而使新媒体呈现出跨时空的特点。

除此之外，数字技术对于新媒体环境下信息的产生、传播和发展也产生了深远的影响，具体表现为：首先，数字技术的出现使得多种媒体的融合成为可能，通过数字技术的整合，新媒体打破了不同媒介形态之间的界限，将文本、图像、声音等传播形态融为一体，向受众提供多媒体的信息内容。其次，任何相互连接的信息终端之间也可以进行数字信息的交互传播，使得人与机器、机器与机器、人与人之间的交互更加方便可行。再次，与传统媒体所依托的模拟技术相比，数字技术不仅使用户得以体验多种形态、清晰流畅的数字内容，同时也使得信息的采集、加工、发送变得更加简易、成本更加低廉。最后，新媒体时代开启了数字化的虚拟信息，数字化赋予人们制造虚拟信息的权利，用户既可以在互联网上创造第二身份，也可以通过博客、网络视频等制作出丰富的数字内容。与此同时，人们制造虚拟信息的能力迅速地转变为生产力，创造出全新的数字内容产业。

近年来，互联网上多媒体信息的激增及用户对音频、视频信息快速浏览的需求呼吁一种新的数字技术出现，流媒体技术应运而生。它是将普通的多媒体通过特殊编码变成在网络中使用流式传输的连续时基媒体，可以适应在网络上边下载、边播放的方式。在互联网上，对于流媒体技术应用最普遍的就是网络电视和网络广播。

随着互联网技术的飞速发展，与之相关的新兴数字技术不断涌现。云计算是我们不能忽视的一种数字技术，这个新技术在各个领域都有非常不错的使用效果。传统模式下，企业建立一套 IT 系统不仅需要购买硬件等基础设施，还要购买软件的许可证，需要专门的人员进行日常维护，当企业的规模扩大时需要升级各种软硬件设施。对于企业来说，计算机等硬件和软件本身并非它们真正需要的，它们仅仅是企业完成工作、提供效率的工具而已。面对计算机给企业带来的困扰，被誉为“革命性计算模型”的云计算技术的出现为企业提供了解决方案。云计算的最终目标是将计算、服务和应用作为一种公共设施提供给公众，使人们能够像使用水、电、煤气和电话那样使用计算机资源，它正在成为新媒体发展所需依托的超级计算平台。

3.4.2　网络技术

基于通信技术的计算机网络促进了互联网的快速发展。计算机网络是通过电缆、电话线或无线通信技术将两台以上的计算机连接起来的集合。当前，新媒体的各项应用和服务主要基于互联网，它汇集了全球信息资源，实现了资源共享。作为互联网的核心部分，Web 站点的出现将分散存在的信息片段无缝地组织成为站点，通过它可以浏览世界各地的超媒体文本，包括文字、图片、声音、动画及各种各样的软件。

到目前为止，Web 的发展已经有将近三十年的历史，万维网也经历了从 Web 1.0 到 Web 3.0 的变革。在 Web 1.0 时代，它的本质是聚合和搜索，用户主要通过浏览器获取信息，信息接收方式单一。在 Web 2.0 时代，用户不仅可以浏览互联网上的信息，还可以创造内容，成为内容生产者，在这个阶段，除了 Web 1.0 时代的门户网站、即时通信等得到新的发展外，更涌现出很多新的媒体形态，如 blog（博客）、wiki（维基百科）、简易信息聚合（really simple syndication，RSS）、社交网络服务（social network service，SNS）等。Web 2.0 鼓励用户用最简便的方法发布内容，但与此同时，出现了大量未经验证、质量参差不齐的信息，基于上述问题，出现了 Web 2.0 的升级版 Web 3.0，Web 3.0 在对用户生成内容筛选过滤的基础上引入了用户的个性偏好，同时借助内容聚合技术实现了对用户生成内容的整合，使得内容信息的特征更加明显。为了更好地满足用户需求，Web 3.0 还引入了友好的人机交互界面和智能化的用户界面，总体来看，Web 3.0 更加强调个性化、用户体验和信息整合。

新媒体的发展给网络带来的信息增长是爆炸式的。未来还有 AR、VR 等媒体会刺激网络带宽的不断发展，而带宽问题正是目前互联网发展的主要瓶颈，为了解决上述问题，下一代网络包括下一代互联网（next generation Internet，NGI）、下一代广播电视网（next generation broadcasting network，NGB）和下一代通信网（next generation communication network，NGN）正在成为业界关注的热点，在实践方面，下一代网络也纷纷进入了大规模研究和建设阶段，这些都为新媒体的发展奠定了坚实的基础。

3.4.3　移动通信技术

移动通信技术使得数字信息摆脱了电线、光缆等实体网络的限制，能够通过无线网络实现随时随地的传播。发展至今，移动通信技术经历了从 1G 到 5G 的变迁，如图 3-1 所示，其区别主要在于速率、业务类型、传输时延及所遵循的通信协议。

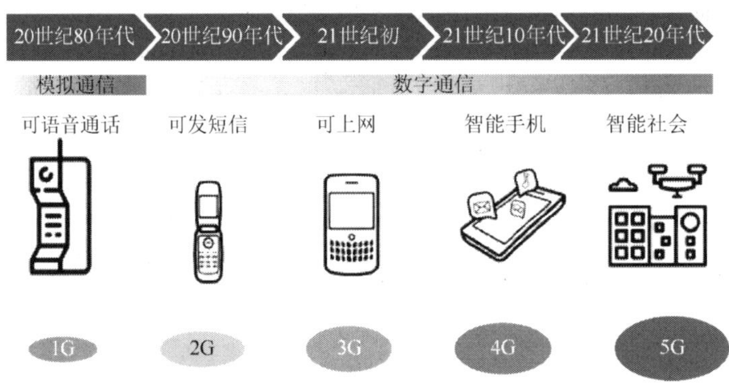

图 3-1　移动通信技术的发展过程

20 世纪 80 年代是 1G 移动通信时代，即模拟通信系统时代，手机就是可移动的通信工具，满足了用户无线通话的需求，但因当时世界上的三种制式 AMPS、TACS、NMT450/900 之间不能兼容，给手机漫游带来了很多不便。20 世纪 90 年代，随着数字技术和微型电子芯片技术的发展及移动通信终端硬件和软件的进一步数字化，移动通信系统能够提供语音、短消息、彩信、互联网接入、移动商务等服务，进入了 2G 移动通信时代。21 世纪以后，移动通信技术将无线通信与国际互联网等多媒体通信相结合，进入到 3G 移动通信时代，从这一代开始互联网技术被广泛使用，各种数据如音频、视频、多媒体文件等通过移动互联网高速传输，传统手机和电脑实现了有机融合，手机成为新的“个人通信终端”。3G 的出现使移动通信技术得到了快速发展，但数据传输速度只接近普通拨号接入的水平。21 世纪 10 年代以后，4G 在技术和应用上有了质的飞跃，是目前正在被广泛使用的一代。4G 可以集成不同模式的无线通信，移动用户可以自由地从一个标准漫游到另一个标准，4G 网络数据传输速度比 3G 更快，基于高速数据传输的应用越来越多。

4G 手机成为可以提供多媒体信息服务的综合性信息接发终端。目前，5G 移动通信与其他无线移动通信技术密切结合，构成了新一代无所不在的移动信息网络。国际组织将 5G 应用场景分为移动互联网和物联网两大类。它的主要特点是低时延、低功耗、高可靠，满足了 AR、VR、物联网应用的海量需求，并与工业、交通、医疗等行业深度融合，催生了工业互联网、车联网等新业态，大幅提升了移动互联网用户的业务体验。2019 年 6 月 6 日，工业和信息化部已经向中国移动、中国电信、中国联通、中国广电四家企业发放了 5G 商用牌照，这标志着我国进入 5G 商用发展的新阶段，接下来 5G 应用将逐步在全国推进。5G 时代将是一个完全连接的时代，5G 是一种全新的网络模式，能够应对持续增长的移动流量需求及未来不断涌现的各类新兴设备和应用场景。

3.4.4　智能技术

智能技术的核心是人工智能技术。随着信息技术的发展，计算机对数据的分析和处理能力不断增强，人工智能技术在很多学科领域得到了广泛应用。1995 年，美国科学家约翰·麦卡锡（John McCarthy）第一次明确提出“人工智能”的概念，即以人类的智慧、研究、开发、创造出堪与人类大脑相匹敌的“机器脑”。

近年来，人工智能技术逐渐渗入到媒体领域。2010 年，美国《洛杉矶时报》率先在其关于城市犯罪的博客报道中采用计算机程序自动生成稿件信息。2014 年，美国联合通讯社开始使用 WordSmith 平台进行全自动财报新闻撰写。2015 年，腾讯财经发表了由写作机器人 Dreamwriter 完成的文章，预示着自动化新闻写作第一次在国内得到了应用。目前，很多全球重要新闻机构，如纽约时报、福布斯、新华社等纷纷尝试采用人工智能技术进行信息的加工生产[11]。有数据表明，在智能媒体时代，媒介产业从业者当前所从事的 80%以上的工作内容，都将被智能设备所取代，从最外围报刊书籍的印刷到最核心新闻内容的采编，从最枯燥的内容排版到最有趣的广告创意，传播的基础设施都在智能化。

媒介设备在智能化，媒介产业的作业流程、所有环节乃至所有细节都在变得越来越智能化。智能化所依托的机器学习是实现媒体自我进化的重要方式，机器算法在一定程度上决定了信息的意义、流向及受众对信息感知的方式。优秀的算法及由算法而强化的深度学习能力，使得智能设备及与之相匹配的智能程序，不但能够完成任何与大量文字写作和编辑相关的机器新闻业务，而且能更加轻松快捷地处理原来需要人眼识别的图片内容。

智能媒体时代，除了机器学习，以传感器为载体、大数据处理技术为支撑的传感器技术对丰富和优化信息源起到了重要的作用，搭载传感器或数据处理器的任何物体都有可能成为信息的采集者。传感器技术无疑颠覆了传统的信息采集方式，为优化信息源起到了关键性作用。传感器具有数字化、网络化、智能化的特点，是人工智能数据搜集的来源和途径，为人工智能的计算和应用提供数据的重要硬件基础。因此，未来的媒体形态要朝着智能媒体的方向发展。实现智能化监测与数据化运营，势必要将传感器作为其必不可少的组成部分之一。

综上，无论是我们已经看到的互联网世界，抑或是那些被广泛连接的智能媒体设备，它们都处于一场无尽的技术升级竞赛中，而且迭代的周期正在不断缩短。如今，Facebook

的智能算法已经能够识别用户所上传照片中的好友；Amazon 的个性化内容推荐系统也能够向上亿的访客精准地推荐其感兴趣的书籍或者商品；Google 也正利用搜索能力改善它的人工智能，而不是用人工智能强化它的搜索能力，每当用户在搜索框输入一个查询词时，点击一个搜索引擎生成的链接或是在网上创建一个链接，都是在帮助 Google 训练其人工智能。

数字技术、网络技术、通信技术、智能技术相互融合、相互支撑、相互促进，这些技术与媒介产业中任何一个板块、一种要素、一个环节的创新组合，都将引发一场化学反应，并催生出一种不同于以往的智能媒体新业态。这一切都在不断地发生着颠覆性的变革，智能媒体正在并将继续刷新媒体产业的传播景观。

3.5 新媒体的发展形态

新媒体在发展演化过程中，各种形态层出不穷，从门户网站兴盛的 Web 1.0 时代，到社会化媒体崛起的 Web 2.0 时代，再到如今被大数据、人工智能等技术驱动的 Web 3.0 时代，每一次技术的革新都会给新媒体形态的变化带来深远影响。被称为“硅谷精神之父”和“世界互联网教父”的凯文·凯利（Kevin Kelly）认为，“技术都会有一个前进的方向，叫作必然，就是这个趋势像重力一样，一定会发生”。技术改变了世界，支撑了互联网产品的发展，也成为提升主流媒体传播力必须具备的要素[11]。

本书将新媒体形态划分为五大类：一是网络媒体。网络媒体是新媒体最原始和最基础的媒体形态。早期的门户网站开启了人机交互的通信模式，引发了“虚拟”“互动”等热门话题。随后，移动终端和移动通信技术的发展将大量网民迁徙到了移动互联网上，促进了更多新趋势和新应用的出现。同时，移动终端的智能化也逐渐模糊了“桌面端”和“移动端”的界限。因此，无论是桌面网络媒体，还是移动网络媒体都涵盖在网络媒体框架范围内。随着时间的推移，网络媒体不断走向成熟，并逐步进化出与其革命性技术特性相匹配的传播形态，即 Web 2.0，具体包括论坛、博客、微博、SNS 等，Web 2.0 站点是信息交互平台，通过站内搜索、RSS 定制、Tag 等技术模块的应用，使信息分类和聚合并易于搜索，最终让用户与用户彼此横向交流，让用户服务于用户。其中，最终端的形态是搜索引擎，即所有人都是信息的提供者，所有人都是信息的需求方，搜索引擎只是提供一个信息搜索、分类和聚合的平台。正是因为它们的特殊性，所以本书将聚合类媒体和社交类媒体作为单独的两章作详细介绍。

二是聚合类媒体。随着计算机和网络技术的发展，信息量极度膨胀，人类社会进入了信息爆炸时代。人们在享受网络上丰富的信息资源带来便利的同时，如何高效地获取用户所需的信息成为一种困扰。在这种情况下，基于内容检索和分发的聚合类媒体应运而生。聚合类媒体将来自不同信息源的信息聚合到一个平台中，让用户可以较为集中地获取信息，信息获取便捷度大大提升，同时借助信息分发技术，按照用户的个性化需求为其推送不同的信息，提升客户体验。

三是社交类媒体。社交类媒体是具有“社交”和“媒体”双重属性的平台，是指一种将主要功能定位于人际社交、偏重人际对话和信息沟通，扎根于网络媒体之上的基于 Web 2.0 的媒体形态。

四是智能媒体。人工智能技术在传媒领域的全面渗透使媒体的发展、进化和融合进入一个全新的阶段。智能技术改造了原有媒体，传统媒体和新媒体都具备了智能化的特征。对于转型中的媒体而言，加快“人工智能＋媒体”应用是融合转型的不二选择。

五是互动电视媒体。电视依托数字技术和网络技术，开辟了双向互动的信息传播模式。

参考文献

[1] 赵屹，汪艳. 新媒体环境下的档案信息服务. 北京：世界图书出版公司，2015.

[2] 许振洲. 新媒体的勃兴与传统媒体的迷失. 新闻爱好者，2011，(6)：42-43.

[3] 熊澄宇. 对新媒体未来的思考. 现代传播（中国传媒大学学报），2011，33（12）：126-127.

[4] 匡文波. 关于新媒体核心概念的厘清. 新闻爱好者，2012，(19)：32-34.

[5] 彭兰. “新媒体”概念界定的三条线索. 新闻与传播研究，2016，23（3）：120-125.

[6] de Sola Pool I. Technologies of Freedom. Cambridge：Belknap Press，1984.

[7] Lievrouw L A，Livingstone S. Handbook of New Media：Social Shaping and Consequences of ICTs. London：SAGE Publications，Ltd，2002.

[8] Jones S. Encyclopedia of New Media：An Essential Reference to Communication and Technology. London：Sage Pubns，2002.

[9] 陈卫星. 新媒体的媒介学问题. 南京社会科学，2016，(2)：114-122.

[10] 谢新洲，李冰. 新媒体研究的困境及发展. 新闻与写作，2016，(2)：29-32.

[11] 宫承波. 新媒体概论. 7版. 北京：中国广播影视出版社，2019.

第 4 章　新媒体与信息服务

由信息服务的概念可知，信息传播是信息服务过程中一个非常重要的环节，而新媒体正是企业进行信息服务的媒介载体和工具。互联网的技术革新带来的信息传播速度的实时性、信息内容的海量性、检索的便利性、传播过程的交互性、传播范围的全球性及传播形态的多媒体性，打破了传统媒体的垄断局面。同时，在互联网视角下，传统媒体时代的“受众”演变成为新媒体时代的“用户”，传播主体也从“受众思维”向着“用户思维”迈进，社会化媒体的繁荣模糊了传收角色的边界，用户生成内容成为媒体生成内容的强大补充。

4.1　新媒体环境下的用户特征

新媒体在人类生活中的广泛应用，不仅极大地满足了用户对信息的需求，改变了人们的生活习惯，冲击了传统的生活方式，更重要的是增强了社会公众的个性化意识和参与意识，改变了人们的思维方式，重塑了人们的价值观念。用户作为新媒体的主角，重新审视其在新媒体环境下的定位，显得尤为重要。

1）庞大的用户数量

随着新媒体技术的不断革新，新媒体用户数量不断增多。中国互联网络信息中心《第46 次中国互联网络发展状况统计报告》显示，截至 2020 年 6 月，我国网民规模达 9.40 亿人，较 2020 年 3 月增长 3625 万人，互联网普及率达 67.0%，手机网民规模达 9.32 亿人，较 2020 年 3 月增长 3546 万人，网民使用手机上网的比例达 99.2%[1]。庞大的用户数量是新媒体发展的基石。

互联网在发展之初，被看作一种技术性工具，使用者局限于高知群体和技术工作者，普通公众对互联网可望而不可即。手机最初也被看作是财富和地位的象征，仅有语音通话功能。随着互联网的普及和门户网站的建立，网络作为认识世界的窗口，激发了公众在网络中查找信息的热情，推动了网络媒体的发展。同时，手机终端也慢慢地增设了新的功能。自此，新媒体产品的性价比也逐渐趋于理性，日益贴近大众的消费能力，网民对于新媒体的依赖程度也越来越高。

2）新兴信息消费群体加速崛起

《中国互联网发展报告（2018）》的统计数据显示，2018 年，我国信息消费市场规模约 5 万亿元，占 GDP 比重提升至 6%[2]。2018 年 8 月，工业和信息化部、国家发展和改革委员会印发的《扩大和升级信息消费三年行动计划（2018—2020 年）》指出，到 2020 年我国信息消费规模将达 6 万亿元[3]。信息消费将成为最具活力的消费领域之一。

整个信息消费市场中，作为互联网时代的原生民，以“90 后”为代表的年轻消费群体不再具有整齐划一的特征，其生活观和消费观更为个性，展现出兴趣优先、注重体验等多元新消费特征，深刻影响着互联网信息消费的未来走向。懒人经济快速发展，饿了有外卖、家里乱了约家政、买衣服淘一下送到家、不想出门美容就有上门服务的美容师，足不出户就能衣食无忧，这些越来越离不开信息服务的支持，便捷的信息查询服务会极大地帮助用户节省时间，提升效率。

3）公众强烈的参与意识

新媒体的发展既有技术力量的推动，也有市场利益的诉求。与传统媒体时代所有的传播媒介都是由专门机构牢牢把握、个体话语无从表达的情况相比，新媒体环境下，普通公众有了更多的机会表达自己的情感、传播自己的思想、提出自己的质疑。个体都能成为信息传播的中心，呈现“传播者＋接收者”的双重身份，成为信息产销者。新媒体的传播特征在一定程度上具备了“公共领域”的特征，特别是 Web 2.0 兴起，博客、微博、网络视频相继出现，激发了公众的创造活力，用户自制内容越来越多。终端和网络的相互融合，使内容生产更迅捷，丰富的原创内容成为新媒体的巨大优势。

4）公众强调碎片化阅读

新媒体环境下，碎片化传播逐步成为新媒体时代的显著特征。用户进行碎片化阅读也成为移动媒体时代的最大特点，这就要求信息服务机构所提供的信息篇幅要短小精炼、鲜活快捷，即使重头多、深度大，也需要直指本质和核心，当然，如果用户有深度阅读需要，可以以链接、二维码等方式提供补充延伸阅读。

5）知识付费理念逐渐被认可

在信息消费 1.0 阶段，免费模式盛行。在此阶段，新闻、搜索、电邮、音频、视频等互联网信息服务企业一般不直接对使用产品的用户收费，而主要采用向用户免费开放、通过第三方广告等形式获利。在信息消费 2.0 阶段，越来越多的用户愿意为优质创意和个性化的视频、音乐、游戏、教育等资源付费，付费使用的群体日益壮大。以数字内容领域为例，2018 年喜马拉雅“123 狂欢节”的内容消费总额达 4.35 亿元，是 2017 年的 2.2 倍，参与用户超 2135 万，付费听书、为喜欢的内容付费订阅课程正在成为人们习以为常的生活方式[4]。再如，在线交易领域，VIPKID 是在线少儿英语教育领军品牌，2018 年全球付费用户已经突破 50 万人次，用户续费率达到 95%以上，遍布全球 63 个国家和地区[5]。

4.2　新媒体对信息服务的影响

随着用户数量的增加，新媒体已经从时尚、潮流的精英媒体发展成为大众化的、承载公共服务职能的媒体，成为传递公共信息和文化服务的综合性平台。社会公众获取信息的渠道和途径由原来的报纸、杂志、广播、电视四大传统媒体逐渐转向更多地依靠互联网和移动终端，多数人通过新媒体来获取动态热点信息和生活资讯。新媒体已经成为人们生活中不可缺少的一部分，并在很大程度上影响着人们的信息利用，决定着信息服务未来的发展方向，其对信息服务的具体影响表现在服务理念、服务方式、服务内容、服务对象等几个方面。

4.2.1 新媒体对信息服务理念的影响

1）被动信息服务转变为主动信息服务

新媒体的出现，将过去的“人找信息”转变为现在的“信息找人”。传统信息服务通常是用户提出需求后，以图书馆、科技情报等为主导的服务机构为其提供单一的被动式服务。而在新媒体环境下，网络的出现可以使用户不受时空限制随时随地获取所需服务，信息服务机构可以使用各种处于应用前沿的新媒体形式主动地开展信息服务，吸引潜在信息服务用户。此外，大数据技术的出现也为信息服务机构主动开展相关服务创造了条件。信息服务机构借助大数据技术对信息用户的需求、行为进行分析，主动为用户提供其感兴趣的信息服务，这不仅能够及时满足用户的信息服务需求，也有助于促进信息增值。

2）以用户为中心的信息服务理念

用户至上的理念是信息服务机构经营过程中至关重要的一部分。在新媒体环境下，对于提供商而言，获取用户的反馈并满足用户需求尤为重要。在互联网生态环境下的新媒体用户获得了更广阔的话语表达空间，其地位也实现了从附属向中心的转变。面对这种转变，信息服务提供者需要以用户为中心来制定其发展策略，满足当下新媒体用户对信息内容及形式的多元化诉求。

4.2.2 新媒体对信息服务方式的影响

1）信息服务方式变得更加快捷

在信息服务提供过程中，用户都有不同的需求，这种需求往往都希望得到信息服务机构的满足，因此寻求快速有效的信息服务成了用户的一种普遍心态。在传统信息服务中，一般都是采用人工服务的方式，效率较低。近年来，互联网技术不断发展，信息服务机构可以为用户提供多种服务方式，信息服务效率和质量得到了明显提升，但因为计算机可移动性较差，用户无法在第一时间获取相关信息，所以在一定程度上影响了信息获取的及时性，降低了用户体验。而移动终端的出现，极大地拓宽了用户获取信息的渠道，可以满足用户随时随地的信息服务需求，具有方便、快捷等特点。

2）信息服务方式更加智能化

智能化的服务方式，让信息服务对象和内容更具有针对性。借助移动终端设备，根据用户的基本信息和行为特征对用户进行具体分类，并针对不同群体的特点选择最佳的信息服务方式。此外，人工智能技术可促进不同事物之间的智能感知，使交互方式更加智能，提升了信息获取和处理的效率，进一步推进了信息服务的个性化和精准化。

3）信息服务方式趋向于多元化

以移动通信技术作为支撑，借助移动终端设备中的各项社交软件等应用，信息服务人员可以为用户提供各项信息服务。不但可以满足不同层次人群的信息需求，同时还能够利用移动网络的发展与创新，为用户提供更加实用、更具便利性的服务举措，使信息服务能够以多种多样的形式呈现。

4.2.3　新媒体对信息服务内容的影响

1）信息服务内容读取的延展性

因手机容量限制，其存储的信息有限，所以在向移动终端提供信息服务时，内容上更应简明扼要，但为了保证信息内容的精准，可以向用户发送信息的链接源，或通过扫描二维码的方式获得所需信息，满足用户查询和获取深度信息的需要。新媒体的这种超文本技术可以使信息内容读取的延展性得到极大提高。

2）信息服务内容的整合性

新媒体环境下的信息服务更具开放性，可以实现更充分的信息资源共享，其通过对不同来源信息资源和服务内容的有效整合，深入发现信息资源之间的规律，借助关联规则分析方法预测信息服务对象的行为趋势，并提供相应的信息服务，满足用户多样化的需求。

3）信息服务内容的知识化

新媒体环境下，信息爆炸式的增长及用户对信息服务的更高期待，促使信息服务商从提供低层次的、零散的信息导航、信息检索服务，提升到提供更高层次的、系统的知识服务。对信息的深层加工、对信息隐性知识的挖掘形成了用户所需的知识性服务。

4）信息服务内容的细粒度化

新媒体环境下，人们愈发倾向于获取和使用更加细粒度的信息，诸如微数据、微杂志和短视频，因为细粒度的信息可以让人们更好地利用碎片化的时间。此外，随着人们对信息的需求日益精确化，细粒度信息内容专指度更高的特点更加贴近人们的需求。这不仅反映了用户信息需求的倾向，而且若从信息的组织、传播和利用角度来衡量，其效率更高。

5）信息服务内容读取的趣味性

新媒体的信息内容读取集文字、图片、声音、影像等一切可以运用的符号于一体，结合多媒体的信息，冲击了用户的视觉、听觉感官，提供了更加丰富多彩的信息内容，使信息读取变得更加生动有趣，让人们获得前所未有的阅读体验和视听美感。

4.2.4　新媒体对信息服务对象的影响

1）信息服务对象的广泛性

每个互联网用户都是信息服务的潜在用户，网民已经成为一个普世概念，涵盖了各年龄段、职业、地区等类型的互联网使用者，互联网用户的广泛性决定了信息服务对象的广泛性，两者不可分割。

2）信息服务对象间的交互性

传统媒体环境下，信息服务用户与信息服务主体之间缺乏沟通，用户与用户之间的交流更是缺乏。在新媒体环境下，服务主体和服务对象之间的互动交流越来越频繁，同时借助移动通信业务系统，用户之间也可以在多个应用服务平台上进行交流沟通，实现个性化的表达，从而生产出更多的信息内容。上述双向互动机制在一定程度上有利于信息服务机构改进工作，有利于信息服务主体从交互信息中发现并吸收知识，提高信息的利用率。

3）信息服务对象的参与性

新媒体环境下，用户的个性化和参与意识明显提高，信息服务对象可以参与信息的生产、加工、整理等工作，从被动接收信息向主动创造信息方向迈进，真正具有了个性化和信息自主性。

面对新媒体环境，信息服务机构开展信息服务的服务思想、服务措施和服务手段不能再局限在传统的思维和条件下，要与时俱进，具有一定的前瞻性。

4.3 新媒体与信息服务的结合

4.3.1 新媒体形式

互联网的发展已经由最初的网络化演进为今天的智能化发展。智能技术与互联网的融合发展，为新媒体的发展开拓了新的空间，媒体智能化已经成为媒体未来发展的主要趋势。本书将依据新媒体的发展脉络重点介绍网络媒体、聚合类媒体、社交媒体及智能媒体等形态。

网络媒体是新媒体最原始和最基本的形态，直到现在，网络媒体的发展仍处于现在进行时，远未进化到最终形态。在网络媒体的早期发展中，它更多地采用 Web 1.0 的传播形态。其中，门户网站、视频网站和网络广播是互联网最基础的应用，具有一定的代表性，因此，在网络媒体中将重点介绍门户网站、视频网站和网络广播三种形态。

聚合类媒体中典型的媒体形式包括聚合网站和聚合 App，考虑到搜索引擎在聚合类媒体中更具典型性和特殊性，其他聚合类媒体的技术基础都是在搜索技术上建立起来的，因此本书将重点介绍聚合 App 和搜索引擎网站。

得益于互联网技术的不断更新，社交媒体在发展过程中不断融入新鲜的、有益于信息交流的各种技术元素，但诸如网络社区、即时通信等一直都是社交媒体发展的主流形态，特别是博客、微博、微信、短视频、直播等典型的新媒体形式，如微信除了具备即时通信的一般属性和特点外，还有自身的独特性，因此本书将重点对上述社交媒体形态做介绍。

智能媒体的主要形态在智能语音交互领域的代表有智能音频、在传感器领域的代表有可穿戴设备、在内容生产领域的代表有写作机器人，本书将选择上述媒体形态展开讨论。

作为大众传播媒体的重要组成部分，互动电视媒体在互联网时代依然发挥着不可替代的作用。因此，作为上述媒体形态的补充，本书将在后续章节对互动电视媒体环境下信息服务的特征、方式及应用进行介绍。

4.3.2 信息服务方式

根据信息服务的概念可知，信息服务涵盖了整个信息工作内容，包含信息的搜集、整理、存储、加工、传递和提供利用等活动，在信息完成搜集、整理、加工等环节后，服务提供者即可对信息产品进行发布并提供相关服务，包括信息导航服务、信息推送服务、信息检索服务、信息咨询服务和知识服务。其中，信息产品与服务的统一需要通过新媒体平台与渠道合理推送来实现，通过平台界面与用户实时交流，信息服务的提供方式要符合用户的使用场景和操作习惯。运营主体开展信息服务的新媒体平台与渠道是多元且丰富的，包含但不限于门户网站、微信公众号、微博或者产品式 App，甚至是以上几种的结合，这需要相关主体根据自身的经营状况进行选择，因为每一种新媒体环境下的信息服务呈现出来的特点与具体开展方式会表现出一定的差异性。

4.3.3 新媒体与信息加工服务

信息加工随着信息的出现而产生，并在解决信息生产者与消费者之间供需矛盾的过程中逐渐发展起来。信息加工的概念有广义、狭义之分，广义的信息加工指的是信息处理，可以是简单的收集、汇集、传递，也可以是汇集基础上的进一步综合、提炼或创新。狭义的信息加工指的是信息处理的一个核心阶段，即为达到一定目的而改变已收集信息的表现形式或性质的各种工作的总称。信息加工具有服务性、学术性、技术性等特点，其最终成果是再生信息产品[6]。

高效的信息加工不仅是有效的信息服务的基础，也是信息服务发挥其中介作用的保障。信息资源的数字化与网络化为信息加工带来了前所未有的机遇和挑战。一方面，用户能够通过网络所提供的浏览、下载功能，更为方便、快捷地获取信息；另一方面，面对海量信息，用户获取信息的难度加大。因此，满足用户需求，更好地服务于用户是信息加工服务工作的首要任务。

面对新媒体技术的飞速发展和信息资源网络化趋势，信息加工服务必须改进原有的服务观念及模式。在新媒体环境下，信息加工服务呈现出以下特点：①信息加工的高效性。随着移动互联技术的发展和新媒体的崛起，传统媒体原有的信息加工流程已经无法满足当前用户的需要，快捷、高效、随时随地的移动化信息加工方式更能适应用户的需求。②信息加工的智能化。随着智能化技术的发展，计算机可以自主地加工信息，信息加工过程减少了人的参与。与传统信息加工相比，智能化体现在可以瞬间完成海量阅读、海量分析，更好地洞察用户在特定场景下的行为和需求，进而快速地完成信息加工，这在一定程度上提高了信息加工的效率。③用户参与性。互联网的开放性使得用户与信息加工的关联可以贯穿于整个信息加工活动的始终。这种信息服务理念，体现了信息加工服务以用户为本的思想，充分考虑信息服务受众的习惯、能力和方式，能够更好地满足用户的个性化需求，提升信息加工服务的质量。

4.3.4 新媒体与信息发布服务

信息发布服务指的是信息服务提供者将已有信息放在用户能够使用的平台或者渠道中以供用户查看、获取和使用。新媒体环境下信息发布更多的是在网络平台中进行，信息传递更多的是依靠现代化的电子设备，如计算机、平板电脑、手机等。与传统媒体的信息发布相比，新媒体的信息服务功能更加强大，借助电子化、数字化传播媒介，在信息发布的速度和受众广度上有了大幅提升。

新媒体环境下信息发布服务具有以下特征：①信息发布主体多元化。随着技术的更新换代，有越来越多的用户加入新媒体，再加上新媒体使用方便，允许个人发布信息，随之而来的就是信息发布门槛的降低，每个用户都可以自己申请账号，在网络平台发布信息。②信息发布服务时效性增强。互联网技术的发展促使信息的时效性增强，越来越多的信息需求有着强烈的时效性，过了某个时间点用户可能不再有此类信息的需求，也有可能已经通过其他渠道获得了所需信息。③信息交流更加便捷。一般来说，每一个新型媒体都会有自己的交流平台，在平台内部关注其他账号或者被关注，这个过程中，伴随着大量的信息发布与交流，产生了大量有价值的信息，增加了信息发布服务的信息源。

4.3.5 新媒体与信息导航服务

网络化时代，人们被日益增长的海量信息所包围甚至被吞没，人们正在面对信息过剩、信息不对称、信息鸿沟、信息迷航等问题，而信息导航理念与技术的出现和发展有助于解决这些问题。

信息导航既是一种信息服务的理念，又是一种信息服务的技术与方法。它采用等级式目录、搜索引擎、站点地图等方法帮助用户了解自己“当前的位置”、“去过的地方”及“怎样到达将要去的地方”等[7]。信息导航借助超链接、数据库等技术将地理位置分散、分布式存储的各种信息资源进行逻辑上的整合，以高度有序化的信息组织方式，如导航地图、门户网站等，将这些来自不同存储设备的信息进行分类，再将这些不同分类的信息栏目与物理存储器上的信息数据库进行连接，实现跨地区的分布式信息的集中管理，让信息用户在利用信息资源时没有跨地区、分散的感觉。

新媒体环境下的信息导航服务具备以下特征：①更加精准细化的分类。信息导航服务除了要求有相关的技术之外，更基础的工作是将所拥有的信息按照领域、方向等依据将其具体细化，使得所有信息都有其归属领域，并且能够通过明确的方式检索到。精确细化的分类使得用户在查找利用信息时能够快速获得，提高信息的利用率。②满足个性化信息需求。随着各种学科领域的交叉融合发展和信息资源的不断扩展，在满足用户对其相关专业信息的特殊需求方面，个性化的信息导航服务成为信息服务的主流。通过信息导航为用户提供个性化的信息服务主要包括：其一，信息获取途径的个性化导航；其二，信息内容的个性化导航。③打破时空限制。与传统的信息导航相比，新媒体环境下的信息导航不需要有专门的人员一对一服务，随着技术发展和移动媒体的出现，智能化的信息导航服务能够随时随地地为用户提供所需信息。

新媒体环境下的信息导航服务更多的是指基于 Web 的信息导航，包括基于超链接的导航、基于内容的导航、基于时序机制的导航、基于空间机制的导航和社会导航[8]。其中，基于内容的导航服务是目前最为主要的信息导航服务类型，它是把信息的内容特征作为导航的入口，根据信息的内容提供导航服务。广义上，分类导航、主题导航、学科导航都属于内容导航服务的范畴。因为在信息导航服务中，更多强调的是将超链接作为一种专门的信息导航技术。同时，基于时序机制和空间机制的信息导航经常应用在具有时间属性、空间属性的信息结构中，体现的是时空维度。而社会导航机制更多秉持的是用户推荐理念。

以上内容在本书的信息推送服务章节中有涉及，所以本书将重点介绍目前主流的、基于内容的信息导航服务。

4.3.6　新媒体与信息推送服务

信息推送服务是基于用户表达出来的或者尚未表达的信息需求，采用推送技术的信息供给服务。它是系统向用户所做的一种正向服务或主动服务，用户显式订阅和潜在需求的隐式透露，是信息主动推送的激发条件[9]。信息推送服务的资源内容包括文献信息、实务信息、数据信息及事件信息等。

目前的研究与应用把信息推送服务分为两大类：一类是借助电子邮箱并依赖于人工参与的信息推送服务；另一类是由智能软件完成的全自动化的信息推送服务，如信息智能推送，根据用户输入的关键词等信息，通过机器学习，可以识别和预测用户的兴趣或偏好，从而有针对性、及时地向用户主动推送相关知识和最新信息，我们称这种推送模式为个性化推荐服务。社会信息化和社会网络化进程的加快，激发了隐藏的、深层次的用户个性化需求，特别是新媒体环境下交互式理念的推广和技术的广泛应用，个性化推荐服务已经成为当前信息服务的主导潮流之一，其目的就是满足特定用户或特定用户群在特定时间、特定空间下所需要的信息服务。信息推送服务经历了表层服务内容的定制向基于用户体验的个性定制服务的发展过程。个性化信息推送服务主要包括服务时空的个性化、服务方式的个性化和服务内容的个性化。当前，个性化推荐服务的开展已经比较普遍。

新媒体环境下信息推送服务具有以下特征：①及时主动性。这是信息推送服务最基本的特点，即当有新的信息需求提交时，依据传送信息的类型和重要性不同，推送软件会主动提醒用户接收新信息，从而提高了用户获取信息的及时性。②针对性。推送服务提供的信息是根据用户的特定需求定制的，这充分体现了用户的个性化需求。这种个性化的服务具有动态性，用户只需在定制之初描述信息需求，推送软件就会自动跟踪用户的使用倾向，实时地完成特定信息的推送。③集成性。推送服务中，信息人员从各种渠道，通过各种方式获取信息，并对其进行加工集成，通过固定的渠道传送给用户，这种经过加工的信息显然更全面，准确性更高。④便捷高效性。用户只需输入一次信息请求，就可获得连续的信息服务。推送服务还采用信息代理机制，可以自动跟踪用户的信息需求。这样的推送服务既节省了用户主动拉取的时间，又减少了冗余信息的传递，提高了信息的匹配度，从而大大方便了用户，提高了效率。

4.3.7　新媒体与信息检索服务

信息检索是情报工作的一项重要内容。信息检索是用户进行信息查询和信息获取的主要方式，是查找信息的方法和手段。信息检索是指将信息按一定方式组织和存储起来，并按需求检索出相关信息的过程，其实质就是将用户的提问与数据源进行对比，然后将两者相一致或比较一致的情报提取出来提供给用户使用的过程[10]。信息检索服务则是指信息提供方为用户提供信息检索途径和检索平台，以便用户能够快速找到所需信息。本质上是用户的信息需求与一定的信息集合匹配的过程。

信息检索按照组织方式可以分为：①全文检索，即对整本书、整篇文章中的任意内容进行的检索；②超文本检索，是对每个节点中所存的信息及信息链构成的网络中信息的检索；③多媒体检索，是指根据用户需求，对文本、图像、声音等多媒体实现的检索。上述以搜索引擎为代表的文本检索已经深入人心，得到了用户的认可。近年来，随着信息技术的飞速发展和互联网技术的全面普及，多媒体信息的种类和数量在不断扩大，为了使人们能快速、准确地检索到自己所需的信息，基于多媒体的信息检索成为热点问题。目前，对于多媒体的检索分为两种：一种是基于文本的多媒体信息检索，即用文本信息来描述图像、声音、视频等的语义信息，将对多媒体信息的检索转换为基于文本的检索；另一种是基于内容的多媒体信息检索，即基于多媒体对象的内容及上下文语义环境进行检索，如对图像中的颜色、形状、纹理，或者视频中的场景、片段进行分析和特征提取。

新媒体环境下信息存在的形态和样式是多种多样的，从类型上看，包括文本、图像、声音、视频等；从结构上看，包括自由文本、半结构化文本还有结构化文本。面对复杂多样的信息，信息检索成为各大新媒体必备的工具，用户可以根据自身需要，采用一定的方法，借助信息检索工具，从信息集合中找出所需要的信息。随着现代信息技术的超高速发展，信息检索也已经由原来的简单手工检索变成高效能、个性化、智能化的检索。

新媒体环境下的信息检索服务呈现出以下特点：①检索速度快。随着现代信息技术的发展，检索工具不断创新，基于网络信息检索速度越来越快，可为用户节省检索时间。②可以完成复杂的检索。利用计算机检索技术，可以实现布尔逻辑检索、截词检索、限定检索、位置检索，可以进行任意的扩展检索和缩小检索，可以进行模糊检索和精确检索，检索更加方便灵活，可以完成复杂的检索问题。③社会化检索。随着互联网技术的发展，互联网应用模式已经由传统的“人—机”交互模式变为“社会化”交互模式，许多用户不再满足于旧式的“人—机”搜索体验，他们更期望利用在线社会网络进行沟通协作来获得质量更高的智能化搜索结果，即社会化检索，如知乎、百度知道的内容检索。④智能化检索。越来越多的信息提供平台或者机构开始通过大数据分析用户使用关键词频率、关键词所属领域等为用户提供更加精准化的智能检索服务。

4.3.8　新媒体与信息咨询服务

信息咨询服务是系统运用现代科学知识、现代技术手段和分析方法，为解决经济建设和社会发展中的各种复杂问题而进行的服务活动。咨询的目的就是服务，信息咨询服务包括咨询用户与需求、咨询人员、咨询信息资源和技术、设备与平台四个要素。

随着信息化社会的到来，信息技术发生着日新月异的变化，信息环境也经历了深刻的变化。新媒体环境下的信息咨询服务不再局限于以图书馆为依托的传统信息咨询服务，更多的则是自由化的、自助的信息咨询平台，咨询用户呈现出多元化、用户需求呈现出多样化的特点。同时，随着信息资源爆发式增长，网络信息技术、设备与平台的更新升级对信息咨询人员的能力提出了更高的要求，咨询服务工作面临着更大的挑战。

新媒体环境下信息咨询服务的特点主要表现为：①服务范围延伸。目前，信息咨询服务主要根据用户的需求和委托开展实施，在新媒体环境下，信息咨询服务的范围可进一步延伸，主动就社会热点问题、社会公众普遍关注的问题等进行分析，为用户提供解决方案，供用户参考的同时也能为用户科学、有效地自主解决问题提供指导。②服务效率提升，新媒体相关技术的应用可进一步提升咨询服务的效率和质量。例如，应用智能机器人技术可以协助咨询人员研究用户需求并解答常规、简单、重复的问题；应用自动分类技术可以实现用户问题的自动分类和优化检索等。③服务定位个性化、精准化、专业化。新媒体环境下，注重用户信息行为数据的收集和分析，并将咨询服务的相关资源进行合理匹配，形成自身的专业研究领域，为用户提供专业化、个性化和精准化的服务。

4.3.9　新媒体与知识服务

知识服务是对信息服务的升华，是高级阶段的信息服务。但它又不同于传统的信息服务，知识服务以解决用户的问题为主旨。互联网知识服务的出现，是知识服务的一场革命。互联网时代，网络因具有强大的交互特征而吸引了大量的用户，同时也积累了庞大的知识资源。网络知识总量不断增加，知识领域不断扩展，用户对于知识的需求不再只依赖于传统的图书情报机构。从图书情报领域的知识服务向网络环境下的知识服务发展，这成为知识服务研究与实践的主流方向。

目前有关知识服务的概念界定有两种视角：一种是从信息服务的视角，强调知识服务是在网络环境下以信息知识的搜寻、组织、分析及重组的知识和能力为基础，根据用户的问题和环境，融入用户解决问题的过程，提出能有效支持知识应用和知识创新的服务[11]；另一种是从产业的视角，强调知识服务是基于高度专业化知识，以提供高智力附加值的知识（或技能）密集型产品或服务为主，并在知识的生产和传播过程中发挥重要作用的经营性服务[12]。综上，从信息服务视角出发更多考虑的是知识内容的产生过程，而从产业视角出发强调面向产业及组织发展的现实问题，更多地关注知识服务给社会所带来的价值。本书旨在通过对知识服务的研究指导实践，因此更侧重从产业视角出发理解知识服务。知识服务，即知识密集型服务，是依赖于不同主体、不同领域、不同形式的知识，以先进的信息技术为手段，面向问题解决方案向社会提供以知识为基础的产品或服务。维基百科、百度百科等的出现，超越了图书馆以文献服务为主的知识服务模式，进入到了字、词等知识单元为主的服务模式，其颗粒度更小，用户能够迅速地找到知识的核心内容。

知识服务是一种新的服务理念和服务方式，是“为了解决用户问题”的服务，它需要专业知识和专业工具，需要动态集成多方面资源，嵌入用户问题解决的过程，需要根据用户问题和解决目标来设计和创造工作方法。知识服务是一种增值服务。知识服务根据利用者的实际问题搜集选择各种信息，对信息客体中的知识要素进行结构上的重组，为利用者克服由信息分散造成的检索困难提供索引指南，便于利用者理解和吸收知识提供评价或解释，为利用者解决问题提供经过加工整序后的新的知识产品，这一切无不是信息增值的结果。

新媒体环境下知识服务的特点：①个性化。知识服务以用户需求为导向，注重与用户之间的交互，具有服务内容定制化、个性化的特征。知识服务提供者会对用户的个性、使用习惯等进行分析，根据用户的特性建立个性化服务机制，而后根据用户提出的明确要求或根据对用户分析获得的结论，为其提供搜集、组织、挖掘服务，向用户提供其需要的知识，协助用户形成个性化知识资源体系。②创新性。知识服务是信息服务的深化，是一种通过不断创新使知识增值的服务。创新是知识服务的灵魂，创新是一项更新知识或技术的实践活动，需要科学研究部门从事知识和技术的生产研发，也需要专业化机构和人员从事相关信息的搜集、组织、整合和传播，以促进知识和技术的应用，在新媒体环境下，大数据、云计算等先进信息技术已经成为知识服务优化和创新的重要手段。③集约化。知识服务是充分利用各种资源，采用一定技术工具提取与挖掘知识的开发过程，实现了知识服务专家、相关研究群体和各类分布式信息资源与众多计算机技术的有机结合及各类信息知识理论和人的经验与知识的结合。

参考文献

[1] 中国互联网络信息中心. 第 46 次中国互联网络发展状况统计报告. http://www.cnnic.cn/hlwfzyj/hlwxzbg/hlwtjbg/202009/P020200929546215182514.pdf[2020-09-29].

[2] 中国互联网协会. 中国互联网发展报告 2018. https://www.isc.org.cn/zxzx/xhdt/listinfo-36076.html[2019-08-30].

[3] 工业和信息化部，国家发展和改革委员会. 扩大和升级信息消费三年行动计划(2018—2020 年). http://www.miit.gov.cn/n1146295/n1652858/n1652930/n3757022/c6309188/content.html[2019-08-30].

[4] 张丽. 2018 年我国信息消费量质齐升进入更为成熟的发展阶段. 信息通信技术与政策，2019，(4)：46-48.

[5] 汪芃佳. VIPKID 的营销策略分析. 现代商业，2019，(24)：18-20.

[6] 黄敏. 用户信息系统初探——试论面向用户的信息加工. 图书情报工作，2000，44（10)：38-41.

[7] 王知津，徐芳. 信息导航驱动因素分析. 图书馆学研究，2010，(1)：2-8.

[8] 金燕. WWW 信息导航机制研究. 武汉：武汉大学，2005.

[9] 吕海华. 互联网信息推送方法与模式及其演化分析. 长春：吉林大学，2019.

[10] 孙琪. 现代图书馆参考咨询服务. 合肥：安徽大学出版社，2015

[11] 张晓林. 走向知识服务：寻找新世纪图书情报工作的生长点. 中国图书馆学报，2000，26（5)：32-36.

[12] 申静，黎婷. 我国知识型服务业的发展现状分析. 情报理论与实践，2006，29（5)：531-535.

第 5 章　网络媒体与信息服务

5.1　网络媒体概述

5.1.1　网络媒体定义

互联网的问世对人类的生产和生活产生了深远的影响，它的出现是人类通信技术的一次革命。在全球网络技术革命的推动下，网络媒体作为一种新的传播媒介将受众卷入信息化浪潮中，并迅速瓜分传统媒体的市场份额，以其自身强大的变革力量影响着传统的媒体传播模式，并改变了人们的生活和交往方式，显示出了强大的传播优势。

本书对网络媒体的定义为：网络媒体是通过互联网传播数字、数据的综合信息发布平台，主要以计算机为终端，以文字、声音、图像等形式来传播信息的一种数字化、多媒体的传播媒介，又被称作第四媒体。网络媒体的出现顺应了快节奏、高需求的时代发展潮流，满足了大众多样化的信息需求，使得信息以丰富的形式呈现出来，让信息流通不再受时间和空间的限制。

5.1.2　网络媒体的发展背景

1）互联网的飞速发展

作为人类历史上最伟大的发明之一，互联网正以飞速之势进入人们的生活，迅速渗透到社会的政治、经济、文化等各个领域，为社会经济及人们的生活方式带来了重大变革。人们已经认识到互联网对媒体发展的作用，网络媒体时代成为必然的发展趋势。

2）用户对多样化信息的需求

当前信息用户更加注重信息服务的质量，要求信息服务方式更加多样化，信息服务更加快捷精准化。网络媒体作为一种新的传播媒介给人们的生活带来了翻天覆地的变化，与传统媒体相比，网络媒体在传播过程、信息存储、信息接收方面不受时间限制，处于全天候的服务状态，并且传播的形式可以是文字、图片、声音、影像、动画等，在一定程度上满足了用户多样化的信息需求。

网络媒体是新媒体最基础的形态，在早期发展阶段更多采用的是基于 Web 1.0 的传播形态，它是阐释新媒体概念的核心应用领域。在具体分类上，网络媒体可细分为门户网站、电子邮件、视频网站、网络广播等。在这些细分媒体形态中，门户网站被认为是人们进入互联网的始发地，同时作为互联网最基础的应用，视频网站和网络广播让人的感官体验更加充分，具有一定的代表性，因此网络媒体中重点介绍门户网站、视频网站和网络广播三种媒体形态。

5.2 门户网站与信息服务

5.2.1 门户网站概述

1. 门户网站的含义

门户网站一词来源于英语 portal site，兴起于 20 世纪 90 年代，是由雅虎（Yahoo!）公司首先提出的。门户网站是指通向某类综合性互联网信息资源并提供有关信息服务的应用系统，是为了满足用户对于信息与服务的不同需求而产生的信息共享的网络枢纽，是集合了众多信息，提供多样服务的平台。

门户网站最初提供搜索服务、目录服务，后来由于市场竞争日益激烈，门户网站不得不快速拓展新的业务类型，目前其涵盖的业务包罗万象，向用户提供新闻资讯、电子邮件、搜索引擎、网络游戏、电子商务等多种虚拟服务[1]，成为网络世界的“百货商场”或“网络超市”。在全球范围内，著名的门户网站有 Google 和 Yahoo! 等；在国内，有影响力的门户网站包括被誉为中国四大门户网站的新浪、网易、搜狐、腾讯。

门户网站的鼻祖虽然是 Yahoo!，但我们现在所讨论的门户与当初 Yahoo! 初创时所定义的门户已经有很大的不同。早期，网民面对茫茫网海无从下手，而 Yahoo! 以提供搜索引擎的方式为网民提供了进入互联网的“门户”，发展到后来，很多人将新闻服务视为门户网站的一个标志，认为新闻业务就是门户网站的主业乃至核心竞争力。但通过回顾门户网站的起源和发展史，我们可以清楚地了解到，无论是搜索服务还是新闻业务，均是门户网站发展的一个阶段。门户网站可以从搜索服务演进到新闻服务，同样也可以由新闻服务演进到其他服务。随着网络媒体的发展，原来的门户网站不一定将搜索作为主业，而提供搜索引擎服务的主体也不一定是门户网站。

2. 门户网站的特点

门户网站只有不断创新才能符合现代人群的生活特点，不断满足用户需求，在保证用户留存度的基础上提高用户的满意度，其特点主要体现在以下几个方面。

1）内容多样化

门户网站的内容多样化是指网站提供多元化的内容和服务以满足网络使用者的各种不同需求。截至 2020 年 6 月，我国网民规模达 9.40 亿人，不同年龄层的使用者在网络上进行的活动有所差异，所浏览的内容也不太相同。因此，为了满足各类使用者的不同需求，门户网站除了提供基本的搜索功能之外，还提供了各种主题的内容，如新闻、理财、娱乐等，这也是各大门户网站必备的信息服务内容。

2）服务信息互动化

为了更好地满足不同用户的个性化需求，各大门户网站充分利用新媒体优势，加强网站和受众之间的互动和交流，如政府门户网站开设留言板、网上调查、意见征集等互动专栏，倾听和采纳群众的有益意见和建议[2]。各种类型的门户网站通过用户的反馈，实时调整，满足用户需求。

3）高黏性

门户网站作为网络先行者，固有用户因习惯使然而将其视为上网的第一站，并通过不断回访形成依赖，还可以凭借其品牌优势吸引更多的新用户，因门户网站聚集了海量的、即时的信息，以及各类活跃、互动的网络社区等，它会将分散但兴趣爱好一致的网民凝聚为一个整体，形成高黏性的用户群体。

5.2.2　门户网站的发展概况

20 世纪 90 年代末，网易和搜狐公司正式成立。作为国内最早的一批门户网站，搜狐和网易在服务和运营模式等诸多方面，都在向 Yahoo！看齐，其营利模式也沿用了“风险投资 + 网络广告”的方式。在全球互联网火热发展的过程中，中国的门户网站抓住了这一时机，得到了迅猛的发展。在这个过程中，新浪、网易、搜狐迅速崛起，被称为我国三大门户网站。

1998 年 11 月，深圳市腾讯计算机系统有限公司正式成立，推出了无线网络寻呼系统，1999 年 2 月腾讯公司即时通信服务开通。2003 年，受“门户年”的刺激，娱乐型门户网站腾讯网正式上线，弥补了当时专注即时通信的腾讯的空白。腾讯的崛起，打破了三大门户网站三足分立的局面，新浪、网易、搜狐、腾讯被称为四大门户网站。

随着全球网络泡沫经济的出现，我国门户网站的发展进入了一个低潮期。对此，我国门户网站纷纷调整运营和盈利模式。最初的“风险投资 + 网络广告”的盈利模式已经无法适应当下的市场，门户网站纷纷寻找更加清晰的定位和更加稳定的盈利模式，度过发展最初的迅猛期和之后的低潮期后，我国门户网站进入了稳定发展时期。

5.2.3　门户网站的信息服务方式

1. 信息发布服务

门户网站的基本功能就是信息发布传递，它也是相关主体发布信息的重要渠道。在门户网站中，信息发布传递服务是为了更好地实现用户和企业之间、用户和平台之间的互动与交流，实现信息传递，不断优化门户网站提供的服务。

目前我国的信息公开方式主要有主动公开和申请公开两种方式，《中华人民共和国政府信息公开条例》的颁布使得信息公开有法可依，该文件为信息发布提供了指导依据和法律保障，同时也确保了信息发布的全面性和及时性。此外，2017 年 6 月 1 日起施行的《互联网新闻信息服务管理规定》要求凡是向社会公众提供互联网新闻信息服务的网站，都应当取得互联网新闻信息服务许可，其中就包括要有健全的互联网新闻信息服务管理制度；有健全的信息安全管理制度和安全可控的技术保障措施；有与服务相适应的场所、设施和资金[3]。这也为门户网站的信息发布提供了法律依据。

2. 信息导航服务

门户网站并不能发布所有用户所需信息，有些用户还会需要其他机构或部门的信息，这就需要网站提供网络信息导航功能。为此，门户网站根据用户需求和信息的实用价值，进行分析、选择、评价、加工、整序，以控制网上信息资源的数量与质量，并建立信息导航系统和联机检索系统。不同类型的门户网站，其提供的信息导航服务也不尽相同。首先最常见的是综合性的网站导航，收录的是用户比较常用的大众化的网络资源。其次是垂直化的网站导航，它仅次于综合性类型的平台，通常会涵盖金融类、财经类、购物类等，这种类型比较有针对性，用户也有特定的需求。最后一种是个性化的网站导航平台，可以满足用户灵活自定义功能，这是未来的发展趋势之一。

学科信息门户是目前学术性网站使用较多、性能较好的可以提供学科导航服务的平台。它是将特定学科领域的信息资源、工具和服务集成整体，帮助用户有效发现和选择利用各种信息资源，为专业用户提供权威和可靠的学科信息导航。学科门户网站提供的是一种基于内容的导航服务，平台上汇聚和搜集了很多领域或者是某个单一特定领域的学术资源，这些学术资源可以帮助用户减少查询的时间和成本。国内已经建成的有影响力并能稳定提供利用的独立学科门户除了中国高等教育文献保障系统（China academic library and information system，CALIS）学科导航库，还有中国科学院国家科学数字图书馆分布式学科信息门户体系、武汉理工大学图书馆信息门户和北京雷速科技有限公司的方略知识管理系统等，它们对特定学科领域网络资源提供了权威可靠的导航服务，如国家科学数字图书馆精心挑选和组织互联网上权威、可靠的专业信息资源，建立了比较完备的学科网络资源导航系统，建成了化学、资源环境、生命科学、数学物理、图书情报、科技政策、微生物、海洋、种子植物、新生传染性疾病等 15 个特色学科信息门户。

除此之外，门户网站也要注重自身平台的信息导航功能设置，以便指引用户快速便捷地查找到所需信息。用户从门户网站中获取信息时较为依赖组织导航体系，门户网站的分类导航是用户访问网站的指南，它将不同领域的信息以超文本链接的方式按照分类或主题目录组织起来，为用户提供了各种各样的可供导航的等级式主题目录。目前综合性门户网站重点关注与用户生活息息相关的信息资源，以满足用户需求为中心，从大众理解难易度、通俗程度的角度来考虑，采用以主题分类法为主的类目划分原则。从四大门户网站首页的信息分类来看，因为它们均是集新闻信息、社会化媒体资讯和产品、区域垂直生活服务为一体的综合性门户网站，其大类划分的主要依据是满足大多数网络用户的实际需求，因此基本都设计了新闻、财经、体育、科技、房产、汽车等贴近大多数用户日常生活会关注到的相关类目。

此外，诸如医疗信息门户、旅游信息门户、政府信息门户、学科信息门户等垂直性门户网站的分类导航设计因网站性质不同而有一定的差异，多以网站的资源内容和用户需求为主来设置类目体系。例如，政府门户网站中的导航服务，政府行政办事服务资源包括办事指南、表格下载、在线申报、状态查询、在线咨询等。公共企事业单位服务资源包括办理类、查询类、缴费类等，通过制定各类服务资源的规范模板，实现公共企事业单位服务资源的规范整合。再如，各大电商平台为了让客户在第一时间以最方便的途径找到最想要的商品，纷纷建立了类目导航体系，即通过对网店商品进行合理分类与属性的精准描述，引导客户在众多的网店和商品中进行选择，发现其所需商品，从而提升购物体验。

3. 信息推送服务

随着时间的推移，用户与门户网站的交互不再仅仅是获取信息和服务的过程，也是网站后台直接获取用户浏览习惯、偏好和需求的重要手段。智能型门户在前台记录用户的行为习惯，收集用户使用属性，并通过后台的属性收集器和分析器对用户进行分类并打上用户标签，系统再根据用户的个性化特征有针对性地调整每次推荐的主题，以贴近用户最关心的需求点，进而提高用户对门户网站的依赖度和信任感，保证用户与门户网站之间的强黏度关系。

例如，在电商门户平台中，作为互联网上最早开始经营电子商务的公司之一，Amazon 平台会根据用户曾标注的“已经买了”“已经有了”“已经打分了”的商品信息来判断用户的兴趣爱好，然后向用户推荐更多其可能感兴趣的商品信息。除此之外，平台会通过对比用户与其他用户的不同购买行为，来向用户推荐更多其可能感兴趣的商品信息，并且为用户推荐的信息会不断更新。

再如，国家科学数字图书馆承担着学科信息门户资源导航的建设任务，主要目的是通过多个分布的学科信息门户网站，为科研工作者提供权威和可靠的因特网上的学科信息导航，整合文献信息资源系统及其检索利用，并逐步支持开放式集成定制。国家科学数字图书馆中心门户网站通过我的图书馆（my library）这个用户驱动的个性化集成定制门户，向用户提供对虚拟资源集合的个性化定制功能，目的是根据用户的学科、偏好等特征，通过用户定制、系统推荐和推送功能，为用户提供个性化的信息服务，解决用户在信息使用过程中信息过载的困扰。

4. 信息检索服务

信息检索服务是依据用户需求，从门户网站资源库中搜索其所需要的信息资源。网站提供的检索方式应该是全面的，以满足不同用户的不同检索方式和习惯。例如，多数的门户网站都支持简单检索、逻辑检索、位置检索、模糊检索等方式，提供关键词、日期、题名等主题检索内容，为用户提供高效、全面的检索服务。另外，信息检索与信息导航的结合能更快捷、有效地使用户获得所需信息，通过比较精确的导航信息，方便用户检索，指导用户查找。

目前，有部分在专用领域具有优势的门户网站利用自身强大的整合能力来实现跨库检索。例如，国家知识资源服务中心的门户网站汇聚了各行业、领域知识服务分平台，主要为不同行业、领域的单位和个人提供专业的知识检索服务、图书和期刊论文信息查询服务、标准文本查询服务，并为用户提供统一的检索入口，按行业、领域导流到各试点单位的知识服务分平台，让用户获取各行业、领域的专业知识。目前该门户网站已接入 17 家专业库，未来将逐步覆盖新闻出版行业、领域的各个知识范畴。

5. 信息咨询服务

信息咨询服务是指以信息收集、分析、提炼、整理、传递和应用为主要目的展开的咨询服务。在门户网站中，可以通过设立咨询服务接口，实现信息用户与虚拟在线人员的直接交流，也可以设置交互式的咨询台，在线解决用户提出的问题。目前，在门户网站中主要的信息咨询服务形式包括表单咨询、网页实时咨询、留言簿。对于用户遇到的问题，网站一般会提供 FAQ，用户在搜索框中输入问题，系统将自行匹配相关度最高的解答。但 FAQ 使用界面单一，且不能快速、准确地解答用户的问题。实时在线咨询由于其具有实时交互的性质深受用户的喜爱和欢迎。网页版实时咨询软件可实现网页实时咨询对话，即时通信工具以网页为载体，嵌入网页当中，与网站无缝结合。例如，在图书馆领域，目前上海图书馆引入了“网上联合知识导航站”提供的网页版即时咨询软件；辽宁省图书馆使用的是由同方知网提供的网页版即时咨询软件。借助网页版实时咨询软件，用户可以根据需求选择相应的咨询员进行交流咨询，但这种方式需要咨询员在线，如果咨询员不在线，用户只能以表单咨询的形式留言，等待咨询员上线后回复。

信息咨询是政府门户网站开设的交流互动栏目，是政府部门与人民群众进行沟通的重要桥梁，信息咨询的内容一般都是人民群众关心的、涉及公众切身利益的问题。与传统线下咨询相比，线上信息咨询具有快捷、便利、成本低、可记录性强的优点。目前，政府门户网站提供的线上咨询方式主要包括邮箱咨询、网络表单、公告板、留言簿、FAQ、人工咨询等。现实中，对政府而言，希望能为公众提供全天候、多渠道、全方位的政务服务，尽可能帮助企业和公众解决问题。受政府预算和资源的约束，传统政府不能无限制地扩大规模和增加人员，为公众提供全天候、不间断的咨询服务；而政务服务的咨询工作量通常又比较大，缓解政务服务工作压力和提高政务服务工作效率成为政府政务服务的重要需求。智能咨询机器人的出现，一定程度上能够代替政务服务工作人员处理大量常见的重复性业务咨询活动，从而缓解政务服务工作人员的工作压力。借助智能咨询机器人，实现智能一问一答和上下文语义分析（多轮会话），而面对公众咨询的模糊问题，还能加以引导，并且对与模糊问题相关的问题进行推荐，实现智能化咨询的功能。目前，国内一些政府门户网站充分利用先进的智能咨询机器人技术，为公众提供全天候、不间断的智能咨询服务，以提升政府咨询服务的工作效率。

6. 知识服务

针对用户不断涌现的知识需求，产生了大量的知识服务平台。企业依据自身状态及需求，通过整合行业资源，构建面向某一行业的知识服务平台，如 LOTUS、微软和清华同方开发的面向企业的知识管理平台、面向科技型中小企业的知识服务平台等。2019 年 8 月，国家知识服务门户网站正式发布，该平台接入的数字资源是经过严格编校审查后的专业知识，版权清晰，目的是有效提高新闻出版业知识资源聚合度与知识资源生产供给能力，促进知识内容产品生产，提高国家知识资源公共服务能力。

在健康领域，公众的健康需求日益增长，健康知识服务门户网站成为公众获取健康信息的主要来源之一。国外在公众健康知识服务平台建设方面起步较早，代表性平台有美国国立医学图书馆建立的 MedlinePlus、欧盟的健康门户 Health-EU Portal 等，这些平台提供的相关知识和服务具有较好的实用性、权威性和可靠性。国内的公众健康知识服务平台建设起步较晚，具有代表性的国内公众健康知识服务平台是 2010 年由中国科学技术协会组织创办、中国医学科学院医学信息研究所开发并维护，致力于为公众提供多元的健康知识服务的平台——中国公众健康网。该网站汇集了中华医学会、中国药学会、中华预防医学会、中国营养学会等学术团体的优秀健康科普资源，整合了权威渠道的中文健康信息资源，并由权威专家团队严把信息质量关，主要提供常见病、常用药物、临床症状、医疗法规、科普常识、科普新闻等内容。

5.2.4　应用案例

1. 以电子商务门户网站——淘宝网为例

之所以称电子商务为门户网站是因为它们的生态和逻辑与门户网站非常相似。在互联网快速发展的时代，信息交互领域中最早的是门户网站；在商品交易领域最早的电商是电商门户网站，如淘宝网、京东[4]。电子商务作为人们日常生活中一种重要的消费途径，在交易过程中集合了大量的信息数据，可以为商家、用户、平台提供多元化的服务内容，其所包含的信息服务内容涵盖了商品描述信息、商家信誉信息、商品交易信息、用户属性信息、平台管理信息、商品评论信息、物流配送信息等一系列内容。

电子商务中对于信息服务的提供，始终是以用户为中心的服务模式，以用户满意为目标，满足用户的功能性、多样性、社交性、价格性需求[5]。电子商务网站的主要类型包括网上综合商城、垂直商店、服务型网店、导购引擎、团购模式等。案例主要介绍网上综合商城类型，淘宝网是同类网站中发展最好的。

淘宝网由阿里巴巴网络技术有限公司在 2003 年 5 月 10 日投资创立，目前是亚太地区最大的网络零售商。淘宝网站的页面设计简洁，导航系统简单明确，通过对网店宝贝进行合理分类和对属性的精准描述，可以使消费者快速找到商品信息。从电商平台的角度来讲，个性化推荐技术的本质是将当前最有可能成交的产品优先推荐给消费者，使流量得到更加充分的利用，最大限度地提高转化效率。推荐技术也随着用户个人数据的不断丰富而逐渐升级，从最基础的千人一面，慢慢演化到千人千面。例如，用户注册和后期行为过程中淘宝网系统可以收集分析出一些固定数据，常见的用户行为有搜索、浏览、咨询、加购、支付、收藏、评价、分享等，通过记录这些用户的行为数据，淘宝网可以对其进行个性化推荐。对于卖家而言，在淘宝网这个信息服务平台中，通过信息服务的推送将线上进行搜索、浏览、查询的用户导入到线下的实体商铺中，并且可以自由切换线上线下服务，让商家和用户之间通过信息平台进行沟通和交互，帮助商家挖掘用户。对于消费者而言，淘宝网也为其提供了信息咨询服务，无论是售前、售中还是售后，关于商品的问题都可以与客服中心进行咨询交流，平台通过提供与用户互动的工具，拉近了商家与消费者的距离；淘宝网利用客服中心引导客户，赢得了用户的积极响应。

淘宝网平台的搜索引擎包括简单搜索和高级搜索两种。借助图像识别和语音识别等技术，用户可以从各个角度对商品及卖家进行搜索，如用户既可以明确搜索商品名称，也可以从颜色、形状等角度对商品进行描述然后搜索，也可以使用拍照检索，这极大地提升了用户服务的智能感，为用户最大限度地提供了便利。当消费者产生信息需求后，通过搜索引擎查看评论、信用、评价等各方面信息来做出购买决策，用户购买行为发生后，其还可以对信息服务或商品进行评价，为后来的消费者的购买做参考。

2. 以政府门户网站——云南省曲靖市为例

2008 年，云南省曲靖市政府紧跟“金宏工程”的步伐，成立了市委市政府计算机中心，并已经完成多项工作，如政务网站平台、数据系统和软件中心的建设，曲靖市人民政府门户网是国内知名度较高的信息公开网站之一，被评为“中国优秀网站”。为了建设“透明、服务、民主”型政府，政府门户网站建设的内容一方面需要方便政府行使自己的职能，另一方面也需要符合政府职能转变的一些要求，这些都要结合我国的国情来进行，不能照搬一些国外建设好的网站的内容。

对信息公开与档案管理制度衔接关系进行调查，发现云南省各市级政府中只有曲靖市政府出台了《曲靖市档案局政府信息公开保密审查制度》，以文本的形式对信息公开进行了明确要求，曲靖市在中央和云南省相关制度的指导下，信息公开的内容和标准有法可依，并逐步实现规范化。

曲靖市政府门户网站信息公开严格依照《中华人民共和国政府信息公开条例》，同时结合本市的实际情况进行，公开的信息内容主要有：①市人民政府领导分工、工作规则、机构职能；②市人民政府规章；③市人民政府文件；④市政府办公室文件；⑤市人民政府重要会议；⑥市人民政府重点工作；⑦曲靖市国民经济和社会发展规划及其他专项规划；⑧市人民代表大会及其常务委员会审议通过的《政府工作报告》及《财政预决算报告》；⑨市人民政府人事任免；⑩市人民政府应急管理工作；⑪曲靖市经济和社会发展统计信息；⑫其他依照法律法规和国家有关规定应当主动公开的重要信息。政府门户网站通过发布上述信息，方便公民及时获取所需信息。

云南省曲靖市政府经过多年对门户网站的整改和完善取得了不错的成效，数据显示，2018 年信息发布总条数达 11 461 条，其中包括概况类信息 980 条，政府动态信息 8650 条，信息公开信息目录 1831 条；解读回应数量 52 条，其中包括解读材料信息 44 条，解读产品信息 6 条，解读媒体评论数量 2 条；政府服务事项达 63 464 项；可全程在线办理政务服务事项达 10 543 项；收到留言数量达 440 条，已办理 397 条，平均每天办理 4 条；征集调查期数 13 期，公布调查结果期数为 5 期；在线访谈期数 13 期，网民留言数量 450 条，答复网民提问数量 280 条。相比开始创建时，信息服务方面有了长足的进步。

3. 以学科信息门户网站——CALIS 为例

20 世纪 90 年代，国内外逐渐出现了专业化的学科信息门户，其从出现到现在，经过了 30 年的时间。这期间网络技术不断发展，网络环境不断变化，网络资源多样化，网络用户的信息需要与行为也不断产生新的特点，大部分供公众免费使用的学科信息门户，由于运行资金缺乏等各方面原因而暂停服务。下面将以 CALIS 为例，介绍其信息服务情况。

CALIS 是首个国内高校系统网络资源合作整序项目，也是高校范围内合作进行数字图书馆建设的重要内容和有益尝试。作为建设最早和合作最广的多学科门户，它开启了国内学科门户建设的序幕，成为国内学科门户建设的旗帜，引起了广泛的关注。

CALIS 是教育部“第九个五年计划”、“第十个五年计划”、“高等教育文献保障体系三期建设项目”和“211 工程”中投资建设的面向所有高校图书馆的公共服务基础设施，通过构建基于互联网的共建共享云服务平台——中国高等教育数字图书馆、制定图书馆协同工作的相关技术标准和协作工作流程、培训图书馆专业馆员、为各成员馆提供各类应用系统等，支撑着高校成员馆间的文献、数据、设备、软件、知识、人员等多层次共享，已成为高校图书馆基础业务不可或缺的公共服务基础平台，并担负着促进高校图书馆整体发展的重任。

信息服务是 CALIS 的核心内容，也是其出发点和归宿，这点集中体现在综合信息服务的理念上，即以用户为中心。CALIS 构建了一个集统一检索、资源导航、馆际互借、参考咨询等功能于一体的综合信息服务模式。平台既为读者提供诸如借阅、检索等一般性的服务及更深层次的个性化信息服务（如信息推送、定题信息服务等），又促使信息资源的提供者——图书馆方面，加入 CALIS 文献传递网，为读者提供原文传递服务，使各馆资源得以最大化地共享。

CALIS 各个数字资源系统中，数字资源类型相当繁多，除了数据存储格式不同外，访问方法和检索方式也大相径庭。为了解决这种局面，给用户提供一种便捷的检索服务，CALIS 采用新型的基于元数据的检索技术，对这些异构资源进行整合并提供统一的检索界面、检索语言和全方位的检索方式。目前，主要提供以下几类检索服务：①异构资源的联邦检索，即通过统一的检索界面和检索语言，实现读者对本地和异地异构资源的整合检索；②利用开放文库计划（open archive initiative，OAI），实现元数据联合仓库的跨库检索；③利用网页挖掘技术搜索与整合网络资源提供集中式资源导航和发布服务；④多馆合作建立集中式数据存储与共享服务。CALIS 所提供的全方位检索方式，不仅包括简单检索，还包括高级检索及二次检索、分类检索和跨库检索等。此外，CALIS 的多库检索结果汇总列表使用户可以对已检索出的结果信息进行标记、保存、下载及馆际互借申请。这些均可扩展词典和知识库，可以为专业用户提供特别的检索服务。

虚拟参考咨询是读者以同步或异步的方式向馆员或专家提问并获得解答的一种信息服务方式。CALIS 分布式联合虚拟参考咨询系统是一个面向全国高校并且有多馆参加的联合虚拟参考咨询服务体系。它采用两层分布式中心级与本地级架构，由虚拟咨询台与调度系统、知识库、学习中心和档案库组成，既充分发挥各个成员馆独特的咨询服务作用，也能通过中心调度系统实现各咨询任务的分派与调度，第一时间解答读者疑问，而不受时间和地点的限制。虚拟参考咨询服务为读者带来了便利的信息沟通与查询渠道。

CALIS 导航库通过收集整理有关重点学科的优秀网络学术资源，建立导航数据库及其镜像站点为各高校提供服务，让重点学科领域的师生以较快的速度了解和查询本领域的科技前沿动向与国际发展趋势。CALIS 导航库资源丰富，分类组织合理有序，起到了为高校用户利用网络学术资源领航的作用。CALIS 的分类体系包括学科分类和资源类型分类，学科分类目录采用三级分类，以树形等级结构展开，可以在一级页面下浏览全部三级类目和任意二级学科下的全部资源，优于逐页分级显示的方式；资源类型以二级结构分类，类目之间的划分逻辑性较好。

CALIS 不仅提供基本的信息检索浏览服务，还利用信息网络新技术拓展服务领域，提供个性化推送服务。例如，平台根据用户注册、定制、推荐资源及检索浏览等信息获取其兴趣偏好，建立用户文档，并通过跟踪、挖掘用户使用记录预测其需求变化，在此基础上利用智能化技术，推出更深层次的信息挖掘服务，如新资源通报、信息推送、课题定制与在线培训等，体现了平台信息服务的针对性与主动性、知识性与智能性相结合的特点。

综上，CALIS 为了更好地适应用户信息服务需求的新变化，为高校教学和科研提供更加完善的服务功能，应该在优化服务平台、健全信息服务网络、拓展专业服务范围、提高用户及系统馆员的信息素养等方面做出更多努力，实现其健康可持续发展，为国内学科信息门户的进一步完善和发展树立典范。

4. 以知识服务门户网站——MedlinePlus 为例

美国国立医学图书馆作为世界上最大的生物医学图书馆，一直致力于对生物医学领域的资源进行集成、研究与发布。美国政府一直注重加强公众健康素养，美国国立医学图书馆自 1998 年推出面向公众健康的信息服务平台——MedlinePlus，致力于面向世界公众提供健康信息服务。MedlinePlus 是美国政府网站中用户满意程度最高的一个网站，平均每天有超过 100 万人次的访问量。在 Alexa 公布的 Health 领域公众健康相关网站中，MedlinePlus 排名第一。

MedlinePlus 发布的信息包括健康专题、药物和营养补充剂、医学字典、手术视频、医疗机构目录、最新医学新闻等内容，主要来自美国国立医学图书馆、美国国立卫生研究院及其他美国政府机构和卫生相关组织等。MedlinePlus 严格控制信息来源，不含任何广告内容，挑选了全球 800 多个机构的资源链接，着重组织美国国立卫生研究院和其他联邦政府机构出版的信息，还组建专家团队对健康信息准确性和真实性给予严谨、科学的评价和筛选，可信度高。其资源类型丰富，整合了 Web 文本、图片、多媒体、超链接等异构健康信息资源。

信息资源中，MedlinePlus 的“健康专题”，推送的是公众或医学界较为关注的热点话题，按主题字顺和分类（发病部位、疾病特征、人群分布等）两种方式组织，通过关键词之间的相关关系辅助用户查找所需主题；“药物和营养补充剂”按字顺组织，可查看药物商品名、药理作用、用法用量、副作用及药物批准等相关信息。

从网站功能设计来看，MedlinePlus 提供多种检索途径满足用户检索需求，并提供免费订阅服务、邮件服务、RSS 服务、Twitter 服务等。用户可利用首字母查找主题的方式进行健康主题的快速检索，也可以直接利用列出的人体部位（body location/systems）、疾病和病症（disorders and conditions）、人群特征（population characteristics）、诊断与治疗（diagnosis and therapy）、卫生与健康（health and wellness）五大主题进行检索。药品检索可以利用药品商品名和通用名首字母方式检索处方药和非处方药的副作用、剂量、预防措施，也可检索草药和补品的功效、常用剂量和相互作用；可以通过观看关于人体解剖、外科手术和健康新闻等主题的视频了解和学习，采用互动式教学和游戏方式测试用户信息知识，使用健康计算器检测用户健康；热点搜索以搜索云的方式展现 Top100 热门搜索词，每周更新一次，并以首字母顺序显示热门搜索词，以词的大小代表其被检索的相对频率。

在检索结果页面，集成获取到平台的各个知识库栏目中与检索关键词密切相关的各种资源，进而方便用户一键式获取各类相关资源，省去多个知识库中分别检索的烦琐，实现了集成知识服务。综上，MedlinePlus 正是依托其强大的资源、人员和技术优势，向公众提供高质量的健康知识服务。

5.3　视频网站与信息服务

5.3.1　视频网站概述

1. 视频网站定义

互联网的飞速发展为各种类型网站的兴起提供了良好的环境，为了迎合用户娱乐与分享的需求，视频元素从原有的综合性门户网站中逐渐分离出来，形成了以视频为载体的网站形态[6]。视频网站是指在完善的技术支撑下，使互联网用户能够在线搜索、发布、观看、分享视频的网络媒体平台[7]，它可以提供免费或有偿视频流播放及下载服务。

目前视频网站中视频类型主要分为三种模式：一是用户生成内容（user generated content，UGC）模式；二是视频网站向版权方购买版权（hulu）的视频模式；三是专业生产内容（professional generated content，PGC）模式，即自己或者与他人合作生产的专业视频。视频网站包括用户分享网站、官方分享网站和视频资源下载网站。用户分享网站是由运营商提供平台技术支持，用户将生产的视频发布在分享平台上供其他用户浏览的网络媒体平台。官方分享网站的视频主要来源于运营商上传，内容由网络视频企业自制，或者网站向专业影像生产机构购买版权内容，因此，这类网站视频质量相对较高，有固定的受众群体，以优酷网、爱奇艺、腾讯视频等网站为代表。视频网站还有一项重要服务就是提供视频下载，视频资源下载既有普通分享网站的视频缓冲，也有专门的下载渠道，如迅雷、百度云盘等平台提供的强大种子搜索和资源库。本章所述视频网站侧重于长视频平台，即以播放电视剧、综艺、动漫和电影等为主的视频门户。近几年，用户时间趋于碎片化，短视频异军突起，呈现新的价值和特点，更符合视频移动化、视频社交化趋势，应用场景更加丰富，因此本书将在第 7 章社交媒体与信息服务第 7 节对短视频作单独介绍。

2. 视频网站的特点

不同类型的视频所产生的内容和用户行为都是不一样的，因此相应的推荐模式也会有所差别。

以 UGC 模式为主的视频网站视频数量较多，内容比较丰富，但质量得不到保证，内容数据较差[8]，无法通过视频提供的内容获取有效信息。虽然这种模式有着明显的弊端，但是 UGC 模式创作成本低，传播性强，具有个性化、创造力和分享性的特征[9]，为视频网站带来了最早的一批用户群。

hulu 模式以正版影视内容播放为基础，依靠广告模式来盈利。正版、高清的视频内容是这一模式的主要优势，弊端是网站往往需要花费巨额的资金来购买版权，而广告模式的收入完全不能弥补购买版权费用的缺口，造成了视频网站长期亏损。此外，许多内容提供商不愿意将版权出售给视频网站，这使得视频网站只能获得该剧的转播权，进而可能会出现同一部剧在几个平台播放的问题，致使内容同质化问题严重。

PGC 模式一方面可以减少购买版权的压力，另一方面也能保证视频内容的高质量。专业生产的视频内容一般有较好的结构化数据，大部分都是按照电视剧、电影、综艺等来统一组织的。如今的视频网站大多采用三种模式相结合的生产方式，既保证了内容的丰富性和传播性，又保证了视频的版权正规和高质量。

5.3.2 视频网站的发展概况

随着技术的发展，网络用户的规模不断扩大，视频网站在互联网环境下获得了广泛的应用，视频网站从兴起到成熟化运营一共经历了以下四个阶段[10, 11]。

一是视频网站的兴起阶段。从 2004 年 11 月我国第一家专业视频网站——乐视网诞生，迄今为止已经有十余年时间了。紧随乐视网步伐，2005 年上半年，土豆网、PPTV、56 网等视频网站纷纷成立，共同构成了我国视频网站的市场雏形。早期的视频网站发展方向各有不同，乐视网早期致力于发展长视频网站，而土豆网、56 网等都是以 UGC 模式为主，它们早期的定位也深刻地影响了自身后期的发展道路和服务模式。与此同时，国外知名的视频分享网站 YouTube 也在此时崭露头角，其成功的用户模式赢得了国外用户的青睐，也对我国视频网站的发展有良好的借鉴意义。

二是视频网站的发展阶段。2006～2010 年，视频网站获得了飞速的发展，随着网络用户的逐渐增多，视频网站逐渐成为第三大网络应用，网站的发展模式也逐渐多元化，产业链也趋于完善。这期间，国家广播电影电视总局开始限制网站的快速发展和扩张，并且对一些盗版猖獗的网站严令禁止，一些小规模、缺乏融资的视频网站纷纷被合并或者被规制，逐渐形成了几家主流网站独大的市场格局。国家打击盗版的行为也促进了视频网站内容正版化，主流的视频网站逐渐形成了以 hulu 和 PGC 模式为主，UGC 模式为辅的内容生产格局，主要的投资也用于视频版权的购买和影视剧的制作上，为了争夺优质的视频资源和内容，视频网站之间的竞争也越来越激烈。

三是视频网站的成熟阶段。盗版、侵权、低俗内容受到规制，用户的口味也越来越挑剔，整个视频网站市场呈现出正版化、内容精品化的良性发展态势。2012 年优酷和土豆合并，2013 年百度收购爱奇艺，完成了爱奇艺与 PPS 的合并，这些充分说明了在这一时期互联网企业将优势资源整合作为发展的重点，使得视频网站的市场份额越发集中，几家有实力、有资金的视频网站几乎占据了所有的市场份额。此时视频网站的竞争更是服务与内容、品牌与创新之间的较量，优胜劣汰成为这一时期的主旋律[12]。

四是弹幕网站的兴起阶段。2014 年夏天，一部爱奇艺自制的神剧《白衣校花与大长腿》刚开始播出时，有人将该视频上传到哔哩哔哩，并迅速引来吐槽，之后又被转载到微博上，更为该剧集合了很高的人气。爱奇艺看到了弹幕的力量，并在 2014 年 8 月 7 日正式启动弹幕。这些被选择开通弹幕的电视剧或是综艺节目的共同点就是话题性强，用户在观看过程中有着强烈的吐槽欲。可以说，弹幕网站带给了传统视频网站一个提示，即“与用户互动，让用户参与进来”一直是传统视频网站忽视的问题。2014 年下半年，各大传统视频网站纷纷开启了弹幕功能，包括腾讯视频、土豆网等[13]。

5.3.3　视频网站的信息服务方式

1. 信息发布服务

视频综合了文字、声音、图像等元素，融合了视觉和听觉的双通道刺激，是信息呈现的重要方式，满足了人们获取信息的需要。电影、电视剧、网剧及综艺等作品的发行方将优质版权内容通过视频平台发布出来供用户观看。现阶段视频网站发布与传递的内容主要源自版权购买、PGC 和 UGC。其中，版权购买和 UGC 是视频网站在原始积累阶段的首要考量，而 PGC 无疑是当前视频网站的热门概念，灵活、快速和富有创意的 PGC 模式正在成为整体行业趋势。尤其是 UGC 在中国文化环境下遭遇滑铁卢、自制与版权购买越来越贵的时刻，PGC 似乎成为一个合理的“中间选择”。

2. 信息导航服务

在视频网站中，信息导航服务一般通过频道分类导航来实现，主要分类频道涵盖电影、电视剧、新闻资讯、综艺娱乐等内容。目前各大视频网站中分类标签的类型划分十分明确，一方面从标签中可以体现网站的特色和用户定位，另一方面用户也可以从不同分类标签下直接浏览感兴趣的视频资源。

视频网站一般都会采用全局导航方式，它可以帮助用户随时访问网站的任何一个频道，并可以轻松跳转到另一个频道。通常来说，全局导航的位置是固定的，这样可以减少浏览者查找的时间。值得注意的是，频道化后的全局导航还要兼顾频道化的品牌体系，如以“地区＋特色”来规划频道。成功的频道分类导航，基于对用户需求的理解，可以在一定程度上提高信息导航服务的用户满意度。

3. 信息推送服务

视频网站首页会推送最热门的视频供用户选择，包括热播剧、评分高的电影及收视率高的综艺节目等，给用户提供了更直观的选择。另外，视频网站利用大数据、人工智能等技术，收集用户信息、浏览记录、收藏下载视频的类型等，快速识别用户需求，根据后台算法为用户推荐符合期望的视频内容。以腾讯视频为例，平台会在主页显示用户近期的搜索记录、播放记录等相关信息，同时根据个性化机制，推送相关类型的视频，符合用户对该网站的使用习惯与期望，增强用户黏性。例如，用户选择一个视频观看后，会提供相应的“您可能还会喜欢”视频推荐；选择某部影视剧后会有“同类型影片”“该剧主演相关作品”“该导演相关作品”“喜欢这部剧的人还喜欢”的链接服务等。再如，爱奇艺推出了“绿镜”功能，它能够综合分析用户海量视频观看数据，自动判断用户喜好，并将精彩内容抽离出来，生成受关注程度最高的“精华版”视频，用户进入爱奇艺内容播放页面，即可选择观看完整视频或绿镜精华版内容。同时，爱奇艺专门针对电影用户提供个性化推荐产品，主要结合收集精细化的用户喜好数据，为用户提供包括日期、时间、标签等详细数据。

4. 信息检索服务

视频网站还可以提供视频相关信息的搜索服务，这类网站可对网络上的视频文件进行搜集整理，并具有可供查询的系统。截至目前，大多数视频平台除了关键词和主题检索外，也纷纷实现了用户搜索意图识别、相关搜索词推荐、热点事件发现、智能检索词提示等多种检索策略，帮助用户更便捷、更准确地定位搜索目标。此外，还有部分视频网站实现了以台词搜剧和以图搜剧的检索功能，改变了以往用户单纯搜索视频片名或主演名的单一模式，极大地丰富了用户的搜索内容和互动体验，让用户更方便地获取所需，并为平台的个性化视频制作提供了丰富的素材。这些检索功能中，以词搜剧主要是基于深度学习双向长短时记忆网络技术，自动对剧集中的台词识别，在亿级的海量台词索引库基础上，极速返回搜索结果，用户点击进去会自动跳转到台词出现的时间轴位置；以图搜剧主要基于深度学习卷积神经网络图像特征提取和图像分类标签技术，在亿级图片的海量视频索引库上，快速返回搜索结果。上述信息检索服务的提供，使视频网站的信息检索变得更加便捷，用户体验更好。

5.3.4　应用案例

爱奇艺于 2010 年 4 月正式上线，进入视频行业较晚，但通过近几年的发展迅速上升成为国内的主流视频网站。在用户规模方面，2019 年 6 月 22 日，爱奇艺公布了其最新会员规模数据，突破 1 亿高点[14]，在全国移动应用市场上表现优异。在激烈的行业竞争下，爱奇艺作为后起之秀表现优异，在用户模式和内容模式方面均获得了巨大的成功。本节以爱奇艺为例对信息服务方式进行分析，一方面是因为它在中国视频行业处于领先的位置，具有一定代表性；另一方面，爱奇艺在当今视频网站内容同质化、网站建设雷同的发展背景下，及时通过服务创新，全方位为用户提供高品质、个性化的服务体验而赢得了广大用户的喜爱与肯定。

爱奇艺首页热点信息推荐占据了很大的区域，是一种很直观的推荐模式，推荐内容包括更新的热门综艺和热播剧等。这几类视频的受众广泛，热度很高，爱奇艺购买了这几类综艺和热播剧的独家播放权，满足了大部分用户观看的主要诉求，同时也保证了点击率和播放量。

爱奇艺的信息导航分类明确，涵盖了推荐、热点、电视剧、电影、儿童、综艺、动漫等十几个大类，每个分类下方都有网站当日为用户推荐的热门影视剧和更新的视频内容。2019 年是中华人民共和国成立 70 周年，正值 10 月 1 日国庆之际，为庆祝祖国生日，爱奇艺在导航栏目添加了“70 年”类目，用户可直接点击观看相关视频，体现了信息的时效性。

爱奇艺设置了搜索框，同时也在搜索框内添加了热词，反映用户当下最关注的、点击率最高的视频，减少了用户手动输入关键词的麻烦。用户也可以主动检索想要关注的视频，及时观看。

爱奇艺播放器每天都会自动弹出今日推荐相关信息，包括客户端与移动端，吸引用户关注，及时了解热门话题。爱奇艺还会根据用户账号和设备来识别不同的用户，根据浏览记录、评论和分享等建立用户的兴趣模型，从而为用户进行个性化的推荐。

为了加强用户与视频展现内容的互动及用户与用户之间的即时互动，爱奇艺增设了弹幕服务，观众可以边看边吐槽，也可以找到兴趣爱好相同的朋友进行讨论，增强了用户黏性，不喜欢观看弹幕可以在设置中自行关闭，也体现了爱奇艺以用户为中心的理念。

综合以上可以明显看出，爱奇艺视频网站对于自身所要提供的信息服务有着明确的定位。通过鲜明的定位，才能使信息内容有效地传达给目标受众人群。无论是信息发布服务、信息检索服务、信息导航服务还是信息推送服务，都是以用户为中心，着力满足目标用户的需求，这样才能培养用户的忠诚度，增强用户的黏性。

5.4　网络广播与信息服务

5.4.1　网络广播概述

1. 网络广播的定义

网络广播是通过流媒体技术，在互联网平台上传播音频内容和广播节目的媒体形态。受众可以在网络广播的网站上直接点播收听节目或者下载收藏节目内容[15]。网络广播是以因特网为传播媒介，向受众提供音频服务的广播，是传统广播媒介和网络媒介结合的产物。网络广播可分为直播和点播两种形式。直播是要按照固定的节目时间来播出音频节目，而点播是将节目提前按照类别存放在服务器中，用户可以寻找标题或分类选择想要收听的节目。随着移动互联网的高速发展和智能终端的普及，一大批原生于移动端的 App，如蜻蜓 FM、荔枝 FM、喜马拉雅 FM 等得到了用户的青睐，获得了很高的下载量和知名度。

2. 网络广播的类型

网络广播按照创建主体的不同分成三类。

第一类是以个人计算机为终端的网络广播，包括传统媒体上线的音频网站和原生的音频网站。前者是依托传统广播媒体建立门户网站，在网站上提供音频节目的点播与在线收听，音频节目全部来自传统广播的常态节目。例如，中央人民广播电台主办的中国广播网于 1998 年 8 月 13 日注册开通，是中央新闻媒体中最早开通互联网网站的机构之一，中国广播网依托于中央人民广播电台中国之声、经济之声等 16 套广播频道及中国广播联盟 180 余家成员台，主打快新闻，突出央广独家。原生的音频网站，是由社会团体和广播爱好者自设的音频网站。

第二类是各类互联网服务商所开办的 App——网络广播的移动应用。这类广播大多数在内容方面支持用户上传声音作品，普通用户可以录制自己的声音上传，节目形式多样，同时也收录传统媒体中的节目，有网页版和手机客户端版本。

第三类是以车联网为载体的网络广播。车联网出现于 2010 年，是一个全新的理念。目前，业内比较认可的车联网的定义是中国汽车工程学会与清华大学团队共同给出的定义：“车联网是以车内网、车际网和车载移动互联网为基础，按照约定的通信协议和数据交互标准，在车车、车路、车与行人、车与互联网之间进行无线通信和信息交换的大系统网络，能实现智能交通管理、智能动态信息服务和车辆智能化控制的一体化网络。”[16]简单来说，车联网把汽车接入了互联网，让汽车变成了一个大型移动终端，同时也让车载移动终端这块屏幕成为继电视、电脑、手机之后的第四块重要屏幕。

5.4.2　网络广播的发展概况

随着网络在我国的普及，网络广播也越来越受到人们关注。从整体上看，虽然网络广播进入我国的时间并不长，但是发展却十分迅速，传统的广播媒体纷纷加入到网络广播中。2005 年 7 月，中国国际广播电台开通“国际在线”网络广播；2005 年 7 月，中央人民广播电台中国广播网推出“银河台”网络广播。种种现象表明，目前，网络广播在我国已经获得了主流媒体的充分认可。随着互联网技术不断发展和创新，网络广播也将获得更大的发展空间[17]。但是，我国的网络广播在发展过程中也出现了一系列问题。

第一，我国网络广播主要活跃在经济发达的地区，如北京、上海等地，经济欠发达的中西部地区，网络广播的普及程度还不高。也就是说，网络广播受网络普及区域的限制。

第二，网络广播还受互联网技术不成熟的影响。虽然今天互联网技术已经有了长足的发展，但是在音频技术处理方面还有很大的缺陷。要保证网络广播的顺畅需要良好的电脑配置和高速的带宽支持。

第三，我国的网络广播缺少资金的支持。作为新兴的行业，网络广播需要大量的资金投入来进行行业的开发、经营和运作，然而我国的网络广播事业和国外相比明显缺少资金的支持。英国广播公司启动网络广播的费用为 300 万英镑，美国之音的初期投资也有 200 多万美元。而我国对网络广播的资金投入和国外相比明显不足，严重影响了我国网络广播的发展，导致我国的网络广播规模较小，发展较慢，数量较少，质量较低。

第四，网络广播在我国属于新兴行业，还缺乏统一的规范，一些网络广播存在侵权现象和知识产权纠纷问题。虽然我国现在越来越重视保护知识产权，但是在我国目前的互联网环境下还是存在着非法侵权的问题。我国的网络广播要想健康地发展就必须依靠国家有关部门制定相关的法律法规来规范行业发展。

总之，随着网络在我国的日益普及，传统媒体与网络融合是发展的必然趋势。网络广播的出现为我国广播事业提供了新的发展机遇，同时也为我们带来了新的挑战。目前，我国网络广播虽然发展迅速，但是还存在着许多问题和缺陷。只有解决了这些问题，我国的网络广播才能获得更进一步的发展。

5.4.3　网络广播的信息服务方式

1. 信息发布服务

不同于传统的广播，网络广播在提供定制化的“声音服务”时，也开辟了提供个人化声音的上传途径，网络广播的传播主体不再局限于传统的专业化媒介机构，而是面向普通的大众，大众可以围绕自身感兴趣的话题进行个人创作，而且创作的主题包罗万象，大众的参与门槛大大降低。相对宽松的新媒体环境下，网络广播的信息内容受限制较少，创新的领域与内容比较丰富。广播作为传递声音的媒介，发布的节目内容不同，风格也不同。比如，喜马拉雅网络广播榜单上发布的创造性节目，坚持专业化的用户生成方式，大多是集知识性、趣味性和思想性为一体的创作风格，发布的内容和社会热点、文化知识、休闲娱乐等密切相关。而荔枝 FM 提出了“人人皆主播”的理念，普通用户也能开设个人电台，随时随地发布音频内容，这使得所发布的音频内容随着用户数量的增加也逐渐出现了同质化、良莠不齐的问题。

2. 信息导航服务

网络广播主要提供分类导航服务，其频道分类长久以来以传统方式进行划分和扩充，主要分为两个层面：第一层面主要是新闻类、社教类、文艺类；第二层面主要是监督类、谈话类、情感类、服务类、娱乐类等。各网络广播平台在把握栏目定位、类型、市场、主题立意、主持人等多种要素的基础上，进行频道类型的划分，进而为听众开展一定的导航服务。其中每一类型的栏目因社会功能的不同而遵循不同的规则。例如，监督类节目以弘扬社会公平与正义为宗旨，聚焦社会热点、反映群众呼声；情感类栏目以倾听和讲述市民阶层的生活琐事与平凡感情故事为主要内容，以唤起人们的道德感、责任感和同情心；娱乐类栏目以审美娱乐为诉求，最大限度地满足听众工作、学习之余休闲放松的需要；服务类栏目则以传播知识、指导生活为导向，为听众提供健康、就业、交通、旅游等各类信息和资讯，满足听众需求。此外，考虑到声音具有天然的情感属性，可以弥补视觉世界中的缺憾，很多网络广播平台利用了声音的这一属性进行产品分类，如喜马拉雅 FM 节目数量繁多，根据用户的使用场景进行分类，其将付费精品中的“儿童”专区，细分为哄睡、起床、上车等多种使用场景，这种分类导航在一定程度上提升了用户的使用体验满意度。

3. 信息推送服务

随着移动互联网和智能手机平板电脑的迅速普及，人们可以随时随地利用碎片化的时间来浏览信息，收听自己感兴趣的节目，这更加体现了网络广播推送服务的重要性。网络广播可以将当下实时的热点广播或者话题量高的广播推送到网络广播 PC 端或者移动端的首页，供用户在碎片化的时间内获取到即时的信息。除了常规的订阅外，网络广播还可以针对不同用户提供个性化推荐服务，如很多家长会为小朋友播放喜爱的睡前小故事，网络广播便会根据之前的播放、收藏记录等信息为其推送类似的故事节目，精准定位收听人群。

4. 信息检索服务

网络广播不仅包括网站类型，更多的是以移动终端为主，目前有很多典型的 App 深受大众喜爱。与当前主流的平台检索系统一样，网络广播的信息检索也包括搜索框、搜索推荐、检索历史等方式。在搜索时，用户的搜索方式一般有两种：手动输入和语音输入。以喜马拉雅 FM 为例，用户在打开 App 时，可以通过在搜索框中输入关键词来查找自己感兴趣的主题音频，并且为了提高用户检索效率，平台在检索结果中增加了筛选功能，具体分为精选、专辑、声音、主播、听单和用户，用户可通过该选项选择搜索音频内容来源。

5. 知识服务

互联网时代，知识的载体分别为文字、音频、视频。视频门槛太高，需要有专业团队支撑。用户的时间越来越稀缺，使用场景越来越碎片化，音频作为伴随性媒体最适宜获取知识，其可以根据用户的需求，动态地收集、选择、分析和利用各种知识和信息，有针对性地进行提炼并提供给用户，来满足用户的需求。比如，喜马拉雅的“商业财经”栏目，提供了“财商学院”“理财秘籍”等板块，用户可以直接收听了解相关知识。逻辑思维团队出品的 App“得到”，在信息过载的现代互联网社会为用户提供经过“信息筛选与过滤”的精品知识，用户通过缴纳一定费用可以订阅平台上经专业人士整理后的知识产品。“得到”App 有着系统的知识服务体系，其中比较经典的是订阅专栏，专栏的作者主要是来自经济、教育、管理、金融、艺术、心理、自然科学等多个领域的专业人士，“得到”正是凭借这些来自专业领域的领袖意见来保证内容的高影响力。

5.4.4 网络广播信息服务的特点

新媒体全面发展阶段，网络广播携带了传统媒体的一些特征，并通过融合广播、电脑、智能手机等多媒体的优势衍生出新的网络媒体形态。网络广播媒体的产生和发展，在很大程度上改变了用户获取信息的方式，尤其在智能手机普及之后，其信息服务呈现出一些新的特征。

1）收听终端多样化

移动互联网打破了传统广播媒介的特性与接收终端的限制，从单一的收音机媒介拓展到互联网、手机、平板等多种可供选择的媒介，受众收听广播的方式也不再局限于空间狭小的汽车内，也不用再拿着笨重的收音机寻找广播的频率信号，广播的收听变得简单、便捷。移动化终端重构了听众收听广播的行为，为听众创造出了多个个性化、碎片化的“黄金时段”，这样一来受众接触广播的机会增多了，接触成本降低了，接触范围扩大了，广播真正成为听众喜爱的“陪伴”媒介。此外，移动接收终端也使得广播收听的方便程度大大增加，真正实现了随时随地收听广播[18]。

2）互动性与交流性更便捷

与传统广播相比，网络广播的互动性是延续的，不再像传统广播那样随着节目转变话题或结束，互动便告一段落。网络广播可以利用大数据、云存储使音频节目可以保存，供用户随时点播。例如，喜马拉雅 FM 网络广播既可以随时编辑发表言论也可以听完再发表自己的感受，互动不仅在节目过程中，在节目结束后的任何时刻依旧可以进行，同时其“分享”功能，可以实现在社交网站中进行二次互动，如分享到微信、微博、QQ 等社交软件中。

3）用户参与度强

网络广播的社交性给予了用户极大的参与空间，支持用户原创内容吸引了大量喜爱用声音传递和分享的人们，通过网络广播来发布他们的音频节目。用户可以根据自己的喜好来创建个人的节目内容，并利用剪辑加上音乐等其他形式的点缀。用户可以创建自己的网络广播主页，同时可以收听其他用户的网络广播内容，分享自己喜欢的内容，社交功能明显。

4）传播过程的异步性

在网络广播中节点既是用户本身，也是用户生产的内容信息，用户可以更便捷地参与，可以在任一时间发送信息、创造信息从而分享信息，激发用户的活力、创造力和积极性，强化了网络广播传播过程中节点的互动交流。每一个用户都会形成自己的信息网络，并且这些信息都是面向用户开放共享的，传播方式从单向传播向双向互动转变，打破了传统广播的线性传播。

5）内容信息精短化

传统广播时代，大量冗长的广播内容让人提不起兴趣，受众也很难在众多的广播内容中获取有效信息。从荔枝 FM、喜马拉雅 FM 等专业网络电台来看，其广播节目时长设置通常在 15～20 分钟，最长不超过 1 小时。听众可用自己的闲余时间选择收听，既可以获取新闻信息，又能充分利用自己的碎片化时间。“小单元，碎片化”的节目内容表达方式最能满足新媒体时代听众的收听需求，实现了广播节目内容的精细化、简短化。

6）频率专业化

频率专业化是我国传统广播所具备的典型特征之一。在网络环境下，网络电台不再受电波资源的限制，它可以利用无限量的网络虚拟空间，对已有的音频节目进行再分类、重整合，建立不同的广播点播频道，将传统广播的内容进行二次利用，重新包装，满足用户多元化的需求，实现网站的细分化服务。另外，许多网络广播平台都倡导“人人都能做主播”的理念，提供工具让用户自创音频节目，并开设音频频道，这极大地刺激了用户参与的积极性。值得注意的是，专业化的产品也带来了用户付费的空间，目前，很多知识共享类音频节目和有声读物都需要用户支付一定的费用来获得听取的权限，这在一定程度上拓展了网络广播的服务范围。

5.4.5　应用案例

喜马拉雅 FM 作为当代网络广播媒体的领头羊，其诞生史和成长史是我国网络广播媒体发展历程的缩影。喜马拉雅 FM 于 2013 年 3 月手机客户端上线，是知名的音频分享平台，也是国内发展最快、规模最大的在线移动音频分享平台。喜马拉雅不仅引领着音频行业的创新，同时也吸引着大量的文化和自媒体人投身音频内容创业，涵盖财经、音乐、新闻、商业、小说、汽车等 328 类、总量过亿的有声内容。

在内容方面，喜马拉雅 FM 采用“UGC + PGC + 社交”的多维度电台服务，其音频信息内容多为“短、平、快”的快餐式内容，既符合当下人们快节奏的生活方式，又适当填补了情感的空隙；在题材方面，专业播音类与草根原创类节目分庭抗礼，集知识性、趣味性、生活性为一体的内容尤为受听众的青睐，内容形式现场化、故事化、干货化、娱乐化且提供免费的知识新闻、有声书，体现对知识的筛选和提炼；另外还有专家对各领域相关理论经验的解读，很好地提供知识服务。对于一般用户，其在收听众多原创音频的时候，也可以拥有专属个人电台，喜马拉雅 FM 不仅可以吸引优质内容，而且可以调动用户参与的热情，在巩固现有受众群的基础上，吸引边缘受众群，挖掘潜在受众群。

喜马拉雅 FM 客户端页面上就有导航栏，覆盖新闻、歌手、有声小说、相声评书、综艺娱乐、教育机构等类别，有序的分类便于用户快速找到想要收听的栏目。在喜马拉雅 FM 付费精品中，按照类目进行分类，分别是历史人文、亲子儿童、个人提升、有声书、商业财经、外语和直播微课。以播放量为标准，首先是亲子教育、历史人文、个人提升等音频类目，其次是商业财经、外语等类目。喜马拉雅 FM 会推送一些经典必听的广播栏目或者播放量高被听众广泛接受的节目，另外还成立了专门的算法团队，启用大数据技术研发搜索及推荐过程，用户每一次的点击、搜索、查阅，或者其他各种行为，都会被完整记录，再根据年龄、职业、地域、性别等维度建立用户的兴趣图谱，可以很好地为用户推荐更适合的信息服务。在个性化推荐方面，“满足群组”的受众与“群体或公众”的受众不同的是，“满足群组”的受众由特定的需求或需求类别来判定，或者这些人具有相对趋于一致的兴趣，而不是基于共同的社会背景。喜马拉雅 FM 中基于受众对于某个节目类型的偏好，就会形成一个群组。例如，收听“牛肉不要肉”的《四处漂流》节目的受众形成的粉丝群，这种方式加强了受众的参与度，巩固了特定收听人群。

喜马拉雅 App 中有分享功能，可以将自己喜欢的音频分享到其他媒体平台，这样又将产生新一轮的互动，扩大了互动的范围，增强了互动的参与度。在个人首页功能选择“找听友”，可以寻找自己微信、微博中的朋友，也可以允许喜马拉雅访问个人的手机通讯录从而在通讯录中寻找朋友；在个人首页功能选择“私信”就可以拥有和微信一样的功能，和任何一个你想了解的人单独聊天；首页“新鲜事”一栏中有和社交网络一样的功能，可以看到关注好友的动态信息；在分享功能中，可以点击“同步”，这样这条消息会同步分享到新浪、QQ、微博等社交软件中，增强了用户黏性。

总之，以喜马拉雅 FM 为代表的移动音频改变了传统广播线性单向传播的特点，声音传播迈入双向交互传播阶段。同时，在信息发布、信息推送服务、信息导航服务、知识服务等方面，让每一位用户都能拥有更加完美的收听体验，更便捷地找到想要收听的内容，更快速地了解想要找寻的信息，同步共享信息，打破时空局限。

参考文献

[1] 周铭悦. 门户网站手机新闻客户端发展策略研究. 西安：西北大学，2014.

[2] 黄永庆. 地方政府门户网站信息服务的策略. 信息化建设，2010，（9）：37-38.

[3] 田国敏，王楠. 《互联网新闻信息服务管理规定》新版解读. 互联网天地，2018，（8）：53-54.

[4] 刘春雄. 分布式电商来了，电商门户网站怎么办?. 销售与市场（评论版），2015，（11）：34-35.

[5] 杨帆. 移动电子商务个性化信息服务研究. 苏州：苏州大学，2015.

[6] 石姝莉，孟哲. 2005—2015 年我国视频网站研究综述. 新闻研究导刊，2016，7（13）：15-16.

[7] 王绍玉. 基于用户信息行为的视频网站改进策略研究. 哈尔滨：黑龙江大学，2015.

[8] 宋祺灵. 视频网站专业化内容生产特征与问题研究. 第22届中国数字广播电视与网络发展年会暨第13届全国互联网与音视频广播发展研讨会. 合肥：中国电子学会中国新闻技术工作者联合会，2014：29-55.

[9] 郑逸欢. 移动互联网时代视频网站 PGC 模式研究. 长沙：湖南大学，2016.

[10] 袁雅倩. 视频网站个性化推荐服务模式研究. 武汉：武汉大学，2017.

[11] 郭英. 视频网站“爱奇艺”发展研究. 曲阜：曲阜师范大学，2015.

[12] 孔令达. 中国视频网站发展路径研究. 长安大学学报（社会科学版），2016，18（3）：136-140.

[13] 王云. 基于用户信息行为的视频网站发展策略研究. 情报探索，2018，（8）：63-68.

[14] 佚名. 爱奇艺会员规模突破 1 亿. https://www.jiemian.com/article/3241014.html [2019-6-23].

[15] 刘婷. 网络广播的传播特征及优化策略. 长春：吉林大学，2015.

[16] 谢伯元，李克强，王建强，等. “三网融合”的车联网概念及其在汽车工业中的应用. 汽车安全与节能学报，2013，4（4）：348-355.

[17] 陈晓娟. 我国网络广播的发展现状. 新闻传播，2011，（6）：120.

[18] 邹亚茹. 媒介融合背景下我国网络广播发展创新研究. 兰州：兰州大学，2018.

第 6 章　聚合类媒体与信息服务

6.1　聚合类媒体概述

6.1.1　聚合类媒体的定义

聚合类媒体是利用各种网络技术，将分散的网络资源按照一定逻辑加以整合的媒体形态，通过用户主动发出信息需求获取内容，或者通过多样化、个性化、智能化的方式推送到用户终端，满足用户一站式访问获取各类信息的需求。聚合类媒体的出现，可以让来自不同信息源的信息以相对统一的形式呈现出来，聚合到一个平台中，让用户可以较为集中的获取信息，信息获取便捷度大大提升，而且聚合类媒体已经可以借助机器学习和算法推荐技术，通过信息抓取技术从互联网上广泛采集信息，并借助算法推荐，根据用户的个性化需求推送不同的信息，达到了千人千面的程度。

6.1.2　聚合类媒体出现的背景

1）技术推动下媒介的变革

大数据时代，信息无论是在数量上还是在种类上都呈急速增长态势，通过大数据，媒体能够收集和分析不同场景中高度个性化的行为信息，基于此，算法推荐技术被应用于媒体产品中，推荐系统能有效地帮助用户快速发现感兴趣和高质量的信息，提升用户体验，并有效减小用户浏览到重复或者反感信息带来的不利影响。

2）用户对价值信息的需求

移动互联网时代，技术的便利性和易操作性大大降低了用户接触媒介的难度，网络媒体让用户获取内容资讯的入口变得更加丰富，信息量呈现爆发式增长，但随之而来的是用户越来越难在海量信息中发现自己感兴趣的信息，而且生活节奏的加快使人们没有时间去一一阅读，用户急需一种能够筛选分析价值内容的新媒体手段。

3）传统媒体转型式微

一定程度上，传统媒体以大众为目标受众，关注批量生产却忽视了对个体用户的真正满足，在迎合移动用户追求多样化信息的环境中有些力不从心。多元的内容、单一的宣传、被动的寻找成为阻碍媒体转型融合发展的绊脚石。面对互联网行业的强势扩张，传统媒体在媒介融合过程中呈现出颓势。用户喜欢的是能够提供更多内容的聚合产品，个性化推荐的聚合客户端受到追捧。

6.1.3　聚合类媒体的分类

聚合类媒体可以按照使用终端的不同，分为桌面聚合媒体和移动聚合媒体。桌面聚合媒体是以电脑终端为接收信息终端的聚合媒体。受使用终端的限制，其缺乏个性化推荐的功能。移动聚合媒体是以移动终端为信息服务载体，全面颠覆了传统媒体的信息生产方式和信息推送方式。

按照传播形态不同，可以分为聚合网站和聚合 App。聚合网站是以网站形态聚合各类信息，如搜索引擎网站、新闻聚合网站等。聚合 App 以 App 传播形态聚合，它承载了最新的聚合技术、算法推荐技术，不断创新聚合形态。值得一提的是，在聚合类媒体中，搜索引擎属于一种特殊的用户主动获取信息的媒体形态，是第一聚合类媒体，其他聚合类媒体的技术基础之一就是搜索技术。本书将依据传播形态介绍聚合网站和聚合 App，同时考虑到搜索引擎的重要性和特殊性，本书将搜索引擎作为聚合网站的代表在第 3 节中做介绍。

6.2　聚合 App 与信息服务

6.2.1　聚合 App 概述

1. 聚合 App 含义

聚合 App 以 App 的传播形态聚合，当我们谈到移动聚合媒体的时候，一般指的就是聚合 App，它是以用户为核心，以平板电脑、智能手机等移动终端设备为主要传播媒介，倡导信息内容价值，强调分享、互动、传播和社交的全新内容聚合移动 App[1]。

聚合 App 的原理：首先，通过“网络爬虫”技术对信息资源进行定向搜索，在按照一定的预置条件筛选后抓取相关内容信息，将散布于各大网站的信息资源通过深层链接的方式搜集到自己的客户端上，根据自己设计的移动端界面供用户浏览，用户能够直接在该 App 的界面上查阅链接的内容，不再需要打开被链接内容的网页；其次，由于我们使用的移动端屏幕大小不一，操作系统也不同，直接打开被链接的源网页会出现乱码现象，于是聚合 App 利用“转码”技术，调整资源文件的格式，使得文本、图像、视频等文件能够在不同的接收终端设备上使用。

2. 聚合 App 的特点

对于用户来说，聚合 App 的首要优势在于其信息获取的实时性。在新媒体的不断冲击下，实现信息环境自由已经成为各大媒体顺应时代发展的首要目标。App 作为移动终端中智能科技的优秀代表，为各大媒体提供了全新的信息发布渠道，同时也丰富了用户实时获取各类资讯的途径。

聚合 App 的信息绝大多数来自其他各大媒体资源平台，如门户网站、微信公众号及移动客户端等，收集时下热门的各类信息，经过聚合 App 自身的分析、整合后提供给用户，用户可以在聚合 App 中找到任何其需要的信息。“浙江 24 小时” App 是钱江晚报打造的官方移动客户端，是浙江内容最全、更新、速度最快的新闻及生活资讯平台之一，其中的“日子”板块聚合了美食、教育、旅行、健康、情感等 12 大板块，将各个领域的上千个头部微信公众号、微博、网站频道等搜罗其中并建立关联，只要上述信息源有稿件更新就会抓取过来，经过再编辑后呈现给用户，如今“日子”板块实现日均稿件更新 700 篇，基本实现了“精读 + 全面”兼顾的要求[2]。

同时，聚合 App 作为一种第三方信息平台，在内容分类上具有系统细分的特征，将收集来的信息分归到对应的类别下。例如，在 ZAKER 的资讯频道中就分有头条热点、军事频道、国内咨询和国际咨询等 53 个子类目，专注于系统信息内容的类目细分，注重每一个用户不同的个性化特征，并且由于聚合 App 的后台具有高效的爬虫技术，只要网络信息进行了在线更新，便能迅速捕捉到更新的信息内容源并立刻归类到相应类目中，使用户能够获得第一手的信息内容。

6.2.2 聚合 App 的发展概况

1. 手机报

在移动客户端出现之前，手机报广为使用。手机报是通过移动通信技术将内容发送到手机中，进而让手机用户进行阅读体验的一种信息传播方式。2004 年 7 月，《中国妇女报 • 彩信版》是我国的第一份手机报刊[3]。

手机报虽然实现了一定程度的移动阅读，但还是存在诸多限制：一方面，用户在信息传播过程中处于被动地位，用户每天只能被动地等待接收手机报，并且对于手机报的内容无法进行选择性阅读；另一方面，与如今的移动客户端用户在网络环境下可进行免费使用不同，手机报在运营模式上通过按月缴费的形式进行盈利，运营模式较为呆板，不利于扩大受众群体规模。

2. WAP 网站

无线应用通讯协议（wireless application protocol，WAP）网站是作为手机报和移动客户端之间的一个过渡存在。WAP 是在数字移动电话、互联网或其他个人数字助理机、计算机应用乃至未来信息家电之间进行通讯的全球开放标准。WAP 网站解决了用户通过手机无法访问 Web 网站的问题，让用户可以通过手机浏览信息。

首先，WAP 网站可使用户在连接网络的环境下随时接受网站的信息，也解决了用户在需要搜索信息时没有上网设备的问题。其次，WAP 网站可使用户掌握主动权，精确地检索到自己想要的信息。最后，WAP 网站的服务是免费的，只要有网络接入即可访问[3]。

3. 移动 App

信息时代的快速发展，互联网已经成为信息传播的重要途径，移动终端的用户数量已经远远超过个人电脑的拥有量，智能手机普及之后，各大网站纷纷推出 App 服务[4]。网易是最早涉足 App 领域的，用“无跟帖不新闻”的策略赢得了一定的用户黏性，并定期向用户推送重要新闻；腾讯新闻 App 最大的优势是腾讯 QQ 和微信的巨大用户量，并强调 App 的互动化应用，每天会通过 QQ 和微信向用户推送消息，并可通过微信朋友圈、腾讯微博、QQ 空间等进行转发和评论，增强用户间的互动性；搜狐 App 将重头戏放在了 UGC 上，充分利用博客、自媒体及微博热点话题等内容，将自己变成一个平台化的内容集成者。

4. 聚合 App

目前我国网民中新闻资讯类 App 的使用率已将近九成，多元化、碎片化、互动性是其特点，算法分发、内容创造扶持、人工智能撰稿、多媒体化是其发展趋势，由此聚合类客户端应运而生[5]。聚合类客户端只进行转载，信息基本上都是国内平面媒体经过编辑、选择和再加工重现给用户，以用户主动订阅为主要的信息推送依据，用户主动性空前提高[3]。

6.2.3 聚合 App 中的信息服务方式

1. 信息发布服务

聚合 App 中的信息发布服务可使用户不受时间和地域的限制，及时获取符合其偏好的相关信息，此类服务包括两种形式：一是聚合 App 通过其自身平台实现信息发布；二是用户自主创造内容，在聚合 App 中实现信息发布。

聚合 App 在收集全网环境下的各类信息的同时，也会向用户传递其自身的原创内容，如“浙江 24 小时”在为用户提供各大媒体平台的热门新闻资讯的同时，其开设的名医馆、升学宝、杭州吃货、松鼠视频等 40 多个栏目也向用户发布自身的原创稿件，打造平台自身独有的特色，吸引越来越多的用户使用。

同时，聚合 App 允许用户自主创造内容，为用户提供了信息的创造和发布平台，使得用户不仅仅是信息的接收者，也是信息的生产者，确立了用户对于信息内容的主导地位，ZAKER 在传播内容上十分丰富，使用户在拥有多样性资源选择的同时，也可发布文字、图片、小视频等内容记录自己的想法和生活瞬间[6]。

2. 信息导航服务

移动 App 的信息导航功能可以说是所有界面最重要的组成部分，其分类导航设计需要突出产品的核心点，尽量做到任务路径的扁平化，提升平台信息导航服务的用户体验。不同的产品需求和商业目标决定了移动 App 不同的分类导航栏目划分。值得注意的是，聚合性并没有在移动 App 的分类导航服务中得到特别体现。同时，考虑到 App 是移动载体的展现形式，所以其更加注重平台自身的导航形式，目前主要的导航形式包括标签式导航、抽屉式导航、列表式导航、宫格式导航、点聚式导航等。现实中，移动 App 很少有只采用一种导航的设计形式，一般是多种导航结合使用。例如，聚合 App 今日头条，由于内容、分类较多，要综合运用顶部和底部双标签导航，把切换频率最高的标签放在顶部，因为新闻在每个导航标签都是沉浸式阅读，最常用的操作是在一个导航标签中不断地下滑阅读内容，将常用的导航标签放在顶部，向左或向右滑动切换导航标签的手势操作，能带来更好的阅读体验。

3. 信息推送服务

聚合 App 的信息推送服务包括两部分内容：一种是不针对用户的特殊需求而向用户推送信息，如新闻聚合 App 中的热点新闻的推送；另一种则是基于用户的兴趣偏好或情境的个性化推荐服务。

聚合 App 的个性化推荐服务主要体现在两个方面：一种是以用户的社交关系为基础，连接用户的社交网络行为，对用户的阅读习惯和兴趣进行分析后推荐信息。例如，今日头条为用户提供微博、微信等移动社交媒体跨平台登陆，利用大数据技术分析用户现阶段的兴趣爱好，为用户提供符合其当前偏好的信息[7]。另一种是跟踪用户的现状智能推送信息，这种智能信息推送是建立在跟踪用户的阅读访问频率、评论数量等基数作为参考值的基础上，经过系统后台的强大算法和技术，深入挖掘用户的阅读习惯和喜好，为用户进行个性化信息推送。同样以今日头条为例，今日头条会在用户授权的条件下获取用户的位置信息，当用户出行旅游时，今日头条会根据用户所在的城市为其推送该城市的热门景点、特色小吃及本地资讯等，使用户不用刻意查询便能获取其需要的信息资讯[7]。发展至今，基于算法的内容分发基本上已经成为各大移动 App 的标配，只是这些平台推荐的精度很大程度上依赖于平台所掌握的用户数据的质量。

4. 信息检索服务

聚合 App 的检索行为属于移动检索，从输入方式角度看，移动搜索包含文字、语音、图片、二维码等多种输入形式。相比桌面搜索，移动搜索的输入方式更加多样，移动设备端的语音搜索主要侧重于音频、视频内容的搜索，并且与设备发生较少的交互行为。

此外，聚合 App 借助其移动互联技术的优势，可以实现信息检索的个性化服务。首先，用户可以自主订阅信息类目；其次，聚合 App 可在用户授权的情况下获取用户所处的情境和其他应用的使用情况，从而为用户提供有针对性的检索结果。特别是近年来，基于位置服务的出现，基于位置感知的信息搜索成为普遍存在的现实需求，作为一种被动表达，它更为真实、客观、准确地体现了用户的需求，用户可以检索出在特定区域内满足检索条件的文本约束的相关页面；最后，聚合 App 集合了其他平台中的各类信息资源，并进行信息类型的细化分类，如“科技”“健康”“美食”等，用户可以任意切换检索范围，获取文字、图片、视频等各种类型的相关信息。

6.2.4 聚合 App 信息服务的特点

聚合 App 主要以信息聚合技术为手段，以独立的应用软件为框架，以移动设备为转播载体，通过筛选聚合各类信息资源来为用户提供个性化的信息服务。聚合 App 的信息服务特点主要包括以下四点。

1）以用户为主导

聚合 App 主要是通过用户自主订阅的信息类目、用户的社交及用户的阅读习惯来进行信息的推送，将内容的选择权交给用户，以用户的主导性为核心地位。同时，聚合 App 允许用户自主创造内容，为用户提供了信息的创造平台，用户不仅仅是信息的接收者，也是信息的生产者，确立了用户对于信息内容的主导地位。例如，ZAKER 在传播内容上十分丰富，用户拥有非常多样性的资源选择，因此，ZAKER 根据数据背景将资源做了细致的统计分析，对用户随时间变化的预定选择进行了精确的研究，监测用户在使用过程中的阅读习惯，判断用户的偏好和感兴趣的内容[8]。

2）以丰富的信息资源为保障

信息服务的顺利开展离不开信息资源的支撑，丰富的信息资源可为信息服务提供充足的养料，从而在最大程度上满足用户的信息需求。聚合 App 做到了互联网环境下的相关信息资源的集成，从包括网站、论坛、博客、微博，以及传统期刊等来源获取信息，使得用户能够无门槛地获取互联网中的任何资源，为用户提供“大而全”的信息资源。在这里，信息资源的“大”不仅仅是指信息资源的体量大，更是指内容的可靠度和价值量大；同样，信息资源的“全”也不仅仅是指信息覆盖面的广泛，更是指对于同一类型事件的多元观点和多样解读都能在同一平台中被全面呈现。由此，聚合 App 保证了信息资源提供服务“质”和“量”，实现了传统 App 无法提供的信息优势。

3）以先进的信息技术为前提

智能化信息技术的产生和发展对人们的生产、生活方式产生了巨大影响，在这样的时代背景下，移动化、智能化、社交化已经成为移动信息服务的发展主线，媒体融合发展势必要快速迎合互联网技术和应用的发展趋势，与信息技术深度融合。

内容聚合下的信息服务，要有一套能够实现信息采集、分类、分发的技术系统，并不断推进技术进步，以先进的技术来实现内容聚合下信息服务的要求。以“浙江 24 小时”为例，算法推荐、数据融合、人工智能、人机交互等技术为其内容聚合信息服务的开展提供了可能。在内容层，“浙江 24 小时”与微软合作共同打造了国内首个机器人记者“小冰”，通过大数据和人工智能技术实现了机器人写作，提升了信息服务的价值和内涵；在分发层，信息技术实现了信息服务的个性化定制、千人千面的目标，利用大数据和算法技术，基于用户的浏览记录、账号信息等方面的数据信息，为用户提供个性化的信息服务；在服务层面，基于人工智能的人机交互模式可打破个性化推荐算法下的“信息茧房”效应，通过语义分析、智能推荐，以数据挖掘为支撑，以用户需求为导向，通过专业兴趣引擎，对用户进行精准画像，从而为其提供个性化、精准化的信息服务[9]。

4）以精准的个性化定制为核心

聚合 App 根据用户的兴趣进行信息筛选和过滤，有针对性地组织内容，提高用户体验，形成一种以信息内容为核心，以用户的个人社交关系为中枢，注重个性化阅读、个性化移动分享和个性化交流互动的信息服务模式[10]。用户可以在聚合 App 中关注或订阅自己感兴趣的内容，并及时收到更新的信息推送，同时聚合 App 借助先进的信息技术，依据用户所处的情境、社会关系等挖掘用户潜在的信息需求，践行以用户为主导的服务理念，为用户提供精准的个性化信息服务。

6.2.5 聚合 App 信息服务的困境

1. 信息隐私问题

聚合 App 的个性化推荐在作为其优势的同时，也不能忽视其隐含的问题。2018 年 3 月，Facebook 的 5000 万用户信息数据被泄露事件在国际上引起了轩然大波，用户信息隐私问题开始受到各国的高度重视。用户的个人信息是聚合 App 提供个性化信息服务的重要依据，聚合 App 在深度挖掘用户的兴趣爱好、社会关系、所处位置等信息的基础上实现了用户的个性化信息服务定制功能。在此背景下，用户个人信息的泄露会导致用户对聚合 App 的信任度下降，造成用户流失，不利于其可持续发展。因此，保证用户的个人信息不会被用作其他用途是聚合 App 持续和谐发展的重要前提。

2. 版权问题

聚合 App 利用先进的信息技术抓取各大网站信息资源的同时也会出现侵犯他人版权的问题，其中视频聚合媒体中此类问题尤为严重，哔哩哔哩、美拍、抖音等都曾因版权问题受到过投诉甚至是法律诉讼，目前视频聚合媒体已经向视频社交聚合媒体转变。只有尊重用户的合法权益，在法律允许的范围内收集、获取信息，保证信息来源的合法性，才能保证信息服务的可靠性和稳定性。

3. 信息内容缺乏创新

现有的个性化聚合 App 的信息内容主要依靠其他媒体资源，其自身基本不生产信息。而在新媒体时代，“内容为王”是一条永恒不变的原则。聚合 App 要在激烈的市场中有更好的发展，就必须在依赖其他媒体内容的基础上积极创新，开发原创性的信息内容来吸引用户，给予用户更多的优质原创内容，通过打造丰富的聚合 App，为用户提供原创、独家的高品质信息服务内容，真正满足用户的多元化信息需求。

6.2.6 应用案例

2012 年，北京字节跳动科技有限公司推出今日头条，它是一款基于算法推荐、专注内容分发的综合新闻客户端。截至 2018 年 2 月，今日头条已有 7 亿多的注册量，月活跃用户数达 2.63 亿，迅速成为手机新闻客户端的领头羊之一。今日头条不同于传统意义上的新闻客户端，在内容生产与技术流程上是一款基于数据挖掘的推荐引擎产品，为用户推荐有价值的、个性化的信息，提供连接人与信息的新型服务，它是国内移动互联网领域成长最快的聚合类新闻客户端，以个性化的推送方式、生动活泼的新闻语言、较强的互动性等特性越来越吸引用户的关注[11]。

今日头条的产品定位是“你关心的才是头条”，它以用户喜好和阅读习惯为依据，使用机器学习算法进行内容分发，给用户推荐价值较高的个性化信息。首先，今日头条不生产或极少生产原创内容，其内容主要来源于网络用户的自主生产和专业新闻机构，信息量巨大，内容丰富，聚合文化、娱乐、体育、游戏和经济等多个领域。同时，今日头条的内容类型包括了文本、图片、视频、音频等多媒体传播形式，满足了用户的多元化需求。其次，今日头条通过推荐引擎进行用户研究、文本挖掘、分布计算、聚合整理、精准推送，贴近用户学习、生活和工作，满足了用户的个性化需求。最后，今日头条坚持倡导千人千面，通过分析用户的关注点和兴趣点，进行个性化定制，通过解析用户的使用行为，实时更新用户兴趣图谱，完成内容的筛选和分发，使每个人拥有不同的首页内容，注重用户阅读时的愉快体验[12]。

除获取新闻资讯外，社交互动是用户使用手机新闻客户端的重要目的之一。今日头条搭建了一个信息分享和交流的新型平台，更加注重平台与用户的互动和用户与用户的互动。首先，从界面设置上看，今日头条有服务交互页面，绑定社交账号即可登录，同时还提供了一些交互设置，如收藏内容阅读、活动参与等。其次，今日头条通过点赞、收藏、评论、游戏等方式与用户互动；通过转发、分享、跟帖与社交平台互动；通过信息流和开屏广告与广告商形成互动；通过评分等级、鼓励发文等方式与自媒体和新闻机构形成互动。最后，今日头条鼓励用户参与内容生产，进行原创专栏、小视频、直播间等内容创作，激发用户使用热情，建立用户自我价值实现渠道[12]。

在信息检索方面，今日头条的全网搜索在用户输入关键词时支持关键词自动补全与推荐功能，并且支持搜索记录，搜索结果是站外的内容有“站外”二字的标注。从搜索结果可以看到，今日头条全网搜索结果，优先的内容为头条号及与今日头条相关的内容，然后才是互联网搜索结果，并且搜索到的网站内容以手机版为主，搜索结果涵盖小视频、小程序、讨论、搜索推荐和互动百科内容，搜索结果的呈现形式可切换，包括综合、视频、小程序、咨询、图片、音乐、问答、微头条、话题和直播[13]。

6.3 搜索引擎与信息服务

6.3.1 搜索引擎概述

1. 搜索引擎的定义

搜索引擎是指运用一定的方法和计算策略在互联网上追踪、捕获各类信息，在对信息进行组织和处理后，为用户提供检索服务，将用户检索相关的信息以聚合的形态展示给用户的系统，是用户主动获取信息的媒体形态。搜索引擎并不是真正搜索互联网，它搜索的是预先整理好的网页索引数据，得到相关网页的超链接，用户通过搜索引擎的查询结果，知道了信息所处的站点，再通过超链接即可从该网站获得信息的详细资料。当用户查询某个关键词的时候，所有页面内容中包含了该关键词的网页都将作为搜索结果被呈现出来，在经过复杂的算法进行排序后，这些结果将按照与搜索关键词的相关度高低依次排列。

世界上第一个搜索引擎是由艾伦·艾姆塔格（Alan Emtage）等于 1990 年发明的 Archie，其是一个 FTP 站点的搜索程序。随着互联网的发展，搜索引擎开始大量出现，如 1993 年的 Aliweb、1994 年的 Infoseek、1995 年的 Yahoo!、1998 年的 Google 等，其中部分搜索引擎在激烈的竞争中日益壮大并占据市场成为主流，部分则销声匿迹。搜索引擎为用户提供了更全面的信息服务。目前，搜索引擎的典型应用有 Google、百度、360、搜狗、神马等。在我国，搜索引擎依然保持着强劲的增长态势，《第 46 次中国互联网络发展状况统计报告》显示，截至 2020 年 6 月，我国搜索引擎用户规模达 7.66 亿，较 2020 年 3 月增长 1539 万，占网民整体的 81.5%；手机搜索引擎用户规模达 7.61 亿，较 2020 年 3 月增长 1542 万，占手机网民的 81.6%[14]。

搜索引擎作为一种依托技术帮助用户在互联网上查询信息的工具，经历了最初的分类式目录查找和页面关键词搜索，到页面链接等级搜索，再到互动式个性化搜索，正不断地朝着智能化、个性化的方向发展。高性能的搜索引擎能充分挖掘并利用网站的资源来为商务、教育、科技等各个领域服务。有数据显示，互联网上 70%左右的信息是通过搜索得到的，搜索引擎服务是互联网上最基本且最重要的服务。尤其是在信息爆炸的现在，海量的信息充斥着网络空间，搜索引擎是检索信息最有效的工具。

国内的搜索引擎以百度为代表，百度搜索引擎由四部分组成：蜘蛛程序、监控程序、索引数据库、检索程序。它通过高性能的“网络蜘蛛”程序，自动地在互联网中搜索信息，可定制高扩展性的调度算法使得搜索器能在极短的时间内搜集到最大数量的互联网信息。百度在中国和美国均设有服务器，搜索范围涵盖了中国（含港澳台地区）、新加坡等华语国家和地区及北美、欧洲的部分站点，拥有全球最大的中文信息库，总量达到 6000 万页以上，并且还在以每天几十万页的速度快速增长，实现了信息的高度聚合。此外，Google、百度之所以成为聚合媒体的典型代表，还体现在其搜索结果同时包含有多种媒体类型的信息，既有网页，又有图像、声音、视频等，在一个界面中进行统一的呈现。

2. 搜索引擎的特点

搜索引擎的应用和普及弥补了手工检索存在的缺陷，如检索速度较慢、时空的限制强、更新周期长、新颖性和时效性差、检索途径少等，提高了信息检索的效率和信息使用的宽度和广度，其特点表现为以下几个方面。

1）检索范围广

搜索引擎利用计算机技术，可以实现数百个数据库的联机检索，检索的主题也比较广泛，几乎覆盖了人类生活的各个领域，并且搜索引擎信息检索只需拥有相应的硬件和软件，就可以在任何时间、任何地点，不受时空的限制，借助通信网络查到所需的信息。

2）检索效率高

搜索引擎信息检索与手工信息检索相比，检索速度提高，只需数分钟便可从成千上万的记录中检索到需要的信息。联机系统的中央主机主要采用分时技术，主机巨大的处理能力轮流分配给每个用户，系统对用户指令的响应通常只需要几秒钟，检索等待的时间短、反馈快，用户可以根据系统的反馈，随时调节检索的深度、改变检索的范围或者调整检索的策略。

3）数据更新快

互联网上每时每刻都有新的信息出现，内容更新快，搜索引擎以其友好的信息检索页面、方便快捷的操作方式，能够迅速快捷地查到各种信息，尤其是对于一些最新更新的信息，金融、商业、市场、科研和社会动态方面的数据库，更新周期往往只有数分钟甚至更短，大大便捷了人们的生活，有效地节约了时间。

4）检索途径多

搜索引擎信息检索采用布尔逻辑检索，各类检索词之间可以通过逻辑组配符灵活地组配起来进行检索。许多搜索引擎信息检索系统可对词间位置关系及词的片段等进行模糊检索，检索方便灵活，能够满足多途径检索的要求，对于复杂的多元检索更为有利。例如，搜索引擎信息检索系统提供了手工检索以外的检索途径，内容更为丰富，检索功能更强。

5）输出方式灵活多样

检索结果的输出方式丰富多样，可以按要求做顺序、统计、绘图等加工，也可以选择打印、存盘或用 E-mail 传递检索结果，还可以在线直接订购原文或直接检索出文献原文，方便快捷。

3. 搜索引擎的分类

搜索引擎依托于多种技术，如网络爬虫技术、检索排序技术、网页处理技术、大数据处理技术、自然语言处理技术等，为信息检索用户提供快速、高相关性的信息服务。搜索引擎是伴随互联网的出现而产生和发展的，目前主流的搜索引擎主要包括以下类别。

目录式搜索引擎是最早的一种搜索方式，它主要以人工或半自动的方式搜集信息，手动完成信息摘要，再置于不同的类目下，目录式搜索引擎的优势在于搜索的站点面广量大，由人工编制的目录信息准确度高且导航质量高，但难以做到实时的信息更新。典型应用如早期的 Yahoo！和搜狐。

全文搜索引擎是通过运用网络蜘蛛程序或爬虫程序搜集和发现信息，建立索引数据库，用户通过输入关键词与索引数据库进行匹配，从而得到相应的结果。典型应用如 Google 和百度。

元搜索引擎也被称为“搜索引擎的搜索引擎”，用户的查询请求同时发送到多个预先设定的独立搜索引擎上，元搜索引擎通过重复排除、重复排序后将结果反馈给用户。

垂直搜索引擎是一种专业的搜索引擎，聚焦在某一特定领域和满足特定用户需求上，通过网络抓取、对象分类和内容集成来为用户提供全面、专业、有深度的服务。垂直搜索引擎的应用范围很广，如房产搜索、求职搜索、图片搜索、旅游搜索、医疗搜索等。

移动搜索引擎是基于移动网络、服务于移动终端的搜索技术。因打破了时空限制，所以更适合搜索即时信息、日常生活信息和区域信息。如今移动搜索的搜索框逐步变成 App 应用内嵌的功能模块之一，并且基于地理位置的搜索服务检索、用户个性化和兴趣点的信息推荐模式快速发展，搜索平台载体日益丰富。

6.3.2　搜索引擎的信息服务方式

1. 信息导航服务

信息导航作为有序展示网络环境中各种信息资源内容与结构的基本手段和联通用户

与网络信息资源的有效方式，不仅有助于为网络信息资源构造标准的组织框架，使信息分布从无序化走向有序化，更重要的是可以向网络用户提供方便快捷的信息指引，使网络用户更方便快捷地查询到所需信息。搜索引擎是信息导航服务开展的重要工具，作为聚合媒体形式下信息获取的一种信息导航方式，它缓解了网络信息空间日益严重的迷航和认知过载问题。搜索引擎的信息导航服务目前已经成为互联网上非常重要的网络服务，在一些情况下，搜索引擎的信息检索服务与信息导航服务会重合在一起，如搜索引擎的检索也是一种导航，而目录列表式导航同时也是一种目录检索。虽然它们的目的都是帮助用户实现有效的信息获取，属于信息查询领域的范畴，但两者又存在一定的差异，检索重在“检”，导航重在“指引”。

2. 信息推送服务

搜索引擎的一种信息推送服务方式是基于用户信息需求的显式订阅，显式订阅服务强调用户主动去参与，重点在于用户告知所需要的内容，需要用户选择或关注感兴趣的信息，然后搜索引擎根据用户的显式订阅再推送信息给用户。例如，用户在使用百度学术搜索引擎时，可以把自己想要获得学术信息的来源添加到“我的订阅”里面，然后搜索引擎就会根据用户关注的订阅信息为用户主体推送一些与其相关的信息。另一种信息推送服务方式是基于用户信息需求的隐式透露，表现为用户在使用搜索引擎时的浏览、检索、转发等行为间接透露出来的用户兴趣或阅读偏好。搜索引擎依靠其强大的互联网信息资源库做支撑，基于大数据、算法和人工智能等技术的应用，依据用户行为数据，为其推送满足需求的信息。

此外，搜索引擎也结合当下外部环境为用户推送时下的热点话题，如 2018 年的 Facebook 信息泄露事件发生后，用户使用任何一款搜索引擎都会收到该事件的相关新闻推送；或者基于用户所处位置信息，为用户推送其所处地点的信息，如商场、影院等；某些搜索引擎还会向用户推送商品或服务广告，这些广告来自与其有合作关系的企业。

3. 信息检索服务

信息检索服务是将杂乱无序的信息整理成有序的信息集合，并根据用户需要从信息集合中查找出特定信息的过程[15]。如何在成千上万个网站中，快速有效地找到所需信息是一个非常突出的问题，搜索引擎作为当前互联网中重要的信息服务工具，为网络用户检索信息提供巨大便利。信息检索服务是搜索引擎提供的主要信息服务方式之一。

在中国，百度以其友好的界面、简便的操作、快速的搜索在极短的时间内抢占了国内市场。百度搜索引擎首页提供了不同的搜索分类，除网页搜索外，百度还提供音乐、图片、视频、地图、采购等多样化的搜索服务，如百度地图先后推出语音助手、道路识别、AR 伴游等功能，成功将语音识别、图像识别、AR 等技术从应用端输出，为用户提供集文本、语音、图像、虚拟标识为一体的多元化信息服务，极大地提升了信息服务质量。再如，百度识图是百度公司推出的以图搜图系统，百度识图最初通过图像底层局部特征对比，提供相同或近似相同图像搜索功能，后续百度识图又引入自主研发的人脸识别技术，推出了全球第一个全网人脸搜索功能。该功能可以自动检测用户上传图片中出现的人脸，并将其与数据库中索引的全网数亿人脸比对并按照人脸相似度排序展现，帮你找到更多相似的他。2013 年，百度识图又相继提供了相似图片搜索功能、美女图片搜索和花卉品种搜索等功能，这些尝试都是为了帮助用户更直观地了解图片背后蕴藏的知识和含义。除此之外，目前各大搜索引擎平台检索栏目的布局结构清晰，检索分类详细，高级检索设置筛选条件也很全面，并通过 FAQ 的形式为用户传授检索技巧，一定程度上满足了用户的个性化检索需求。

6.3.3 应用案例

目前 Google 被认为是全球规模最大的搜索引擎，提供了简单易用的免费服务，是一个功能十分强大、网络信息资源非常丰富的搜索引擎。Google 现已拥有 30 多亿网页，支持 30 多种语言检索，其中包括 35 个国家和地区的语言资源。包括中文简体和中文繁体，提供网站、图像、新闻、视频等多种资源的查询。

Google 搜索技术所依托的软件可以同时进行一系列计算，且只需片刻即可完成所有运算，而传统的搜索引擎在很大程度上依赖文字在网页中出现的频率。Google 使用的 pagerank 技术检查整个网络链接结构，并确定哪些网页重要性最高，然后进行超文本匹配分析，以确定哪些网页与正在执行的特定搜索相关，之后 Google 可以将最相关的搜索结果排在首位。

信息检索服务方面，除了基本的检索功能外，Google 的高级检索功能包括：可以将检索结果局限在一个网站上；可以排除某个特定站点的网页；可以对网页及检索结果页面的语言类型进行限制；可以检索链向某一个网页的所有页面；可以检索与某个网页相关的所有网页。同时，Google 只返回包含所有关键词的网页，只显示相关的网页，其正文或指向它的链接包含用户所输入的所有关键词，而无须再受其他无关结果的影响。

在信息导航服务方面，Google 拥有先进的技术并能对搜索结果应用 pagerank 算法，排序结果按照网页的重要性进行。同时，Google 还会依据自身的网络结构定时清理混沌信息，确保检索结果中既没有简单的目录信息，也没有变相的商业广告，保证了检索结果的信息质量。此外，Google 遵从关键词的相对位置，不仅能搜索到包含关键词的结果，而且还能按照关键词的接近度确定搜索结果的先后次序，优先考虑与关键词较为接近的结果。除此之外，同绝大多数搜索引擎一样，Google 在提供直接查询功能的同时，也提供目录浏览式导航功能。但默认网站排列顺序并非按照字母顺序，而是根据网站的分值高低排列。

在信息推送服务方面，Google 联合旗下的 Google Map 为用户提供基于位置的信息服务，用户在输入关键词后，Google 会依据语义技术判断检索结果是否需要结合用户所在的位置信息，而后提供情境化的检索结果。

此外，搜索引擎信息个性化服务的发展是检索页面的个性化定制，如 iGoogle 是 Google 提供的一项服务，该服务让使用者按照个人的喜好方便地定制和整合不同来源的信息，使之成为个性化的门户，做到了一个完整的门户网页由用户定制的门户块构成，用户通过访问一个聚合了不同信息来源的门户页面，避免了多次访问的麻烦，为用户提供一站式的服务，即用户仅在搜索引擎中便可浏览访问其感兴趣的各种信息，这也是目前国内搜索引擎发展的一个趋势。

参 考 文 献

[1] 张博，邹丹青. 内容聚合 App 应用的分类及传播特征研究. 中国报业，2014，(18)：17-18.

[2] 朱丽珍. 内容聚合，让用户过上“好日子”——浙江 24 小时客户端打造生活服务资讯平台的探索. 传媒评论，2018，(7)：48-50.

[3] 李佩颖. 聚合类移动新闻客户端运营的现状和策略——以“今日头条”为例. 开封：河南大学，2016.

[4] 王宇超. 国内媒体 APP 的发展现状、问题及对策. 新闻世界，2013，(9)：10-12.

[5] 马征. 浅析资讯类 App 发展现状及央视新闻移动网客户端使用分析. 现代电视技术，2019，(6)：103-106.

[6] 韩迪. 新闻资讯 APP 个性化定制发展研究——以 ZAKER 为例. 南昌：江西财经大学，2016.

[7] 李瑾. 移动互联网时代新闻类 APP 特色研究. 沈阳：辽宁大学，2015.

[8] 王文娟. 手机阅读软件“ZAKER”的传播策略研究. 合肥：安徽大学，2015.

[9] 李芸. 人工智能在传统媒体类 APP 中的应用探索——以“浙江 24 小时”为例. 西部广播电视，2017，(22)：3-4.

[10] 邹丹青. 基于个性化阅读的内容聚合类 APP 比较研究——以 Flipboard、Zaker 及读览天下为例. 中国报业，2015，(2)：15-16.

[11] 朱倩倩. 移动新闻客户端发展现状与对策探析——以“今日头条”为例. 视听，2019，(9)：137-138.

[12] 黄晓慧，李凤鸽. 从“今日头条”看手机新闻客户端的用户体验提升. 传媒，2019，(15)：53-55.

[13] 朱建. 《今日头条》全网搜索体验. 计算机与网络，2019，45（16)：37.

[14] 中国互联网络信息中心. 第 46 次中国互联网络发展状况统计报告. http://www.cnnic.cn/hlwfzyj/hlwxzbg/hlwtjbg/202009/P020200929546215182514.pdf[2020-09-29].

[15] 朱前飞，文平耿. 计算机应用基础. 天津：天津大学出版社，2011.

第 7 章　社交媒体与信息服务

7.1　社交媒体概述

7.1.1　社交媒体的定义

近年来，社交媒体在互联网的沃土上蓬勃发展，爆发出令人炫目的能量。社交媒体，也称为社会化媒体、社会性媒体，其概念最早出现在社区专家安东尼·梅菲尔德（Antony Mayfield）的《什么是社会化媒体》一书中，它被定义为一种能给予用户极大参与空间的新型在线媒体，具有参与、公开、交流、对话、社区化、连通性等特征[1]。美国 Dell 公司的社会化媒体及官方博客推广的负责人理查德·宾汉姆（Richard Bingham）在接受记者采访时曾说："所谓的社交媒体，就是在现在的互联网上，传统的地域障碍只需使用极其简便的工具就可以消除掉，和其他人进行互动、联系及分享信息也变成了一件十分容易的事情，不仅完成了实时连接和对话的梦想，也最终改变了人们的生活方式，扩大了社交圈子，用户可以在任何时候找到所需要的信息，同时和他人分享并发表自己的观点，所以它是社交性的" [2]。汤姆·斯丹迪奇（Tom Standage）指出："人类作为灵长类动物，天生就是社会性动物"，喜欢分享与社交，"人类在社交关系网中评估和维持自己地位的一个主要方法就是与别人交流信息和交流关于别人的信息"[3]。目前对于社交媒体的定义虽然表述不一，但有着共同的内涵，人数众多和自发传播是构成社交媒体的两大要素。

在社交媒体的领域范畴内，有两个关键特性：其一，社交媒体内容的产生、分享和传播主要以用户为主导，彻底改变了由传统媒体掌控的信息生产和传播格局，给予每个用户创造并传播内容的权利。其二，它改变了传统媒体一对多的传播方式，变为多对多的互动形式。社交媒体已经成为架构起连接不同行业、不同地域的信息沟通平台。它在很大程度上改变了信息传播的途径和形式，相关主体可充分借鉴社交网络的服务理念和组织架构，为用户提供更加丰富、便捷的服务，满足用户的个性化需求。

7.1.2　社交媒体的主要模式

随着互联网技术的飞速发展和移动智能终端的普及，人类的社交形式也在不断地发生着变化，出现了包括网络社区、博客、微博、微信等多种社交媒体形式。这些社交媒体已广泛存在于互联网应用的各个方面。目前社交媒体也已形成多种信息传播形态和运营模式。

1）平台型社交媒体

随着互联网和新媒体的发展，社交媒体的组织形态也在发生变化，并逐渐形成一个个强大的媒介平台。媒介平台的功能是整合资源、响应用户需求、创造价值。微博、微信就属于典型的平台型社交媒体。相较于其他类型的社交媒体，微博的媒体属性更突出，微博是当今中国主流的公共信息发布平台之一，对当下中国的网络舆论产生巨大的影响力，尤其当遇到突发性公共事件的时候。相较于微博聚合信息内容的平台模式，微信更趋向于服务型平台模式。微信的核心服务是即时通信，通过语音、扫二维码、摇一摇附近的人等通信类服务，满足用户的社交需求，增强用户黏性。此外，微信也通过连接其他平台和媒体，接入新应用来提供更多服务，在平台中，用户可以进行社交、获取新闻资讯、订阅信息、娱乐游戏、购物等多种活动。微信作为综合性的平台型媒体可以为用户提供多种样式的体验，带有一站式服务的性质。

2）社群型社交媒体

社交媒体的出现充分证明媒介即关系，新媒介即新关系，网络社群即基于社交网络形成的新的关系群体。社群的概念更强调社区中的人，以及群体的归属感和群体意识，即社群是以一种强关系维系起来的。微信即当前最典型的社群型社交媒体，其他的诸如豆瓣、知乎等垂直化的社交媒体也属于社群型媒体。微信的社群化社交特征主要包括基于强关系和基于弱关系建构的群，其中，基于强关系建构的微信群是对现实加关系的一种补充，具备现实中熟人关系产生的信任感，如家庭群、工作群。基于弱关系的微信群是以趣缘为基础建立起来的，成员之间的关系可以是熟人也可以是陌生人，通过话题讨论和不断互动，成员逐渐产生融入感和归属感，从去中心化的互联网又回归到再中心化的社群。再中心化的网状社群关系是社群型社交媒体较为理想的模式。微信公众号为订阅者提供了传播信息、交流意见的平台，吸引了一批以符合账号定位，具有共同兴趣爱好的粉丝群体，群体成员可以通过公众号、微社区等多种渠道进行社交，甚至可以针对某项工作进行分工、协作，共同完成任务，达到预期目标。综上，社群型社交媒体带来了一种新的关系建构的方式。

3）工具型社交媒体

工具型社交媒体把社交工具化，把社交作为互联网产品中的重要元素而不是主导元素，即用社交的思维做工具产品。工具型社交媒体的一个特点是场景，即基于移动互联网的应用场景，它包括五个核心要素：移动设备、社交媒体、大数据、传感器、定位系统。社交通过与工具使用场景的适配，更好地实现了用户的接入。因此，工具型社交媒体的模式，是建立在满足用户刚需的基础上，再根据应用场景开发出适合的社交应用。例如，基于位置的信息服务不仅仅是基于移动互联网的应用，更是基于物联网的应用。

4）泛在型社交媒体

泛在型社交媒体模式，不是指一种独立形态的媒体，而是以社交属性的内容和服务“嵌入”各类媒体形态中，既可以被新媒体所应用，也可以被传统媒体所吸纳。移动互联网的发展，突破 PC 互联网的空间限制，移动社交已广泛存在于各类媒体和非媒体中，社交媒体呈现出一种泛在化的态势。甚至时下火爆的短视频和网络直播也可以归入泛在型社交媒体的范畴。许多运营者不仅希望将发布在社交平台上的内容变现，而且渴望发掘社交媒体的连接能力，连接一切成为新媒体最重要的运营理念。在移动互联网时代，二维码是互联网最主要的连接口之一，二维码可以在任何场景、任何时间、任何媒体上出现，而智能手机上的“扫一扫”功能让用户很轻易地实现了连接。此外，语音识别、指纹等都可成为接入产品，更便捷、更安全地接入使得社交媒体的边界不断拓展，呈现一种无社交不传播的态势，同时也开始进入万物皆媒的社交媒体时代。

以上四种模式并不是固化的单一形态，而是相互连接、相互依存，不断融合、不断创新，并存在于一个错综复杂的社交网络生态中。在这些具体的媒体形态中，网络社区、博客和即时通信的发展构筑了用户交流的空间，调动了用户进行内容生产的积极性，帮助用户搭建了社交媒体的概念和意识，属于基础性的社交媒体形态。此外，微博、微信、短视频和直播作为当前主流的社交媒体形态，是信息服务工作顺利开展的中间力量。本书考虑到微信属于典型的即时通信工具，作为移动网络时代一个重要的社交应用，微信已经远远不只是一个交流沟通的工具，而是通过即时通信、公众号、小程序等一系列连接的赋能，构建起了强大的移动社交生态体系。所以，本章在 7.3 节将侧重介绍微信的即时通信功能，在 7.6 节将重点介绍微信的公众号和小程序。另外，博客、微博、微信、短视频、直播等均具有网络社区的一般属性，并且它们在新媒体发展过程中都或多或少地使信息传播的特点经历了重要的方向性变化，使信息服务呈现出一些新的特征，所以本章将对这些新媒体形态进行单独介绍。

7.2　网络社区与信息服务

7.2.1　网络社区概述

1. 网络社区的含义

网络社区是互联网最早兴起的概念之一，它是以现代信息技术为依托，由具有共同兴趣或需要的网民群体在互联网上组成的虚拟生活空间，包括早期的论坛（bulletin board system，BBS）、贴吧、个人主页，以及融合了 RSS 元素的博客、SNS 网站等。网络社区有固定的场所，社区成员主要通过文字、图片、表情等进行交流，实现参与。网络社区是社交媒体发展的重要源头。当前互联网上的网络社区种类繁多，形式多样，它们以各自不同的传播形态和服务方式聚集起一群具有共同兴趣爱好和需求的网民。

网络社区是一个聚合信息平台，其本身并不生产信息，用户在平台通过搜索引擎寻找感兴趣的内容信息自由表达。当用户搜索到相关内容时，用户可以自己开辟空间，吸引共同兴趣的用户一同参与，从而满足用户对单一话题信息的了解和获取欲望。如今网络社区作为一种线上社会集合体，已经成为人们日常信息交流互动不可或缺的平台之一。

2. 网络社区的发展

网络社区是伴随新媒体及网络行为的扩展而出现的人类社会活动的新型空间，它是一种全新的人类生活共同体和生存模式，也是人们购物、休闲、咨询、发表言论信息的物质与精神双平台。

在我国，网络社区起源于 20 世纪 80 年代的 BBS 公告板，并在 21 世纪初飞速成长，经过近 30 年的发展已经走向相对成熟的阶段。纵观其从雏形至成熟的演进，可以将其发展历程分为三个阶段。

第一阶段是网络社区发展的雏形阶段。网络社区的雏形是 BBS 电子公告板，即通过网络来传播和获取信息的公告板或论坛。BBS 诞生于 20 世纪 80 年代的美国，在我国国内，网络社区也是从 BBS 起步的，中国内地最早的 BBS 站点是 1991 年在北京创建的长城站，但当时网络尚未普及，其用户规模较小，主要是海外的中国留学生。但是这一阶段的网络社区突破了单向传播的限制，使得用户开始了真正的社会化互动交流，这种新鲜的交流方式在当时风靡一时。之后，随着互联网技术的发展，BBS 如雨后春笋般涌现，且力量日益强大，其许多特性亦被后续出现的网络应用所借鉴。另外，这一时期出现的新闻组、电子邮件等网络形态也具备了网络社区的基本特征，新闻组实现了完全交互式传播，但由于种种原因，新闻组后来在国内并未被大规模推广开来。电子邮件也是当时备受青睐的网络交流方式之一，当然也是今天网民使用最广泛的网络人际传播方式之一。

第二阶段是以实现信息分享与交流互动为主的网络社区。我国网络社区实现规模化发展，是以 1998 年 3 月大型个人社区网站西祠胡同的创办和 1999 年 6 月全球华人虚拟社区 ChinaRen 的登录为标志的。其中，西祠胡同成功地发展了以讨论版组群为主导的社区模式，而 ChinaRen 则第一次以聊天室为核心，开发了游戏、邮件、主页、日志等一系列以用户为中心的服务内容。在这一阶段，另一个知名度较高的网络社区是 1999 年 3 月成立的天涯社区，它以论坛、博客、部落为基础的交流方式，综合提供个人空间、相册、音乐盒子、分类信息、站内消息、虚拟商店、来吧、问答、企业品牌家园等一系列功能服务，是以人文情感为核心的综合性虚拟社区和大型网络社交平台。从 2000 年开始，我国网络社区获得了蓬勃发展，特别是 2005 年随着 Web 2.0 时代的到来，国内网络社区的数量开始出现密集式增长。一些针对专门人群、专门领域的专业网络社区开始出现，如豆瓣网、铁血社区等。在这一阶段，整个网络环境有着前所未有的开放性，没有固定中心，也没有严格的规章制度和管理机构，网络用户可以跨地域、跨行业、跨阶层地发起话题、加入话题或退出话题。同时，用户信息具有一定的隐匿性，网络用户的性别、年龄、工作都在网络上被转换成各种代码，是名副其实的“虚拟社区”。在这个时期创办的网络社区内，网民在享受信息快速传播与互动服务的同时，感受到更多的是自我隐匿、自我满足的快乐。

第三阶段为社交型网络社区，网络社区的开放性和虚拟性在第二阶段得到了充分体现，但随着网络规则的逐渐完善，管理者发现匿名账号难以管理，加之隐匿的个人信息使网络用户感到网络沟通缺乏情感，为强调“真正的人与人对话”，实现网络实名制的社交型网络社区产生，用户可以把线上线下的朋友圈结为一体，加强联系，还可以通过便利的线上程序结识朋友来扩大圈子。这种实名制建立的网络社区，有助于建立比较完善的信任机制，从而大大增强网络社区的信任度。Facebook 是目前全球第一的社交型网络社区，我国目前的社交型网络社区大多也是借鉴 Facebook 而来，如 2005 年 12 月，中国内地最早的校园社交型网络社区校内网成立，2009 年 8 月，校内网正式更名为人人网。而真正将社交概念推广到中国主流网民群体中的网站是开心网，然而，无论是校内网、开心网，还是近几年出现的“Facebook 模式”网站，如若邻、海内等，它们在功能设置、服务模式、应用等方面十分相似，导致社交型网络社区同质化现象非常严重，创新严重不足。当然，无论社交型网络社区面临何种困境，其在网民的自主性和真实性上迈出了至关重要的一步。可以说，社交型网络社区的出现，是以现实社会关系为基础，模拟或重建现实社会的人际关系网络，并将其数字化，是网络社区人际交往模式的一次革命。新型社交网络社区具有明显的人际传播优势和爆发式传播的特点，能在很短时间内聚集大量的关注。同时，由于社区用户参与性和分享性都比较高，社区热点信息能通过各种渠道和方式得到广泛传播。随着网络社区的成熟，新的网络社区形态不断出现，如博客、微博等。在这些社交型的网络社区中，一部分主要侧重信息、知识的产生和共享，即内容导向型虚拟社区；一部分侧重人际互动和人际关系的建立，即社交导向型虚拟社区。内容导向较强的社区，如知乎、大家论坛等更多强调内容的生产；对应的，如百度贴吧、豆瓣这类社区关注更多的则是成员的社交需求。社会化网络的建立是为了维持和发展人际关系，但同时也会产生较为丰富的内容，如微博、博客这类社区在内容的产生与人际互动关注程度上不分伯仲。

7.2.2　网络社区的类型

网络社区的出现给网络世界带来社会化现象，产生了新的社会模式、消费模式和商业模式等。关于网络社区的界定，学者们的研究角度不同，理解不同，至今没有一个统一的标准。但目前采用比较多的是约翰·哈格尔三世（John Hagel III）和阿瑟·阿姆斯特朗（Arthur G. Armstrong）提出的根据社区用户的参与目的对网络社区的类型划分，包括交易社区、兴趣社区、关系社区和幻想社区[4]。

交易社区是一个给商业活动提供便利的社区，该社区成员包括买方、卖方、中介商等，成员的主要活动是进行买卖，这样的买卖活动不同于通常市场上面对面的买卖活动，而是借由网络媒介执行的交易活动。比如，在线购物社区，如大众点评网、美丽说、淘江湖等就是这种社区的典型代表。兴趣社区是为那些拥有相同兴趣的一群人建立的在线社区，该社区成立的目的就是让用户进行内容创造，并实现在线交互，以形成良好的社区氛围。比如，在线问答网站，豆瓣网等均是该社区的典型的代表。关系社区是专门为了增强社区成员的归属感和认同感而建立的社区，在该社区中，社区成员可以经常围绕不同的话题进行交流。比如，在线社交网络及在线评论社区，如人人网、开心网等就是该社区的典型代表。幻想社区是专门为该社区成员提供一个虚拟的空间，让他们能够扮演自己在现实生活中不能轻易扮演的角色，从而满足他们幻想欲望。比如，在线网络游戏社区就是该社区的典型代表。

7.2.3　网络社区的信息服务方式

1. 信息发布服务

网络社区为用户提供信息发布传递服务，只有让用户将自己的观点感受表达出来，才能形成一个社区基本的信息环境，表现为不同的社区类型。同时网络社区支持发布多种类型的信息，早期的网络社区，如论坛的初始形式“聊天室”只支持纯文字的发布，而后随着信息技术的不断进步，用户可以在论坛中发布文字和图片、在人人网上传音乐、在豆瓣中分享动图、在知乎中分享视频资料等。

以豆瓣网为例，豆瓣网是 Web 2.0 网站中最具特色的社区网站之一，其发布信息的形式比较简单，平台中没有冗余、杂乱的信息堆积。因此，很多机构借助豆瓣社区进行信息的发布与交流，如图书馆建立小组来讨论关于图书馆开放、借阅等问题，建立小站来提供一些关于图书馆活动的公告信息。

以网络知识社区为例，在网络知识社区中用户可以就某一问题提问，由其他用户进行解答来获取其需求信息，这一过程也是网络信息的生产过程。网络知识社区为用户提供发布和分享自己的见闻和对某一问题看法的平台，平台将此类信息传递给其他用户。这类平台主要依靠 UGC，信息发布服务是平台的基础服务，也是营造知识环境的主要手段。例如，知乎最初的一批知识生产者是通过知乎官方的邀请而加入知乎的，这些知识生产者基于共同兴趣爱好或者是对某些问题较为感兴趣而聚集在一起，在知乎中就某些现实问题发表自己的观点，解释其中的隐含知识将其显性化后传递给其他用户，逐渐形成了知识分享社区的定位[5]。

2. 信息导航服务

网络社区内信息的自由接收和传播，使平台内信息资源呈几何式级数增长，信息过载问题严重，信息利用缺乏有效指导。特别是受到移动终端屏幕和操作的限制，用户期望网络社区能够对话题下的主题进行概括和总结，使用更精细化、细粒度化、系统化的信息组织和管理方法，为用户提供信息主体分类导航服务。为此，大多数网络社区都会通过目录分类导航服务，帮助用户解决信息过载问题，进而快速查找和获取相关信息。但当前多数网络社区的分类导航体系设置都比较简单，普遍存在维度少、层次浅、静态化和资源覆盖率低等问题，用户需要帮助其建立逐步明确和细化需求的交互式、渐进式导航体系。

针对这些问题，有部分网络社区对于创新信息导航服务进行了探索，如问答社区话题下方包含多个问题，这些问题少则一个回答，多则成百上千个回答。随着问题答案数量的增多，提问者和浏览者在查找和阅读答案时会花费很多的时间和精力，甚至看不到隐藏的有价值的答案。为此，问答社区运用知识聚合方法挖掘知识之间的关联，抽取关键的知识内容，进行知识内容的主题分类和组织。这种信息导航服务可以实现问答社区用户生成答案知识点的导航和索引，减少用户搜寻和获取的成本，提高知识组织的效率。另外，问答社区通过引导和鼓励用户回答问题生成答案时主动生成答案标签的方式，进行聚合和组织知识，提供基于标签的信息导航服务，为用户提供便利。再如，国内医学领域规模最大的社会化媒体平台丁香园心血管论坛建立动态的分面式导航体系，论坛的分面导航体系具有维度丰富、层次深入、导航词动态化生成、资源覆盖率高等特点，一定程度上可满足用户交互式、渐进式、探索式的信息搜寻需求[6]。

3. 信息推送服务

网络社区对社会关系的引入使得用户与信息之间的连接发生了变化，相应的信息推送也向更加多样化的推荐模式发展。网络社区根据用户的兴趣偏好和浏览习惯来确定该网站的用户，发布的信息也按照用户的需求和兴趣点进行个性化推送。例如，网络问答社区会自动推荐分类，并让用户自定义分类，还将问题自动归档，这样既可加速对问题的关注和回复，又可增强用户回答的针对性。

除此之外，网络社区还有其他几种常见的信息推送形式，包括定题信息推荐、挖掘信息推荐、基于关注的信息推荐、热门信息推荐[7]。①定题信息推荐主要面向自身需求认识能力和表达能力较高的服务对象，这类用户通常对该问题具有长期或较长期的信息需求，并且需要的是较为优质、精准的信息；②挖掘信息推荐是系统收集用户点击、检索、关注等行为过程中产生的数据，运用数据挖掘技术对其进行处理，最大限度地还原用户的信息需求，然后将系统中可能满足该用户需求的信息推荐给用户，极大地便利了信息获取能力较低的用户。例如，在知乎问答社区中的推荐板块，知乎会根据用户的搜索、感谢、赞同等行为为用户推荐相关的问答信息，同时会设置“不感兴趣”选项，用户可以选择自己不感兴趣的标签以减少相应信息内容的推荐；③基于关注的信息推荐则是将用户所关注对象产生、传播的信息推荐给用户，其本质可以概括为“关注 + 信息推荐”的模式，这种形式对社会化关系较活跃的用户推荐效果更好。④热门信息推荐是指推荐系统将平台内部大量用户行为数据所分析得出的热门内容推荐给用户，使用户能够及时了解到自己兴趣圈之外的咨询信息，避免“信息茧房”问题的发生，如知乎的“热榜”栏目则将每日平台内问题搜索量和回答量进行排名后推送给用户，推送的目标群体是全体用户。同时，网络社区也会与一些广告商建立合作，为用户推送时下的热门产品和服务等，它是对个性化信息推荐的补充。

4. 信息检索服务

网络社区作为一种在线社交平台，不仅能满足用户的社交需求，而且聚合了大量的信息和资源，已经成为人们获取信息的重要渠道，信息检索服务可以避免用户迷失在信息的海洋中。用户既可以检索社区中的信息，也可以检索社区中的用户，发现志同道合的人，挖掘其感兴趣的信息。以知乎为例，当用户在检索框中输入检索词时，检索结果首先以解决用户问题为导向，即在综合检索的检索结果中，排序方式首先是标题中含有的相应关键词的题项，而后才是回答结果中含有关键词的题项，其具有知识服务的特性。例如，在知乎中输入检索词“牛奶”，排列在前几位的检索结果为“国内哪些品牌的牛奶好喝？”“经常喝牛奶会怎么样？”等题目中与牛奶有关的题项，而后才是回答含有“牛奶”关键词的题项，如“早餐吃什么？”等。

传统的个性化信息检索服务没有考虑系统使用与用户之间的关系，一般是分析用户在检索中的操作行为来挖掘用户的检索偏好，如通过用户的点击历史和查询历史等来提供个性化的信息检索服务。在网络社区中，用户的社交关系，相关用户在社交网络中的影响力及用户的个人兴趣标签等因素都是在对用户进行个性化信息检索服务时需要考虑的关键因素。

5. 信息咨询服务

由于网络社区的开放性，互联网用户可以发布、传播各种信息，导致信息存在质量参差不齐，甚至严重失实的情况，影响用户对社区平台的信任和对信息的有效利用。以健康信息为例，随着“互联网 + 健康医疗”战略的推进，越来越多的互联网用户通过网络健康社区来获取相关信息，通过网络健康社区提供的信息咨询服务，可以在一定程度上提升用户所获取健康信息的质量。在网络健康社区平台，用户带着问题来咨询医生，获得专业的医学知识来了解自身健康状况；医生通过扎实的医学知识、通俗的话语来解答用户的疑问。网络健康社区中，用户可以通过多种形式来咨询医生，用户将自己的问题以文字或者图片的形式，借助平台发送给医生，医生通过文字回复的方式为用户提供解答。在春雨医生社区平台，用户可以通过描述问题，上传图片等方式向医生咨询，同时，为了更好地匹配相关资源，平台针对咨询服务还设置了特色服务，用户可以通过支付不等的费用利用图文急诊、名医咨询等方式寻求健康信息咨询服务。网络社区的这种信息咨询方式，可以将交互双方的交流信息以记录的形式保存在社区平台上，并且向网络社区中的其他用户开放。这种做法一方面可以减少重复问题，最大限度地实现经验共建共享；另一方面，获取的交互数据可以为后期的跟踪管理及个性化咨询服务提供参考依据。

6. 知识服务

网络社区已经成为互联网时代下知识的主要载体之一，它通过知识共享与知识交流的方式，根据用户的知识需求，为用户发现并提供可用的、有价值的知识服务。网络社区中，问答社区与联合参考咨询都是有关合作回答问题的服务，它同时体现了咨询服务和知识服务的相关属性。网络问答社区在强化社区中 BBS 功能的同时，一定程度上弱化了社区内通信、聊天、交友、交易等功能。在知识服务模式方面，网络问答社区由用户或网站聘任的知识专家对其他用户提出的问题进行回复，或对问题答案进行补充、评价。这是一种单问多答模式的咨询方式，便于问题用户对多个回复进行甄别，选择最优答案。同时，其他用户对答案的补充与评价，也有利于用户获得满意的答案或对问题进行更全面的了解。为了保障平台问答信息的质量，平台有专门的内容审核团队，他们会对平台上的内容进行认真的审核与排查，避免灌水内容、垃圾广告、答非所问和事实错误的信息在平台上出现。近年来，网络社区中付费知识服务的兴起，逐渐颠覆了人们对于互联网上获取信息和知识免费的认知，付费知识服务可以在一定程度上帮助用户更好地解决问题，提高用户解决问题的效率。在一些付费网络问答社区中，平台在提供问题答案时往往还会提供其他能回答该问题的专业性参考源的背景信息和链接。

7.2.4　应用案例

1. 以电子商务网络社区——小红书为例

随着网络社区和电子商务的快速发展，电商社区应运而生，并逐渐走向成熟和完善。小红书就是社区和电商结合成功转型的案例，小红书在创始初期的定位是社区运营，用户通过在网络社区发布自己的文字、图片、视频笔记分享生活方式，平台最初主要分享的是海外购物经验、美妆、个护等，慢慢涉及健身、美食、旅游、酒店等各种生活方面的信息分享。随着人们生活水平的提高，人们对生活质量的要求也提高了，开始关注国外的购物信息，但由于国内外购物信息不对称，买什么、从哪买成了难题。2014 年 10 月小红书福利社上线，旨在解决海外购物中用户买不到的问题。小红书凭借其积累的海外购物数据，分析出最受欢迎的商品及全球购物趋势，在此基础上把全世界优质产品的信息，以最短的路径、最简洁的方式提供给用户。小红书的特点是口碑信息营销，与淘宝看购物评论信息不同的是，小红书把握用户心理的方式是通过其他用户主动的使用经验信息分享，从而使分享的信息更具有可信度。

在信息发布服务方面，平台运用“UGC + PGC”的方式。一方面，通过用户互相安利种草，发布用户自发的消费分享帖。其中，笔记的标签内容分为地点、品牌、商品、影视，丰富笔记内容，用户浏览体验感更具体细致、真实全面。另一方面，大量官方账号的入驻和一些垂直领域的意见领袖、明星甚至企业、机构和品牌开始活跃在社区中。近几年，小红书开始向多元化的方向转型，开始涉及生活、家居、时尚、旅行等更多方面。相较于 UGC 而言，PGC 更能够贡献优质内容，同时也更具影响力[8]。

在笔记上，小红书将平台模块分为关注、发现、附近，推荐用户笔记内容。小红书还根据社区类型、不同笔记内容，设置美妆薯、生活薯、视频薯等管理账号，通过对笔记进行筛选、设立标签等方式，为用户推荐笔记，提高笔记分类专业化。同时，在个性化推送服务方面，用户在注册小红书账号登录后，可以选择自己喜欢的版块。小红书会利用大数据深入分析用户偏好与行为，打造千人千面社区平台。平台从人工推荐转向机器推荐，根据用户搜索、浏览、点赞、收藏等行为，构建用户画像，应用智能机器学习技术，精准分析用户需求，并向用户推送相关笔记内容、商品信息，满足用户个性化需求，促使用户更高频地使用小红书平台。例如，通过大数据和标签化，在查看笔记的下方，向用户推荐相似笔记，为用户的购物决策提供更全面、精准的服务。

2. 以医疗健康网络社区——丁香园论坛为例

医疗健康作为人们日常生活息息相关的热点话题，也是人们在互联网中关注的热点，近几年国内外以医疗健康为主题的社会化媒体平台相继出现并得到快速发展，用户量呈增长的态势。与医疗健康相关的网络社区平台有三种类型，专家问答、病友论坛、健康博客。其中，专家问答的主要参与人群包括病友和医生，病友针对自身病情或者病友家属对被护理者的病情向医疗专家提问，专家在线解答；病友论坛的主要参与者包括病友和护理者，病友及其家属自发组织的互助交流平台，交流日常的病情信息和诊疗经验；健康博客的参与者包括病友、医生和护理者，病友及其护理者或医生等相关人群在网络上发表个人病情经历和诊疗过程的文章，相关人群可以参与发表评论。

丁香园论坛创建于 2000 年 7 月，是国内面向医生、医疗机构、医药从业者及生命科学领域人士的专业性网络社区，提供最新医学知识、医疗技术等，并为医学专业和生物科技领域的从业人员提供良好的专业交流平台。

在信息发布服务方面，论坛上所有版块的医学文章和专业内容都是由资深而且热衷于医学的用户所提供的，学术文章的质量审核及企业投放的广告审核都是由用户来把关的，为了保证医学专业内容的充实性、把关学术文章质量的稳定性及确认企业广告的真实性，用户群体数量及医学专业水平都要非常高[9]。论坛主页包括丁香园信息发布区、临床医学讨论一区、基础医学和生命科学讨论区、药学讨论区等版块。通过清晰的分类导航，医生、医药从业者及患者都可以在相关区域找到自己所需的信息。

在信息检索服务方面，丁香园论坛设置了丁香搜索，输入自己所要查询的关键字就会出现与之相关的帖子。一般情况下，患者通过网络搜索的医疗信息往往缺乏专业医生的讲解做支持，还会出现一些广告，信息庞杂，患者搜集不到有效的信息。而有了专业的医疗型论坛，患者可以通过论坛找到某医学领域的专家，或者在论坛中搜索，就能很快找到所需信息。

在信息推送服务方面，丁香园论坛根据用户的发帖和咨询内容，在主页上推出了综合热帖、最热悬赏、最热病例、猜你喜欢等版块。另外，为了保证推送给用户的帖子更加准确，用户还可以自己添加关注，以便匹配到更合适的帖子。

在信息咨询服务方面，丁香园的数据系统里面有超过 300 万名医生联合起来提供的经验信息，基于庞大的执业医生构成的社交网络，患者能利用社交网络的功能实现与医学领域专家的对接，并进行信息咨询，医生可以根据患者描述的健康问题为其提供一个可行的治疗方向，一些不需要到医院就诊的，类似于多休息就能恢复健康的小疾病也能在社交平台上完成。不仅仅是患者，很多医务工作者在工作中遇到问题，也可以发布在论坛中，让更多的医生和专家参与进来，使相关问题可以得到及时解答。

3. 以知识问答网络社区——知乎为例

知乎是在 Web 3.0 时代新兴的网络知识问答平台，也是目前国内最大的知识问答平台，用户可以在其中进行提问或回答问题，彼此分享知识和经验，使知识更加易得。在 UGC 模式下，用户生产信息是互联网时代的发展趋势，用户更加看重交互式体验，互动成为知识流通的主题，知乎正好迎合了用户这一需求，一时间成为最受欢迎的媒体平台之一。据不完全统计，2015 年知乎的注册用户就已经突破了 2000 万。知乎作为知识问答社区，其信息服务方式是保持用户黏性的关键因素[10]。

在信息检索服务方面，知乎自带搜索引擎，用户提出问题之前可以通过关键词检索相关答案，并提供综合、近一周、用户、话题、盐选精选、电子书专栏等 9 个检索范围供用户选择。检索结果按照用户、精华内容、高赞回答、盐选内容和话题版块顺序进行排序，若没有找到符合需求的问题或答案，用户可以通过页面底部的提问框发布问题，获取其他用户的解答。

知乎网的创办者都明白在用户离开网页后，必须对用户在网站中的浏览和使用栏目情况进行整理，从而得出用户可能感兴趣和愿意参与的内容，将其推送到用户的手机和邮箱中，进一步增进用户对网站的了解，满足用户对新知识、新发现的需求，所以知乎网在用户离开了网站页面后，仍继续提供知乎日报和知乎每周精选两个服务。知乎日报是每天对用户推荐几条到几十条数量不等的高质量的问题解答，内容涉及方方面面的手机应用；而知乎每周精选则是通过对用户在页面上参与或讨论过的话题整理所选取的热门话题的综合，以邮件的形式发送到用户注册的邮箱中[11]。对于那些创造品质较好的问答用户，知乎会整理该话题的优质内容并将其整理成《知乎周刊》，此外，知乎还会把某一个贡献优质内容的用户的所有优质回答编排成“盐”系列，意思是这些来自各行各业的领域精英，都是知识海洋中析出的智慧之盐，他们分享知识、经验与见解，为世界增光添味。

同时，在语言表述上，知乎要求提出的问题尽量简洁，避免使用“为神马”“我读书少，你别骗我”等网络用语，严格控制话语性，避免了很多麻烦，这样的严格控制保证了高质量的内容生产模式[12]。

在个性化推送服务方面，知乎用户在使用注册过的账号登录页面后，首先获得的是自己感兴趣的内容和分享，这比单一从制作者本身的角度提供大量内容来供用户浏览要更加人性化。同时后台也会将用户在注册时所填写的资料，包括用户本身所处的知识层面和工作行业，感兴趣的内容和话题等进行统计，生成符合用户喜好的内容并推送到用户的主页面上。在使用平台过程中，用户也可以随时随地加入自己感兴趣的话题，知乎的推荐系统也会据此不断更新。如“话题”栏目则是用户参与过的或者可能感兴趣的话题，知乎将会按照用户的个人喜好向用户推荐其可能感兴趣的话题，并将用户曾经参与过的话题固定在页面上方，以便其日后查阅或进一步参与。

在信息咨询服务方面，知乎的信息咨询服务包括两个方面：一方面，知乎在发展中吸引了大量专业性用户，他们被视为意见领袖，在问题提出之后知乎用户可以邀请专业对口用户对问题进行回答，在这一过程中相对专业或者精英的群体回答自己擅长领域的问题，从而自觉充当了咨询服务人员，充分利用知乎平台，为咨询者提供实时的问题指导；另一方面，知乎利用其社会影响力汇聚了各个领域的专业人士，为用户提供付费的信息咨询服务。

7.3　即时通信与信息服务

7.3.1　即时通信概述

1. 即时通信的定义

即时通信是一种基于互联网的信息交流业务。人类的通信从“飞鸽传书”“鸿雁传信”到近代以来的电报、电话等，随着时间的推移，我们的通信方式越来越先进，越来越能拉近人们之间的距离。技术的进步促进通信进一步发展，出现了一种更为便捷、多样化的通信方式——即时通信。它的出现跨越了传统的电话、文字交流，将我们带入更加丰富的多媒体通信时代。即时通信最基本的特征就是信息的即时传递和用户的交互性，将音、视频通信，文件传输及网络聊天等业务集成一体，这不仅仅是将传统的通信方式进行整合，也是一种新的通信技术和通信方式。

即时通信是通过专门的网络即时通信软件，依靠互联网和移动通信技术，在用户之间建立起来的直接联系和实时交流的通信系统。随着网络技术的迅速发展，即时通信已经成为人际传播中最重要的沟通工具之一。即时通信的出现不仅实现了人与人、人与信息之间的零距离交流，也改变了人们的沟通方式和交友文化，大大拓展了个人生活交流的空间，也改变了信息服务的方式。以往的信息服务，无外乎报纸、电视、电台等信息服务。短信出现以后，信息服务就多了一种方式。即时通信的出现，更是在信息的丰富性与及时性方面有了跨越式的进步。尤其是近几年网络通信技术的进步，移动互联网的发展，使得信息服务更加完善、便捷。比如，微信、微博、QQ 还有各类服务型的 App，依托于即时通信技术，信息推送的时效性非常高，在信息展现形式上，更是丰富多彩，即时通信技术的应用正在引领着信息服务方式发生巨变。

中国互联网信息中心发布的《第 46 次中国互联网络发展状况统计报告》显示，截至 2020 年 6 月，我国网民规模为 9.40 亿，在各类互联网应用中，即时通信用户规模达 9.31 亿，网民使用率达到 99.0%；手机即时通信用户规模达 9.30 亿，使用率达到 99.8%[13]。

2. 即时通信的类型

1）以服务群体区分

以通信软件的服务群体划分，即时通信类型包含以下几种：①个人即时通信。主要是以个人用户使用为主，开放式的会员资料，方便聊天、交友、娱乐，如微信、YY 语音、QQ 等。此类软件，以网站为辅、软件为主，免费使用为辅、增值收费为主。②商务即时通信，此处商务泛指买卖关系。商务即时通信，以企业平台网的聚友中国、阿里旺旺贸易通、阿里钉钉为代表。商务即时通信的主要作用是低成本实现商务交流，此类以中小企业、个人之间的买卖为主，方便外企跨地域工作交流为辅。商务即时通信借助多方互联的信息手段，把分散在各地的与会者组织起来，与传统会议相比较，具有会议安排迅速，没有时间、地域限制，费用低廉等特点，打破了通话只能局限于两方的界限，能够实现三方及以上同时通话，具有沟通更加顺畅、信息更加真实、范围更加广泛等特点。③企业即时通信。一种是以企业内部办公为主，建立员工交流平台，减少运营成本，促进企业办公效率；另一种是以即时通信为基础整合相关应用，截至目前，企业通信软件被各类企业广泛使用。④行业即时通信。主要局限于某些行业或领域使用的即时通信软件，不被大众所知，包括行业网站所推出的即时通信软件，如化工网或类似网站推出的即时通信软件。行业即时通信软件，主要依赖购买或定制软件，使用组织一般不具备开发能力。⑤泛即时通信。所谓泛即时通信，是指一些软件带有即时通信软件的基本功能，但以其他功能为主，如视频会议。

2）以通信范围划分

以通信范围划分，即时通信类型包含以下几种：①公众即时通信，这类通信面向的大众群体极其广泛，包含了整个社会群体，因此在通信的内容上非常丰富，其服务于大众，在推出的信息服务上包罗万象，涉及公众的衣食住行等多方面需求。②企业即时通信，面向群体具有一定的局限性，且带有很强的专业性与针对性。这类通讯面向的服务群体是企业与企业员工，所提供的内容也针对企业的业务类型，如快递企业顺丰旗下的通信软件“丰声”，其不仅具有通信功能，还整合了公司的其他业务，如个人工资、快递业务、办公等，而公司内部推出的信息也能及时的推送到员工个人，提供的信息也与公司业务、个人息息相关。③局域网即时通信，这类通信所服务的范围更具有局限性，只用于特定场合的特定要求，提供特定的信息，如军工保密企业，这种类型的即时通信工具由于覆盖范围有限，提供的信息服务就更加有限。比如，我们常见的局域网管理软件“万象”，这种软件不仅用于在局域网内管理多台 PC 终端，而且还提供了通信功能，使用最多的是网吧这类服务群体，也有高校等组织使用。

7.3.2 即时通信的信息服务方式

1. 信息发布服务

即时通信允许两人或多人使用网络实时的传递文字消息、文件、语音与视频进行交流。与个人即时通信需求相比，企业即时通信要求融入更多的通信手段。企业对效益的追求，导致企业对效率的要求不断提高，信息的有效发布与传达是确保企业内部效率提升的必要条件。因此，各地的政府和企业单位纷纷借助即时通信工具来进行文件发布、指令发布等相关业务。例如，外交部及国家旅游局利用微信、QQ 等即时通信软件，向在国外的我国公民发布当地信息，保障公民的信息通畅。

2. 信息推送服务

即时通信扩大了信息推送服务的受众，减少了用户获取信息的时间成本。即时通信工具可以把当前一些热门的、重大的事件直接推送给用户，让用户了解当下的时事热点，也可以向用户推送一些企业最新发生的事件或者招商、广告等信息。例如，阿里旺旺设置了订阅栏目，用户可以根据订阅类型选择自己关心的信息，如最新资讯、淘金币提醒等类型，有相关信息出现的时候，阿里旺旺会主动向用户推送。

此外，即时通信软件还利用大数据、云计算等信息技术对用户的浏览记录、检索历史等进行追踪，向用户推送其感兴趣的信息，实现一对一的个性化推荐。例如，字节跳动推出的“多闪”，它会根据用户的检索记录和历史浏览信息向用户推荐与其相关的短视频，更好地满足用户的个性化需求。

3. 信息检索服务

信息检索作为即时通信的主要功能之一，节约了用户寻找关键信息的时间。用户可以通过即时通信软件的检索框检索到自己想要的内容。比如，微信的搜一搜功能，用户可以通过搜索框检索自己和别人的聊天记录或者直接搜索需要的联系人，近期微信又推出一个新功能，通过表情来搜索表情，进入表情搜索后，页面上并没有默认的显示图片，需要用户手动输入关键词才能搜索到结果，或者用已有的图片来搜索其他相似的表情包；微信的摇一摇功能，可以识别歌曲和电视，实现基于内容的音频和视频检索。

4. 信息咨询服务

收发信息、语音传输是即时通信软件最常用的功能，利用即时通信软件进行咨询可以使机构咨询服务工作摆脱时间和空间的限制，解决 BBS、E-mail、表单咨询等的服务滞后问题。以腾讯 QQ 为例，对于常规性的问题，用户可以发送信息向咨询人员咨询，对于比较复杂、难以用书面语言表达清楚的问题，读者可以利用 QQ 的语音功能进行咨询。即使咨询人员不在线，用户也可以通过发送文字信息或语音的方式向其留言，咨询人员一上线就可以看到留言并及时回复。此外，在数量庞大的用户咨询问题和请求中，不乏相对简单和重复的咨询问题，造成人力资源浪费的同时，也对咨询服务人员及时解答高层次咨询需求造成了阻碍。所以，很多即时通信软件纷纷建立了自动解答咨询系统并嵌入人工解答平台，用于解答简单、重复的咨询。用户可自行在搜索框中输入问题，系统将自行匹配相关度最高的解答。若出现系统无法解答的问题，用户可以求助人工解答，咨询服务人员也会阶段性地将典型咨询案例补充到咨询系统中。例如，各大电商平台的客服沟通工具纷纷引入了电商智能客服助手，可以实现全天候开展咨询服务，提升用户体验，大大降低了电商企业的人力成本。

7.3.3 即时通信环境下信息服务的特点

1）服务范围更加广泛

即时通信环境下，信息的传播与交流不受时空的影响，通信技术比较完善，能够支撑起大规模的通信交流。在信息的传输上，也能够做到零延迟，伴随着即时通信软件服务的日益完善，在服务范围上相较以往的服务模式，即时通信工具的信息服务更是有了质的提高。例如，微信推出的服务号、订阅号、企业号，支付宝推出的公众号，以及其他平台推出的类似的服务平台，将组织的服务入口接入公众平台，实现了更大范围的服务。

2）使用成本低

与专业软件昂贵的购置成本和使用成本相比，即时通信软件的免费性和开放性使得任何人均可下载使用。Web 式的即时通信更让用户只需连接互联网即可无障碍地使用，而即时通信的功能中绝大部分亦可免费使用。因此，相关主体要开展即时通信信息服务，无须或只需投入极少的软件成本和后续的维护成本，以及一定的人力保障和宣传推广。从这一点来说，任何机构，不论其规模大小、实力如何、经费多少，只要能上网，均可开展此项服务，这是专业软件所无法比拟的。正如迈克尔 • 斯蒂芬斯（Michael Stephens）和瑞秋 • 辛格 • 戈登（Rachel Singer Gordon）所说："IM = FASTER virtual reference on the cheap！"[14]

3）可控性增强

即时通信在数字环境中最大限度地模拟了面谈、传播和接收，这几乎是同步进行的。与面对面交流相比，即时通信交流具有较强的可控性。用户可以自主选择交流对象，控制交流的节奏，一旦用户想要终止交流，很容易能找到各种借口，而不用像面对面交流那样碍于情面维持交谈。

4）交流的虚拟性

即时通信将身份、地位、阶层有差异的人带到同一传播情境中，且虚拟、非直接的交流环境能在一定程度上消除差异，人们得以更自由地表达。同时即时通信工具实现了多媒体信息的交互传播，用户可以自由地通过文字、语音、视频等多媒体手段进行交流，表情符号、网络语言等新兴交流方式的加入，使得即时通信交流过程变得更加丰富、生动、有趣。

5）用户基础广泛

即时通信信息服务的目标用户包括即时通信用户及其潜在的未来用户群。在互联网日益普及的今天，即时通信的用户规模增长快速，至 2020 年 6 月，中国的即时通信用户数已达 9.31 亿。与即时通信快速增长的用户规模相比，其他传统交流方式的用户则有减少的趋势，电子邮件，MSN 更是在中国已经成为绝响。大卫 • 泽特林（David Zeitlyn）教授说："E-mail 花了 20 年才形成风气，但可能花不到一半的时间就会完全消失，原因是它们速度太慢、太不方便，最重要的是太不流行了"。年轻群体喜欢的是使用社群网站及实时交流的信息，喜欢"一次完成"的通信方式。例如，在 Twitter 上的一则短讯，同时可以发给所有人看。其他工具如 Facebook 等社群网站，在现代科技支持下，可以随时随地快速又容易地传递出信息[15]。广泛的用户群加即时通信的"群聚"效应不断吸引潜在用户的加入，为即时通信信息服务的开展和推广奠定了广泛的用户基础。

6）功能丰富强大

随着即时通信技术的迅猛发展，即时通信软件的功能不断改进，且愈加丰富、强大。在信息服务过程中，利用即时通信可实现与用户实时在线的文字、语音或视频交流；可进行快速的文件（包括文本文献、图片或音频、视频资料等）发送传递；可共享文件、播放影音、远程协助等。有个别即时通信工具已经可以实现同步浏览[15]。在线客服系统还可实现主动邀请对话、问题转发、后台统计管理等。基于 Web 的即时通信工具和支持多协议的即时通信管理工具的出现，使即时通信的使用更为便捷、简单。可以说，随着即时通信软件的发展和功能的完善，即时通信在满足信息服务需要方面的适用性大大增强。

7）重复使用更为方便

即时通信信息服务更为便捷，重复利用率也更高。即时通信允许用户彼此添加为好友，建立起长期、稳固的友好关系。只要用户与服务人员之间建立了对话，双方就建立了好友关系，在之后的交流中服务人员就成为用户身边的信息服务专家。用户在日常工作、学习中有任何问题，都可登录即时通信即刻与信息服务人员取得联系，寻求帮助。这种长期、稳固的友好关系使得用户的"回头率"非常高。

7.3.4　应用案例

1. 以阿里系的阿里旺旺为例

阿里旺旺是将阿里巴巴贸易通与淘宝旺旺整合在一起的一种新型即时通信工具，它是淘宝和阿里巴巴为促进淘宝商家及买家能更好地沟通交流而建立的平台，可以帮助商家及时发布商品信息，更加便捷地为买家提供服务，同时能让淘宝买家与商家之间随时就商品交易内容进行交流。

商家可以通过阿里旺旺发布商品、今日资讯、批发信息、爆款产品等信息；用户也可以通过阿里旺旺"我的搜索"页面，直接搜索产品信息、公司信息、批发信息等。

买家可以通过阿里旺旺向商家咨询商品详细信息。比如，买家把自己的身高、体重等告诉商家，向商家咨询适合自己的衣服尺码。当用户咨询量比较大时，阿里旺旺通过引入智能机器人对用户的常规问题进行及时回复，智能机器人会根据知识库关键字与买家问题模糊匹配、自动回复。

阿里旺旺还提供订阅服务，用户可以通过订阅设置，订阅自己感兴趣的内容，这样阿里旺旺就可以根据用户的订阅主动向用户推送相关信息，为用户提供更便捷的服务。阿里旺旺多样化的信息服务方式，给商家和用户带来了便利，助力了电子商务的发展。

2. 以腾讯系的企业微信为例

企业微信于 2016 年 4 月上线，是腾讯微信团队打造的一款专门用于企业内部办公管理的即时通信工具，并且通过不断地完善和更新，企业微信的功能作用越来越全面化和智能化，大大提高了企业办公管理效率。

目前企业微信已覆盖零售、教育、金融、制造业、互联网、医疗等 50 多个行业，服务了超过 250 万家真实企业，6000 万活跃用户使用企业微信服务，超过 80%的中国 500 强企业选择了企业微信[16]。企业微信除了具有类似微信的聊天功能，还集成了公费电话和邮件功能，公告、考勤、请假、报销等功能都可在软件内实现。

在信息是第一生产力的今天，企业微信背靠着微信乃至腾讯这个巨大的信息生态系统，具有与微信一致的沟通体验，丰富的移动办公应用和连接微信生态的能力，可以帮助企业连接内部、生态伙伴、消费者。数字化时代，信息效率是企业生产效率的重要变量，企业微信从根本上解决的是企业信息流转和效率的问题。此外，企业微信正在逐步实现与微信的连通，扩大可以触达的服务范围。例如，企业微信平台可以添加客户的微信，通过单聊、群聊等方式向客户提供服务，并可以将企业的活动信息、产品动态信息、专业知识等信息内容发表到微信朋友圈，并与客户进行评论的信息互动。

企业微信支持语音、图片、表情、音频、视频等多种信息交流方式，信息呈现内容多样化的态势。同样也支持聊天记录、名片、地理位置等的收发。企业微信可以设置常见的回复，对于一些常见的问题，能够比较快速的回复客户，面对不同的客户，企业微信自动回复的信息也可以有所不同。在紧急情况下，可以利用企业微信进行多人间的面对面视频会议，支持文档信息演示和视频共享。为了方便发布者知道接收者是否及时查看消息，企业微信还增加了信息阅读回执功能，提高了信息传送与沟通的效率。

企业微信分为内部群和外部群，企业微信外部群聊人数最多支持 100 人，员工可以根据不同的客户特征，搭建外部群聊来为客户提供多对一或一对多的社群服务模式，更轻松地对客户需求进行伴随式服务，让企业服务场景更加多样化。企业微信平台中，管理者可以根据角色设置标签，如财务、行政、出纳，还可以根据地域、身份设置标签，如华南区、领导上级。发消息、设置规则时可以选择使用标签。例如，在企业微信中，将用户变为好友后，打上标签，可以针对用户的喜好，借助群发助手进行精准化信息推送。

另外，基于企业微信平台可以实现订阅制和顾问制的信息服务。基于订阅制，用户可以主动甚至是付费订阅企业的推送信息。顾问制的出现，主要是考虑到在信息不对称情况下，用户缺乏专业知识，在企业微信平台，企业可以提供顾问式的服务，用户在信任基础上即可获得相关学科或行业的顾问知识。

总之，企业微信解决了工作人员群体关于生活工作混淆的烦恼，优化了一定的工作信息沟通模式，利用其擅长的即时通信功能让企业可以高效地与商业伙伴及企业员工进行信息沟通，方便了企业的管理，给企业人员带来了诸多好处。

7.4　博客与信息服务

7.4.1　博客概述

随着互联网技术的飞速发展，互联网用户体验和即时交流的需求强烈，Web 2.0 逐渐取代 Web 1.0，并对全球的社会、经济、文化等产生深刻的影响。作为 Web 2.0 用户生成内容的网络平台之一，博客为个体提供了信息生产、积累、共享、传播的独立空间，实现了面向多数人的、内容兼具私密性和公开性的信息传播，改变了媒体的信息传播方式。

1. 博客的定义

“blog”一词由彼得·莫霍尔兹（Peter Merholz）创造，它是英文 Weblog 的简写形式，取 Web 的尾字母 b 和 log 组合而成，意思是日志或网络志。Web 在这里指的是 world wide web 即“万维网”，意思是覆盖整个世界区域的网络。log 原意指的是“记录、航海日志、圆木”，现在多用来指代一些流水性的记录或日志，譬如，生产记录（log work）、安全日志（security log）和现在介绍的网络日志（Weblog）等。使用的人，我们则称他们为“blogger”。blog 也具有流水记录的特征，只是它的记录是在网络上进行的。目前对于 blog 的认识存在不同的观点：有的认为它是一种新兴的网络技术；也有的认为它是一种网络交流的工具；还有的认为它指代一个特定的人群——博客群[17]。

孙坚华指出：“博客的完整概念包括三个方面：一是其内容主要为个人化表达；二是以日记体方式而且频繁更新；三是充分利用链接，拓展文章内容、知识范围及与其他博客的联系”。《博客中国》这样来形容博客：“网络时代的个人《读者文摘》，是以超级链接为武器的网络日记，是信息时代的麦哲伦”。本书更倾向于把博客当作一种工具进行应用，博客实质上是互联网络上人与人之间相互交流的工具，它既可以是点与点之间进行交流，也可以以一个面的形式进行小组之间的交流。博客是个人或群体为了表达思想，以简易的方法按时间顺序记录并不断更新的网络出版与交流形式。博客的内容一般是表达所思所想、生活故事、思想历程等，可以是一个人所写，也可以是基于某一主题或是在某一领域内由一群人集体创作[18]。它倡导一种交互与共享的思想，以网页为载体承载着许多简洁、随意又发人深省的文章。这些文章可以是自己创作的，也可以是转载别人的，它们按照时间顺序排列，像日记一样[19]。博客在国内发展至今已经有了很多平台，如新浪博客、腾讯博客、CSDN 博客、博客园、网易博客、搜狗博客等。

2. 博客的特点

博客作为一种网络传播工具其实已经很久了，但至今还有很多爱好者会时常在博客平台进行日志记录，这要归功于其所呈现的独特性。

1）亲民化

博客是一种网络信息传播工具，在法律允许的框架内，每个人都可以建立博客并在上面发表文章和观点。它不属于“精英”阶层的写作，更多是来自普通人的信息，具有亲民化的特征[17]。

2）内容的个性化

博客秉承个人网站的自由精神，内容由个性化的帖子组成，体现个人的思想与智慧，弘扬个人的社会价值。在法律允许的框架内，个人可以就任何领域、任何话题发表自己的意见和看法，通过个性化页面实现自我展示。

3）共享性和交互性

不同于传统日记具有隐私性的特点，博客记录的内容可以向所有网络用户公开，博主们以交流思想的心态将自己的观点和想法与大家分享、讨论，实现“信息共享”并进一步向“思想共享”跃升，通过交流与讨论、提问与互动，博主与读者实现了信息的交互[18]，在这种交流互动中传播者变成了接受者，接受者也成为传播者，双方在交互中实现信息的传播。

4）简单性与易用性

用户使用博客只需在网站上注册就可以获得一个自己的博客空间和个性化的页面，无须学习网页制作的专业技术知识，也不需要花费时间精力设计和构造繁杂的页面，在没有任何技术障碍的前提下就可以通过多种方式发布自己的文本、照片和音像资料，零成本和零技术性是博客发展的推动力。

7.4.2　博客的发展概况

“博客”这个中文命名诞生于 2002 年 8 月。自 2002 年起，方兴东等开始在中国大力推广博客，他们将 blog 翻译成“博客”，并创建了国内第一家较有规模的专业博客网站——“博客中国”（www.blogchina.com）。博客真正进入寻常百姓的视线、进入媒体的版面主要源于王吉鹏和互联网反黄事件。王吉鹏在 2003 年发出挑战三大门户网站、批评网络色情的文章《网站 CEO 的下一个称呼——老鸨》。此后，博客和网络色情批评立刻成为媒体关注的焦点，传统媒体和网络媒体竞相报道。在这股冲击波的强力推动下，王吉鹏的博客迅速成为中国最知名的博客，这种新的网络传播方式也越来越多地被普通网民所关注。

博客从 2005 年开始进入繁荣期，而后随着微博、微信等社交媒体的崛起而趋于平静。博客让每一个人拥有了个人媒体，但是微博和公众号让个人媒体具备了大众传播的能力。博客繁荣的 2005 年，中国网民数量刚刚跨越 1 亿，基本以社会精英为主，博客恰逢其时。截至 2019 年 6 月，中国的互联网市场呈现的是一个拥有 8.54 亿网民的新格局，用户群体发生了巨大的变化，符合普通大众的社交媒体形态在快速演进，这是互联网发展的客观规律。毫无疑问，传统的个人博客服务的确进入了生命周期的后期。但是，博客对于互联网发展、内容生产模式和媒体生态的变革是深远的，其价值不可低估，后续在博客发展的基础上衍生出微博客、播客等一系列新的网络传播形式，只不过博客与微博在发展中的差异日渐明显，在市场上已逐渐成为具有竞争关系的网络应用。

作为用户创造深度内容的第一个重要应用，博客的功能和价值已经很大程度地融入今天的微信公众号、抖音等新一代的社交媒体之中[20]。尤其随着短视频的出现，一些博主会利用短视频分享日常生活，来丰富自己的博客，我们称之为视频博客（video blog），简称 vlog，它是指以个人为主体，采用视频形式代替传统博客的文字和图片，与音频相结合进行剪辑，对生活进行记录，vlog 视频时长短则几十秒，长则十几分钟，通过网络平台进行传播，与网友共享。作为一种新兴的博客形态，vlog 主要是以制作者的第一人称视角来记录真实生活或者表达某些观点的视频，因其本身的真实性、人格化、互动化的优点而受到年轻受众的喜爱。目前视频博客迎来了快速发展阶段，许多媒体也不断尝试利用视频博客来进行新闻报道，以迎合新时代受众的需求[21]。

7.4.3　博客的信息服务方式

1. 信息发布服务

博客是一个内容发布平台，它的兴起源自人们自我表达的需求。从社会传播的角度来看，它是一个社会化的草根媒体，让网民从信息的接收者变成信息的发布者和评选者。2006～2009 年是博客发展的黄金时间，作为可以实时交流沟通的网络信息载体，博客当时在各行各业得到了广泛应用。例如，图书馆通过博客发布传递馆内动态消息、新馆藏资源、读者活动消息等。后续随着微博、微信的相继推出，在一定程度上分化了博客进行日常记录、信息发布的作用，博客慢慢成为小众化的应用。

虽然博客的用户量在逐年下降，但一些“超级博主”的博客和学术博客仍然保持着较高的影响力和点击率。学术博客是博客的一个重要分支，作为知识交流的典型平台，学术博客改变了人们获取知识信息的方式，同时改变了学者之间的交互方式。学术博客是指用于发布和交流教学、科研和科学信息的博客，即能够用于交流学术观点、发表科研成果、发布学校教学信息的博客。目前，常见的学术博客有 CSDN 博客、科学网博客。其中，CSDN 博客主要是为中国软件开发者、IT 从业人员、IT 初学者进行交流的专业 IT 技术发表平台；科学网博客主要是科研人员进行交流的平台。

学术博客分为两类：一类是应用型学术博客，发布各类学术型信息、知识；二类是科研型学术博客，以发布随笔、日记或论文等题材信息来进行科研信息的交流。首先，学术博客用户通过信息发布将个人实践所形成的经验、认识等记录下来；其次，通过学术博客的“关注”和“学术博客群”等功能，用户还能发现自己所关注的或者相关领域的信息，并结合自身所拥有的、零散分布在头脑中的隐性知识，打破不同知识所有者之间的壁垒，实现知识在一定范围内的自由流动和自由使用。

近些年，vlog 兴起，许多博主经常利用 vlog 来发布新闻事件、分享日常生活，这种形式因真实性、人格化、互动性的优点，打破了常规的博客只能发布文字、图片等静态信息的限制，满足了新时代用户多样化的需求。

2. 信息导航服务

在信息过载的时代，人们迫切需要经过分析、整理后的有用、及时的信息，需要新型信息服务体系。面对大量杂乱无章的网络信息资源，作为知识博客核心范畴之一的学科博客，纷纷构建了自己的学科导航系统。学科博客平台可以通过 RSS 和 trackback 技术实现信息内容聚合和推送功能，所以它可以胜任学科导航的工作。RSS 可以从多个信息源或博客站点搜集最新动态，并在一个界面中提供给读者；trackback 能让人们建立起能够寻迹的分布式对话，不同的博客之间只需输入引用地址，在发布时程序就会自动告知对方，使相互间的联系更为紧密[22]。学科博客平台中，一般设置的资源导航栏目除了向读者推荐图书馆收藏的学术资源，有的图书馆还提供学术网站链接、学术论著和业界学者博客的链接，以便读者可以及时了解到本专业的热点、掌握相关知识、更好地进行科学研究。此外，博客在信息导航的同时又可获得读者的及时反馈，逐渐提高信息导航针对性，实现隐性知识的显性化，实现知识管理的重组和有效利用。

3. 信息推送服务

为了提升用户的留存率和活跃度，博客平台通过信息推送服务来吸引用户。首先，平台会结合当前的热点问题及用户群体的兴趣趋势进行热门信息的推送，如新浪博客在首页显著位置，推出了“每日精选”“每周人气排行”“今日热文排行”“领域热门排行”“博客大咖说”等博客或博文。其次，实现对用户的个性化信息推送，大多通过 RSS 定制服务实现。以学术博客为例，兴趣偏好是用户创作博文时做出的理性的、具有倾向性的选择，它反映了学者的学术兴趣方向，通常可以用若干主题词来描述。学术博客平台结合用户研究领域和上述兴趣偏好标签为各领域的用户特别是新用户有针对性地推荐本领域的优质博客、博文，达到精准推荐和提升用户冷启动期间满意度的目的。

4. 信息检索服务

随着博客用户量的激增，越来越多的各行各业人员利用博客进行广泛交流、知识共享。为了帮助用户快速找到需要的信息资源，博客提供了简单易用、方便快捷的检索查询功能，一般包括全网检索和单个博主博客内部检索两种方式，如新浪博客可基于博主文章、作者、标题及标签实现对所需内容的检索；再如，学科博客在检索方面一般包括分类检索、标题检索、关键词检索、作者检索、布尔检索等多途径检索方式，并与 wiki、RSS、标签技术相结合，这在一定程度上提高了站点资源的可获得性，方便用户查找和利用学科资源。

5. 信息咨询服务

博客作为一种基于网络的交互式沟通工具，在异步和交互两者结合时存在较明显的优势。博客专为上网者提供各种咨询，引导上网者寻求网络资源，与读者沟通交流，在交流讨论的过程中帮助读者释疑解惑[23]。在博客发展的黄金时代，很多机构的咨询部门纷纷利用博客开展网络咨询服务，博客内容以用户最关心且较典型的信息咨询问答和案例为主，借助对用户评论和留言的内容采集和整理案例。这种服务模式增加了对用户需求的调研，用户通过咨询服务人员，提高了双方之间的亲密度。博客是个人性和公共性结合的综合沟通工具，在咨询员解答个人读者的咨询过程中也能让更多人了解问题的答案及解决问题的途径和方法。同时，实时更新的博客参考咨询内容也为用户自助检索问题提供了参考资料。

7.4.4　博客信息服务的特点

1）目标客户更加精准

经过多年的发展目前博客细分程度特别高，以新浪博客为例，分为娱乐、女性、旅游、时尚等众多版块，每个版块下面又分了许多子版块，这样就使得每个营销博客的目标受众特别准确，运营主体在利用博客进行信息推送时更加精准，能起到很好的营销效果。

2）信息内容建设丰富

博客优质内容建设工作的关键主要在于博文的质量而不是数量。博客将优秀的内容、行业新闻信息、行业发展动态、行业最新研究动向等用户关心的内容进行分类和组合，使其成为一个优秀的信息平台，同时博客也兼顾更新频率，保证质量的同时也兼顾了数量。

3）互动性强

博客作为网络上的一种信息组织记录形式，是目前图书馆，特别是国外图书馆应用最多的技术之一。图书馆既可以通过博客建立信息的发布平台，又可以建立图书馆内部人员与外界同行、图书馆馆员与用户、用户与用户之间的互动交流平台，从而实现多项沟通，最大限度地深化图书馆文献信息服务工作[24]。由于博客日志的实时更新、发布日志内容涉及广泛的特点，博客成为图书馆动态的信息发布窗口。博客将最新的图书馆信息新闻、最前沿的网站信息和专业信息及时提供给用户，是除了图书馆网站之外的又一个信息服务平台，也是图书馆与用户进行及时交流最便利的途径。

7.4.5　应用案例

作为一种典型的网络传播手段，博客扮演着重要的角色。博客在不同的领域表现出不同的信息服务方式。以下几个案例介绍了不同领域里，博客不同的信息服务方式。

1. 博客在科研领域的应用

学术博客是一种博客与网络学术信息相结合的产物，而科学网博客以其受众数量较大、群体特殊、内容专业逐渐发展成为相对成熟的博客传播平台，也是目前学术类博客网站中的代表。

科学网是由具有近60年媒体经验的中国科学报报社主办，主管单位包括中国科学院、中国工程院、国家自然科学基金委员会和中国科学技术协会，是一个专门为学术研究而打造的集学术媒体发布、学术信息服务及学者交流互动于一体的平台，其目标是建成最具影响力的全球华人科学社区。科学网于2007年1月18日正式上线，下设新闻、博客、论文、会议、人才、视频等频道。科学网涵盖的各类传播内容分成八大领域——生命科学、医学科学、化学科学、工程材料、信息科学、地球科学、数理科学、管理综合。科学网的注册采用实名认证的方式，以保证言论的效力，其目标受众定位为华人科学界与高等教育界人员。博客版块是科学网各版块中极具特色的一环，致力于为华人科学界和高等教育界的从业人员提供发表观点和交流思想的平台。博主通过博文的方式表达自己在某一方面的新思想、新观点和新知识。

科学网博客的博主主要包括两部分：个人博客和机构博客，其中个人博客在科学网博客上占据比重较高，机构博客主要是一些科学研究机构，如出版社、基金会等以组织名义经营的博客。个人博客中知名学者专家及两院院士，如饶毅、施一公等都在科学网博客中撰写博文。正是这群极具专业性的科学群体大大提升了科学网博客内容的权威性，同时也为科学网博客纯洁、健康的学术氛围提供了基础性保证[25]。

博文内容方面，作为以用户自生产为核心的博客平台，用户发表的博文有些是博主们的个人日志，有些则是对某些公共话题极具针对性的讨论。在科学网博客中，共有12种系统类名，包括科研笔记、论文交流、教学心得、观点述评、科普集锦、海外观察、人物纪事、图片百科、人文社科、诗词雅集、生活其他、博客资讯等。科学网博客要求每位博主在发表博文时要选择一个系统分类，以方便发表后在博客首页按照类别进行检索。所发表的博文中，科研笔记和观点述评所占比重较高。其中，在科研笔记类发表博文，一方面，科研及高等教育工作者们在个人博客空间更新与其工作相关的博文，为同行之间跨时空的交流提供了平台；另一方面，经过长时间的积累，科研笔记类博文日渐成为以博主为中心的个人专业知识库，成为可供全球网民共享的专业知识信息库。归结观点和述评类博文较多的原因：首先，科学网博客上的博文均由科学家本人作为传播主体来发声，对科学知识、科学思想、科学精神、科学方法的解读专业而全面，人们通过博客能获得第一手观点及态度。其次，科学网博客聚集了来自各个领域的专家，形成了具有科学氛围的群体性博客，因而对某一事件的解读和探讨角度将更为多样而全面。最后，博客空间不受或较少受到版面及内容的限制。

博客每日产生海量博文，高质量博文极容易被淹没在信息的海洋中，博客首页的推荐能使高质量的博文被迅速挖掘出来并受到关注。科学网博客首页主要包含以下几个主要栏目：博客头条、精选博文、热门博文、最新博文、分类博文等，还有诸如公告栏、在线访谈、博文专题、科学网视频等小版块。其中，博客头条占据在博客首页正中间，用以显示当日最值得阅读和关注的博文，地位相当于传统报纸的头版头条，精选博文指由博客编辑精心挑选并在后台打上“精选”标签的博文，热门博文则指由科学网用户阅读博文后进行推荐的博文，以推荐人数的多少为标准，按照时间先后顺序进行推荐。

科学网博客凭借多年的积累，产生海量优秀博文不仅成为科教界知识信息甚至价值观的历史记录者，同时也为社会提供了一个公开的网络科学知识信息库。便捷快速地找寻相关博文对于提高博文使用率具有实际意义。目前科学网博客首页有本站搜索功能，其借由百度搜索可以提供全站搜索。除此之外，还可以点击科学网博客主页的博文搜索，进入科学网的信息检索系统搜索相关的帖子、日志、相册及用户，在科学网信息检索系统中，可以实现初级检索和高级检索。

长期的发展过程中经过不断摸索，科学网博客已经形成了自身独特的风格。与其他博客相比，科学网博客在信息发布主体、信息发布内容上拥有无可比拟的优势资源。只有充分挖掘现有资源，优化其信息服务能力，才能进一步提升博客的影响力。

2. 博客在图书馆领域的应用

博客具有良好的知识导航功能、多样化的知识表达方式及简单方便的交流功能，能够及时获取用户的使用评价或反馈。因此，大多数图书馆利用博客来为用户提供学科信息服务。学科博客建设平台不一，有的是图书馆自己开发建设的博客，有的是利用新浪、搜狐、网易等商业网站建立的博客。图书馆利用博客提供商的技术和空间建立自己的博客网站省时省力，技术要求也不高，但自主操控能力相对较弱，也存在数据安全等问题。图书馆通过购买或其他方式获得第三方软件的使用权利，在本馆的服务器上运行该软件，构建网站，这种方式相对来说，自主操控能力较强。实践表明，当前采用自建平台建立的学科博客开展情况相对较好，也便于管理及长期维护，而且高校图书馆开展学科服务面向的对象较为明确，主要是本校教师、研究生和本科生。

相关的信息服务内容包括以下几类：①图书馆已有学科资源与服务的发布。学科馆员通常将学科信息加以分类，再发布到学科博客上。主要包括图书馆最新动态、讲座等信息的发布、现有数据库的介绍、购买的新书介绍、用户信息素养教育等，这些是图书馆进行学科博客建设的基础。往往以图书馆最新资源与服务、每周新书、数据库信息、本馆资源、疑难解答等栏目表现在各高校的学科博客分类中。②学科信息资源导航。学科资源导航是高校图书馆学科博客建设的核心，几乎每个高校图书馆学科博客都开设了该栏目。这些免费网上学科资源往往方便存取且具有很高的学术价值，许多是学术界的新观点、新成果。学科馆员很大一部分工作便是从网络上搜集学科热点、学术资源等，整合到学科博客上供用户浏览，在各高校学科博客内容分类中往往表现为网络资源精选、学科影响力及热点、学术动态等。③知识的交流与共享。学科博客相较于其他学科服务方式最大的优点在于它的交互性。它既为学科馆员提供了一个发表个人观点的平台，也为学科馆员与用户搭建了进行知识和思想交流的桥梁。④提供咨询服务，通过快速问答方式归纳整理读者利用图书馆过程中的常规性和普遍性问题，对读者利用图书馆检索文献资料、选择文献及阅读内容、阅读方法等方面进行帮助指导。

值得注意的是，近年来新的媒体形式，如微博、微信等的蜂拥出现对博客在网络世界立足未稳的地位产生了剧烈的冲击，国内大量大学图书馆博客网站建设呈现停止更新或长期不更新的状态。这说明学科博客作为图书馆的一种信息服务平台，在国内的发展还很不成熟，还是一个处于襁褓中的婴儿，生命力还很脆弱。

7.5　微博与信息服务

7.5.1　微博概述

1. 微博的定义

微博又称为微型博客、微博客，是博客在 Web 2.0 时代的新发展，也是最具代表性的社交媒体之一，是一个基于用户关系的信息分享、传播及获取平台。世界上最早的微博是 2006 年由美国的博客技术先驱创始人埃文·威廉姆斯（Evan Williams）创建的新兴公司 Obvious 推出的 Twitter，我国的微博是借鉴 Twitter 的发展模式迅速兴起的，国内的各大门户网站都曾推出过微博服务，但后期大多数没有发展起来，发展至今已形成了新浪微博一家独大的局面。

维基百科中微博被描述为："一种允许用户及时更新简短文本并公开发表的博客形式，允许任何人阅读或者只能由用户选择的群组阅读。"[26]微博最大的特点就是集成化和开放化，用户可以使用电脑、移动设备等终端，随时随地更新信息，并实现信息的即时分享。微博用户可以发布信息，也可以成为其他用户的关注者，与其他用户之间进行互动。随着微博的发展和技术的进步，微博 140 字的字数限制也已经被取消，内容也不仅限于文本信息，用户可以通过微博发布图片、声音、视频等各类多媒体信息。

2. 微博的基本功能

微博用户通常拥有不定数量的粉丝，每个人发布的信息都将受到不同数目跟随者的关注，用户可以不受时间、空间限制，并持续不断地对这些信息做出回复和评论，信息在短时间内汇集，极易出现引起舆论关注的新闻事件。微博产品从创立至今逐步完善，目前已衍生出多种功能，其基本功能有四种：发布、转发、关注、评论。这四种功能根本性地成就了微博的信息传播机制。发布功能，指用户可以发布简短的文字、图片、网络连接及视频等，随时随地直播生活；转发功能，指用户可以把自己喜欢的内容一键转发到自己的微博，保留原贴，避免在传播过程中被篡改；关注功能，指用户可以对自己喜欢的博主进行关注，成为关注者；评论功能，指用户可以对任何一条微博进行评论。

3. 微博中信息传播的特征

微博最为明显的特点是其普众的草根性，并不局限于传统的名人效应，而是全民性的共同参与过程[27]。微博的传播方式既不是传统媒体的线性传播，也不是网络媒体的网络传播，而是一种裂变传播，传播速度是几何级的，远远高于之前任何一种媒介产品的传播速度和传播广度。总结起来，微博具有如下几个显著的特点。

1）使用终端的多样性和移动性

微博是 Web 2.0 的产物，也是媒介融合的结晶，突出体现在其多样化的应用平台和使用终端上。用户既可以使用台式电脑等 PC 端，也可以使用手机、平板等各种移动终端来登录和发布微博信息，同时进行微博互动，特别是移动终端所具备的移动性、便捷性，使得用户可随时随地更新和分享信息。

2）信息传播的开放性

随时随地即时信息发布、转发，以及跟帖、关注、实时搜索是微博类产品的基本功能。它具备了博客的媒体功能、自秀功能、即时通信的交流功能和沟通功能，多向、自由、共享信息的自由度达到空前。在各种关注与被关注下，微博更像一个开放的交流群，有兴趣的都可以一起加入信息获取和传播的过程中，不需要设置门槛，从而构成了微博传播的网状结构。

3）信息传播的碎片化

微博传播信息的碎片化主要体现在两方面：一是用户使用时间的碎片化，微博用户可以利用任何碎片化的时间完成信息传播；二是微博内容的碎片化，微博的内容以文字、图片和视频为主，虽然目前已经取消了 140 字的字数限制，但是为了传播效果，大多数的微博文章还是比较短的，而且视频也基本以短视频为主，并且在内容组织上也有较强的随意性。

4）传播过程的草根性和平等性

相对于博客，微博的信息传播更具有草根性，用户在传播过程中的地位更加平等。与微信、QQ 等相比，微博的媒体属性更强，能承载更多的 UGC，用户可以相对自由地生产内容，门槛相对较低。在微博中，任何人都可以平等地表达观点，而且只要发布的内容够新颖、有吸引力，那么就有机会获得较多的关注，这也是微博中有很多草根博主的原因。

5）内容更具原创性和现场感

相对于其他媒体，微博内容更具原创性。借助移动终端，用户可以随时随地更新信息，实时记录各种新鲜事，发表观点和感悟等。其内容摆脱了对专业写作者或传统媒介的过度依赖，简易的信息操作机制和随性的记录方式，催生了用户的个人表达欲[28]。同时，与其他跟随者之间的实时互动更能激发微博原创者的表达欲和创作欲。微博内容的原创性、即时性、互动性还可以给用户带来强烈的现场感。

6）信息交互性

微博有“评论”“回复”“私信”等功能，这些功能为用户间的信息交互提供了保证。微博用户之间的沟通迅速且有趣，一对一、一对多、多对多的交流非常普遍，而且都是围绕共同感兴趣的话题。由于微博中“转发”的普遍存在，各个圈子群体之间是互相联结的。用户可以在不同的圈子之间自由穿梭，从而加速了信息的流动和观念的传播。

7）信息传播的高效性

通过关注和被关注，每个微博用户都会形成一个以自我为中心的信息源，并且根据“被关注”的数量形成大小不一的信息传播圈，使信息在短时间内从一个节点传播到不计其数的节点，成为一种特点鲜明的大众传播形式，加速了社会信息的流通。微博简短的信息量、充分的信息传播互动功能和多元化的传播渠道整合等因素，也促进了这种裂变式传播[29]。

7.5.2 微博的发展概况

纵观微博在我国的发展，从兴起到现在发展态势基本稳定主要经历了四个鲜明的时期：引入期、沉寂期、成长发展期、稳定与挑战期。

引入期（2006～2007 年）：2006 年，在国外 Twitter 产生和迅速发展的启发和影响下，中国本土化微博产品开始出现。2007 年 5 月，国内首个提供专业微博服务的网站——饭否网建立，并在短时间内迅速聚拢了大量用户。几乎在同时，叽歪网、做啥网等一批中文微博网站纷纷创立。2007 年 8 月，腾讯公司推出“腾讯滔滔”，定位于微博服务，成为首个进军微博的门户网站，带动了国内微博业务的兴起与发展。

沉寂期（2008 年初～2009 年 7 月）：2008 年是中文微博网站的发展和探索时期。经过一年多的发展和探索，微博的市场格局从 2009 年下半年开始进入调整期。2009 年 7 月，当时国内最大的微博网站之一的饭否网被关闭。随后叽歪网、嘀咕网等微博网站也遭遇业务停顿。

成长发展期（2009 年 8 月～2012 年）：以一些国内门户网站开始强力加入微博业务为标志，中国微博开始进入蓬勃发展时期。首先，2009 年 8 月，新浪网推出“新浪微博”，借助名人微博的影响力和号召力，迅速吸引了大规模的用户，在国内微博市场中站稳脚跟。2010～2012 年是微博成长最快、最为繁荣也是问题最多的一个时期。行业在发展中也逐渐形成分层：新浪和腾讯微博一跃进入第一梯队，竞争格局开始明晰。新浪微博发布的白皮书显示，2010 年 3～6 月，新浪微博月覆盖人数从 2510.9 万增长至 4435.8 万。与此同时，腾讯微博、搜狐微博、网易微博等也纷纷在微博领域开展市场争夺，并且在各自领域有所进展。微博以迅雷不及掩耳之势火速蔓延，“碎片化”的信息渗透到社会生活的众多领域，掀起了中国社会信息传播的“微博热”，中国成为微博用户世界第一大国。但微博繁荣发展的背后也迎来了一系列水军泛滥、虚假无用信息充斥、口水战频发等问题。

稳定与挑战期（2012 年至今）：2013 年 11 月，作为新浪微博有力竞争者腾讯微博开始内部调整，直至 2018 年重新开始更新，在此期间，搜狐微博等其他微博纷纷退出市场，新浪微博在中国微博界独占鳌头，稳步发展至今。

2012～2015 年，腾讯、搜狐等各家微博逐步退出市场，新浪微博一家独大的局面形成，随后阿里巴巴集团又为其提供资金支持，2014 年新浪微博更是在美国直接上市。至此，新浪微博正式宣布占领行业桥头堡，其他微博也再无竞争力。2015 年后，各类社交媒体突飞猛进，微信的崛起、网络直播的出现等都使微博或多或少地受到影响，用户被分流、社交黏性下降。面对困局，微博转换思路，抓住短视频的发展契机，推出秒拍功能，并和一些短视频平台展开合作。事实证明，进军网络直播和短视频领域是一个正确的选择，微博迎来了新的繁荣期。

2019 年最新发布的《2018 微博用户发展报告》显示，2018 年微博的活跃用户数量持续攀升，微博不断完善全媒体化内容布局，优化内容品质和用户体验，为用户提供多种呈现和表达方式，主要形式有文字、视频或直播、互动问答、图片等，2018 年微博垂直领域覆盖达到 60 个，包括娱乐明星、时尚、财经、美食、旅游等领域，满足了用户多元化诉求，强化了平台的网络效应。微博已经发展成为一个全媒体化社交平台。数据显示，视频月播放量 10 亿以上的内容领域近 20 个，涉及领域广泛。截至 2018 年年底，微博的月活跃用户增至 4.62 亿人次，日活跃用户增至 2 亿人次。在世界杯期间，参与讨论人数达 1 亿人次，用户总互动超过 10 亿人次，短视频播放总量达 170 亿人次[30]。

7.5.3　微博的信息服务方式

1. 信息发布服务

微博信息服务的主要功能之一就是向信息用户提供信息发布的渠道，这也是微博公众平台为信息用户提供的最基本的服务。微博平台相比传统的报纸媒介、广播电视等信息发布渠道，具有不受时间、地域限制的优点，同时在信息发送形式、容量、成本上也有不可比拟的优势。微博信息服务能够将各种不同的信息，大到国家方针政策、行业行规，小到个体信息需求等在内的全部信息采集起来并向特定的用户群体精准推送，信息用户通过微博能够获得种类繁多的信息，实现了微博信息发布的实时性、群体性和易获取等目标。同时，国家互联网信息办公室在 2018 年 2 月 2 日公布的《微博客信息服务管理规定》旨在促进微博客信息服务健康有序发展，平台和用户在微博平台上进行的信息发布行为有据可依。

微博的信息发布方式主要有以下几种：①通过对话信息框直接将信息推荐给微博用户，这种发布方式最直接，但仅限于在微博粉丝或关注者之内。②发布一条微博，在微博的最末尾处@相关微博用户，这种方式的针对性强，但传播范围有限。③通过热搜的方式，发布一条微博后通过一定方式让该条微博成为热搜，所有的微博用户便都能看到，这种方式推送范围最广，但针对性较弱。

图书馆利用微博发布的信息主要集中在三方面：①资讯类，有时事播报、馆情通告、讲座展览预告、好书新书推荐等。②有一些固定的文化栏目，主要是由一些公共图书馆的微博发布，如国家图书馆的“每日经典诵读”、上海图书馆的“晨读上图”、重庆图书馆的“重图百科”等。③数字资源的利用推广，高校图书馆比公共图书馆更注重数字资源的推广，很多所高校图书馆微博都提供数据库介绍及链接，武汉大学图书馆为了鼓励用户使用数据库还举行了“每月一库·有奖答题”活动[31]。

2. 信息推送服务

微博的信息推送服务始终遵循“始于用户，终于用户”的原则，通过两种途径为用户提供信息推送服务。一种是基于用户兴趣偏好的个性化推荐服务，微博会为注册的新用户提供兴趣标签供其选择，之后根据用户选择的标签为其推荐相关内容。微博会根据用户在使用过程中的评论、点赞等记录为用户更新兴趣标签，确保能追踪用户的兴趣变化，始终为其提供精准的个性化服务。此外，微博还可以根据用户所处的情境，结合用户的兴趣取向，为用户提供兴趣与情境相结合的推荐服务，如微博在获取某用户的地理位置信息后，结合用户对美食标签的偏好，为用户推送当地的特色小吃测评内容或特色餐馆的评分内容等。另一种是微博结合平台用户总体的兴趣趋势，为用户推送微博内的热点话题，或依据当时的外部环境为用户推送实时的新闻资讯等。

3. 信息检索服务

微博不仅是一个基于用户关系的社交网络平台，同时还是一个拥有海量数据的信息资源宝库，微博用户数量的增长、微博信息的丰富，也凸显了微博搜索的重要性。微博的信息检索方式有两种：全微博范围的检索和某用户微博内的检索。在全微博范围的检索中，用户输入检索词后可获得综合、视频、图片、文章等指定信息类型的结果，也可以获得关注、热门、话题等指定范围的结果，还可以根据用户的地理位置选择“同城”的检索结果；微博也支持单个微博用户主页内的检索，用户可以进入某一微博博主的主页，利用微博主页内部的检索框，输入关键词获取其发布的相关微博内容，但这种检索方式不支持信息类型的筛选。

在微博检索中，用户更加趋向于搜索实时的信息（如新闻、热门事件和话题等）、社交信息（其他用户的相关信息）和自身兴趣相关的话题（如感兴趣的人或事件）[32]。而人们在 Web 上搜索的时候更加关注的是知识性的信息需求，如基本的事实和导航性的内容。可见，微博平台的搜索功能，可以基本满足用户的信息需求，与传统网页搜索相比，在社交人际关系、公众舆论信息的搜索方面，有明显优势。与此同时，微博搜索也有许多待改进之处，如丰富检索功能、提高检索效率等。

4. 信息咨询服务

微博信息存在庞杂、信息资源分布广泛、信息质量参差不齐的问题。同时，不同信息用户自身对所需信息了解程度不一，信息素养和信息能力也存在着一定差异，传统的信息咨询服务不能满足广大用户个性化信息需求。随着社交媒体的快速发展，以微博为代表的个性化信息咨询集群模式逐渐成形。很多机构纷纷开设了咨询微博栏、配置咨询专员，及时有效地回答用户在线提问与留言，同时鼓励咨询专员开设个人微博。正是因为微博具有及时、快捷的特点，借助微博，咨询服务提供者不仅能够以文字的形式和信息用户达到即时交流互动，不受时空限制，还能够给用户带来各种各样的图片、音频、视频、超链接等，用户也可以通过私信、客服栏目或者直接@官微的方式进行咨询，提高了咨询服务的效率。这种方式既消除了物理空间障碍的不便，又达到了面对面实时交流咨询的效果；同时也能在一定程度上消除了面对面咨询时由于个人情绪、态度、表情等带来的认知障碍，具有开放性服务的特点。

此外，微博的微群功能将信息服务提供者与信息用户之间通过兴趣标签聚合在一起，形成具有某种特定属性的社区空间，微博的微群也可以作为一个知识管理的工具，将信息用户咨询较多的问题进行整理归类，然后通过专业的语言进行备注和说明。当其他用户出现类似的问题时，可以通过问题描述，选择与自身问题相近的问题，通过自助服务得到答复。

7.5.4　微博的实践应用

1. 微博面向公众的信息服务

以高校图书馆为例，读者可以通过微博全面地了解图书馆，接收图书馆的宣传。微博在高校图书馆的应用主要有两种方式：馆员微博群和综合性微博。馆员微博群是指各个馆员开设个人微博，发布的内容主要是关于自身工作，包括技术、咨询、采购等。开设微博的馆员之间可以互相关注，经常性或者定时地发布一些关于工作上的进展或者推荐新书等内容，同时负责解决读者提出的相关问题，通过与读者互动来构建一个学术氛围浓厚的环境。

综合性微博是指图书馆通过微博发布与读者密切相关的消息，包括图书馆举办的各种活动通知、节假日开闭馆时间等；新书推荐包括新书及新到的各种资源预告；向读者提供各种类型的讲座通知；及时提醒读者新发布的数据库资源，包括试用和已经正式购买的数据库等。在这样一种轻松的氛围下既能让读者了解图书馆的动态，又能拉近读者与图书馆之间的距离。

另外，读者可以根据自己的兴趣爱好选择加入图书馆微博账号的不同群组，如艺术类、历史类、技术类等。图书馆发布相关信息后，如果是读者感兴趣的活动或者消息，读者可主动将之分享给其他好友，也可以即时与馆员进行交流，由此构建一个开放型的读者交流平台。例如，同济大学图书馆的新浪微博包括展览信息、微视界、微扩散、微反馈、微提示、服务指南、新闻发布、讲座信息、阅读推荐、微分享、茶话清谈、微书评、微搜藏、好声音等话题信息，只要点击话题的链接，就可以查看有关该活动的所有信息。图书馆还通过微博与读者互动，及时发现和回复信息给读者，以此来了解读者的需求，改进服务质量。正是通过这种方式，同济大学图书馆微博实现了读者与图书馆的紧密结合，提升了图书馆形象，吸引了将近 2 万的粉丝。

2. 微博面向企业的信息服务

企业微博是微博商业化运用的创新和发展，企业微博主要提供与客户进行实时信息分享、传播及交流互动的平台，企业微博的最终目的是实现商业目标，具有明显的经济利益和商业动机。

微博为企业用户提供的服务主要有：产品营销和品牌监测、广告自有市场、实时搜索、数据挖掘与数据库营销等。产品营销和品牌监测是指企业可以通过微博营销各种产品或者品牌，以及发布各种相关信息，增加企业与消费者的交流互动，同时可以做品牌监测，倾听并收集用户提出的建议，搜集对自身发展有价值的信息，挖掘新的用户群体和市场需求；广告自有市场指的是，微博推动了用户自主经营广告信息，即允许个人用户可以在个人页面中插入广告信息的权利；实时搜索指的是可以从数据库了解用户搜索的关键词，利用搜索数据开发更加具有时效性的广告服务；数据挖掘与数据库营销是指可以用数据分析和挖掘业务搜集整理用户对某些商品或者市场趋势的看法和态度，为相关机构提供咨询类服务。

企业微博发布信息内容的不同对消费者用户也会产生不一样的效果。其主要有三个特征：趣味性、非显著性、交互性。趣味性是指信息内容通过幽默有趣的方式表达出来，具有这种信息特征的内容更容易吸引用户的注意力；非显著性是指在微博中发布消息是为避免用户抱着娱乐心态浏览微博时遇到广告所产生的负面情绪而出现的信息特征；交互性是指两个或两个以上的沟通双方可以通过彼此、沟通媒介或者信息而相互作用。企业微博信息能够体现不同的交互程度。例如，只有文字的信息交互程度较低，而有链接、图片等使得用户能够点击查看的信息交互性相对较高，还有企业会通过提问、转发或评论抽奖等方式促进用户与企业互动，体现出更高的交互性。

企业微博将信息宣传服务发挥到了最大程度，无论是通过微博与消费者进行产品信息交流互动，还是通过微博平台挖掘用户对产品、品牌意见信息方面，企业微博都在以其独有的方式和宣传目的为自身企业、产品信息进行宣传。

3. 微博面向政府的信息服务

政务微博是带有强烈官方色彩的媒介信息发布平台，自创办以来，以其信源可靠性、权威性成为民众获取政务信息的主要来源之一。《2018 年度人民日报政务指数·微博影响力报告》显示，2018 年政务微博的总阅读量超过 3890 亿，在政务公开、政民互动、政务服务、规范运营方面均表现明显，截至 2018 年上半年，经过认证的政务微博已达到 17.58 万个，总粉丝数量超过 29 亿，总阅读量达到 1523 亿次，政务服务账号覆盖 20 多个行业，30 个城市，并呈现上升趋势，实现了从发布到问政再到行政的综合价值升级，并继续在政务新媒体矩阵中发挥核心作用。中国人民武装警察部队海警总队、国家市场监督管理总局、应急管理部等新设机构开通官微，生态环境部、文化和旅游部等部委官微也进行更名。各地政府通过官方微博平台对即将出台或已出台的政策法规等进行细致全面的解读；对社会关注度高、影响范围广、理解难度大、专业性强的政策法规，尤其是刚出台的新政策，邀请相应的专家在线访谈，运用数字解析、图表图解等通俗易懂、一目了然的形式，深入浅出地向民众予以阐释说明。

政务公开方面，政务微博形成了科学的突发事件快速响应机制，主动、及时、公开、高效地反馈进展，提升信息时效性和便捷性。服务方面，政务微博继续提升矩阵联动和线上线下联动能力，提高处理效率。运营能力方面，政务微博通过创新表现形式、跨领域联动名人等方式，不断丰富宣传形式、扩大宣传效果、提高链接公众能力[33]。

政务微博的公开信息作为官方信息来源具有其他信息来源不可比拟的可信度与权威性。政务微博已成为政府发布政务信息的重要渠道，成为各级行政机关公开政府信息、提供有效信息服务的主要平台，主动、及时、全面、准确地发布各种政务信息。政务微博作为党政机关在互联网平台上的一种新应用，其官方信息宣传员的角色不可或缺。打击网络谣言和回应突发事件，是政务微博的两大重要价值。

随着社会治理重心的下移，县级官微的重要性进一步提升。陕西米脂、四川荣县、吉林东丰等县级政务微博，在本地发生重大突发事件后，都在第一时间发布权威信息，体现出在新媒体时代地方基层政府政务公开与社会治理能力的提升。随着县级融媒体中心建设的全面推进，县级政府可以借助微博向上与省区市微博实现微博互联互通互动，让自己“走出去”，向下可以与县、乡、村构建微博矩阵，放大传播效应。

近年来政务微博一直致力于完善自身协作机制，努力提升应对突发事件的效率。国务院办公厅于 2016 年 11 月发布的《〈关于全面推进政务公开工作的意见〉实施细则》指出，要围绕社会重大关切事件加强舆情回应。在 2018 年机构改革中，整合了 13 项应急管理相关职能的部门而成立的应急管理部便是加强反应速度和升级联动机制的最佳体现。自应急管理部成立以来，在台风“山竹”、张家口重大爆燃事故、兰海高速重大交通事故等自然灾害和安全生产事故发生后的短时间内，总能在微博上看见“@应急管理部”的身影。从高效聚合信息到快速回应舆情、从整合资源调度到团结舆论人心，“@应急管理部”的专业和效率全面刷新了应急管理信息公开的格局。

7.6　微信与信息服务

7.6.1　微信概述

微信是腾讯公司于 2011 年 1 月 21 日推出的一个为智能终端提供即时通信服务的免费社交程序，支持快速发送文字、照片和多人语音功能。因其多语言、多系统、多网络环境的强大兼容性，一经推出就受到网民的欢迎。作为最热门的社交信息平台，微信正成为移动端应用的一大入口，并发展成为一个大型综合服务平台。微信作为传播信息的一种工具，打破了时空限制，实现了信息的即时发布并且可以与受众进行及时的沟通交流。

2012 年 8 月腾讯正式推出微信公众平台，之后微信真正实现了向通讯类社交公众平台的转变。2017 年 1 月 9 日小程序正式上线，微信小程序是一种不需要下载安装即可使用的应用。企业、政府、媒体、其他组织或个人的开发者，均可申请注册小程序。小程序以一个“给一些优质服务提供一个开放的平台”的角色出现，可以借助微信联合登录，和开发者已有 App 后台的用户数据进行打通，但不支持小程序和 App 直接的跳转。因本章在 7.3 节已经介绍过微信的即时通信功能，在本节将重点介绍微信的公众号和小程序的功能。

7.6.2　微信公众号概述

1. 微信公众号的概念

微信公众号是开发者或商家在微信公众平台上申请的应用账号，该账号与 QQ 账号互通，通过公众号，开发者可在微信平台上实现和特定群体的全方位交流与互动，形式涵盖文字、图片、语音、视频等。

微信公众号已成为传统纸媒与移动互联网融合的重要平台，通过微信公众号，传统纸媒成功向新媒体转型，纸媒的内容呈现形式拥有了多种可能，微信公众号改变了传统纸媒的传播格局，打破了传播者与接收者的界限，倒逼传统纸媒改革信息生产与加工流程，引发了一系列深层次的变革。

2. 微信公众号的特点

①即时通信，时效性强。从发生到传播的时效性可以达到“零时差”。②内容精简化，信息碎片化。信息“化整为零”，事件亲历者和旁观者仅用几句话、一张图片、一段录音或视频就可以现场报道，让广大网民同时间近距离感受事件发生的现场。③裂变式传播，颠覆传统线性模式。多中心的网状结构能够实现一对多、多对多的传播网，信息一旦触发就全网铺开，可控性较差，形势瞬息万变。④内容个性化，服务定制化。微信已经成为网民的“自媒体”平台，信息生产更加个性化，观点交锋更加真实激烈。用户还可实现信息服务的“私人定制”，根据自己的兴趣爱好关注、加入或打造“志同道合”的公众号，在信息海洋中挖掘和被推送自己感兴趣的信息[34]。

7.6.3　微信小程序概述

1. 微信小程序的概念

2017 年 1 月 9 日，微信小程序正式开放，作为一种不需要下载、即开即用的线上应用，它最大的好处莫过于节省手机空间。小程序可在微信中置顶或在手机桌面形成快捷方式，用户可卸载手机中冗杂的应用，用小程序代替，小程序可有效替代公众号、App、网页等载体的部分功能。小程序可搜索获得也可通过扫描二维码获得，还能在私聊、群聊界面分享。值得注意的是，虽然我们提起小程序更多指微信小程序，但是发展至今，百度、支付宝等移动应用也都纷纷推出了其有自身特色的小程序，因为考虑到微信小程序最早推出，其发展也最为成熟，本书主要介绍微信小程序。

2. 微信小程序的特点

1）程序简化

从用户角度看，微信小程序能够简化安装下载步骤，为用户提供非常大的便利。比如，用户需要订购机票，就不需要下载多个旅游类应用进行比价，在微信中打开小程序就能完成。票务、旅游、求职招聘、二手交易等存在付费服务的平台能够借此机会提升用户体验。同时，这些使用频率不够高的应用也能得到一定的发展空间。

2）开发门槛降低

从程序开发者的角度看，原生 App 在开发初始阶段要考虑多平台、多机型、多系统的差异，在推广期间可能面临下载高峰后无人问津的情况，还有后期巨大的运营成本，这些问题都给程序的开发带来了极大的限制。小程序只在微信上运营，因此它能降低技术和成本的门槛。微信小程序对资金并不充裕的运营主体相对友好，能够大大降低其开发和推广的成本。

3）线上线下联动

小程序的关键价值在于线上线下场景的融合，形成线上线下联动。此过程中，扫码成为小程序的一个重要入口，通过扫码链接线上与线下，推动线上线下整合模式（online to offline，O2O）发展。

7.6.4　微信公众号的信息服务方式

微信公众号因其信息传播的便捷性、信息内容的丰富性及服务形式的灵活性而受到广大用户的认可。因微信广泛的用户基础，越来越多的企业和机构通过微信公众号为用户提供信息服务。例如，一些图书馆将微信公众平台与图书馆的集群管理系统对接起来，开发“微服务大厅”，可以为用户提供绑定个人用户账号、查看个人借阅信息、办理图书续借等一些基础业务服务，还可以进行信息检索，检索馆藏信息、查询数字资源，同时还能获取信息资讯、进行信息咨询服务等。下面就微信公众号所提供的信息服务及相关机构利用微信公众号平台提供的信息服务方式进行介绍。

1. 微信公众号的信息发布服务

微信的应用主要集中在移动端，因此微信公众号的信息发布传递服务便赋予了其移动通信的特点，具有及时性，并且不受地域限制。微信公众号支持多种信息类型的发布传递，包括文字、图片、动图、声音、视频、网址等，可为用户呈现形式多样的信息内容，提升用户的阅读体验。且不同类型的微信公众号能够发布信息的频率不同，订阅号每天可以发送一条消息，而服务号则只能每周群发一条消息。

图书馆作为传统信息服务机构的代表之一，开通微信公众号后可发布图文并茂的图书馆事务提醒、创意活动、新书通报等通知，让读者及时接收通知的同时拉近了与读者的距离，提升了图书馆的形象。在图书馆的微信菜单栏中，除了资讯类信息外，还有一部分是资源类，如电子期刊、数据库、公开课等数字资源。

2. 微信公众号的信息导航服务

微信公众号通过导航菜单为用户提供信息导航服务，它可设置 3 个及以下的一级菜单，且菜单的名称字数不能超过 4 个汉字或者 8 个字母，菜单跳转内容可以是小程序、可以是网页链接也可以是公众号内已发送图文的消息。在一级菜单的基础上可以再添加 5 个二级菜单，二级菜单名称字数不超过 8 个汉字或 16 个字母，菜单内容和一级菜单一样可跳转网页或小程序。设置好微信公众号的菜单，就是发掘好运营主体自身优势最直接的渠道，服务运营方可依据其信息服务内容自定义菜单，让用户根据导航栏菜单快速找到其需要的信息。例如，移动电子商务完全可以通过自定义菜单搭建一个基于微信的服务平台，对用户进行分类推送，成为一个优质的移动导购平台。

3. 微信公众号的信息推送服务

不同于其他新媒体的信息推送服务方式，用户如果想获取微信公众号推送的信息，前提是用户需要关注该微信公众号。一般用户关注微信公众号后，微信公众号运营方可以设置自动回复，进行信息的推送，这主要是因为用户在关注某一微信公众号时一般都会存在好奇心，想要了解更多内容，所以微信公众号运营主体可以抓住这个特点进行设置。最好回复的内容能让用户一目了然，知道其所关注的公众号能提供什么信息，然后引导用户查询历史消息，最后让用户输入信息快速查找或菜单查找，培养与用户的私信互动，同时让用户了解公众号所提供的服务。

微信公众平台目前有 3 大主要类型，分别为订阅号、服务号、企业号。3 个类型的公众号特点、用途各有不同，信息推送服务也存在一定差异。①订阅号，适用于个人、企业、组织，但个人订阅号暂时不支持微信认证，功能也较少；订阅号注重信息推送传播，每天可以群发 1 条信息；订阅号用户不会收到即时信息的提醒，推送信息折叠在订阅号文件中。②服务号，适用于企业和组织，个人暂时无法申请；每个月每个账号可以群发信息 4 条，可定时发送；服务号的用户会收到即时信息提醒，信息显示在好友对话列表中；服务号注重满足用户的需求，是企业管理用户的平台，不同服务号有自己的主营业务，所以本书涉猎的信息检索、信息导航等服务功能均可以由服务号来通过相应接口支持企业开发对应功能。③企业号，只适用于企业和组织，个人不允许申请；企业号用于企业内部及企业之间的信息交流与沟通合作，群发次数不限制；推送信息显示在好友对话列表中，适用于企业内部或企业间的合作。

目前，微信公众号没有对用户进行分层，这在一定程度上保证了服务对象的公平性，即每个关注微信公众号的人都能接收到推送的信息。但微信公众号也就无法依据用户的个人兴趣偏好做到有针对性的信息推送，运营方只能在其服务领域内选择热点信息进行推送。

以图书馆为例，各高校针对本校的师生推动不同的信息内容，如南京大学图书馆推送信息包括热门借阅、图书馆最新资讯、数据库最新信息、图书馆公共信息、讲座通知等。武汉大学图书馆推送信息包括图书推荐导读、图书馆最新资讯、云阅读、微刊、杂志精选、热门图书、精彩活动等。宁波大学图书馆推送信息包括最新服务资讯、最新的图书馆动态、讲座通知等。

4. 微信公众号的信息检索服务

微信公众号的信息检索功能主要存在三种基本形式。

首先，在微信公众平台有专门的公众号和文章搜索框，当输入某一关键词时，检索结果优先推荐公众号及用户已关注公众号中涵盖相关关键词的内容，并且检索结果对于阅读量较高的公众号做了明显的红色标识，方便用户查阅。

其次，用户同样也能在微信公众号内检索信息，但检索范围有限，一般是微信公众号后台链接的运营方数据库，无法实现全网检索。微信公众号检索的途径有两种：后台回复和检索框检索。微信用户可直接在公众号内输入关键词检索，之后微信公众号会以消息的形式向用户反馈检索结果，但用户不能指定检索方式和检索范围。

最后，公众平台为相关运营方提供了自定义菜单功能，因此，用户可在运营方所提供的能够直接在微信公众号内呈现的外部数据库检索框内检索，此时用户是在外部网站进行检索，检索方式比较灵活，检索的范围也更加广泛。例如，湖南大学图书馆微信公众号便链接了自主开发的数据库“畅想之星”，学生可在公众号内浏览畅想之星数据库，并利用检索栏寻找其目标图书。

5. 微信公众号的信息咨询服务

微信通过即时通信技术实现了在线聊天与交流，其为微信公众号的信息咨询服务提供了前提，用户可直接在微信公众号内与服务运营方进行沟通交流，方便运营方为用户答疑解惑。当用户进行信息咨询时，平台可以通过自动回复和人工回复两种方式给予用户解答。自动回复可以提前设定常用语、高频语和快捷回复，在咨询人员由于某种原因未能及时回复的情况下，启动自动回复，“您好，我有事暂时离开，您可以留言并留下联系方式，我会尽快给您回复。”访客未离开会话但长时间未回复时设置为“还在吗？有什么问题尽管告诉我，我会尽力满足您的要求。”这些自动回复既节省了咨询人员的时间，又拉近了与用户的距离。工作时间以外，用户可进行留言，当咨询人员再次处于在线状态时，咨询窗口将自动弹出并显示留言，第一时间提醒。此外，问题的分配方式也可根据需求进行选择，如选择随机分配或某用户优先等。另外，针对用户遇到的常见问题，微信公众号通过引入智能咨询机器人，事先设置好 FAQ 库，解答部分常规用户咨询。智能咨询机器人的主要特点是利用读者所能表达的自然语言方式描述问题，机器人通过对 FAQ 数据库检索，直接返回给用户若干个与咨询问题相匹配的答案，用户点击阅读相关答案后，如若仍不能解决咨询问题，可通过点击“人工咨询”链接转人工服务继续咨询。咨询完成后，回复内容及提问内容关键词的提取扩展都须经过严格评审后才可入库，这使智能机器人提供的答案更专业、准确，便于以后的咨询回复。目前部分图书馆已经在公众号中引入了智能咨询机器人进行实时虚拟咨询服务，如上海闵行区图书馆智能咨询机器人“小敏”、上海图书馆咨询机器人“图小二”、清华大学的“小图”等。这种智能咨询机器人不能完全替代咨询员，但通过技术辅助咨询人员解答的咨询服务方式，可以合理地分配人力资源、提高咨询服务效率及用户满意度。

6. 微信公众号的知识服务

知识服务的逻辑是通过平台和社交连接目标群体，精准定位目标需求，通过信息技术创造和拓展需求，提供高附加值的服务。目前，借由微信公众平台围绕具体领域和方向为用户提供知识服务的机构更多的是图书期刊情报机构、专业知识库与数据库。以出版社知识服务为例，2015 年开通的“法信”微信公众号，是人民法院出版社建设运营的法律知识服务平台——“法信”平台的子品牌。“法信”平台是一个法律知识与案例应用平台，为法院干警、律师、法学院学生等群体提供专业的知识服务。“法信”微信公众号主要利用出版社在法律实务领域丰富的内容资源和对最高人民法院司法资讯发布传播的渠道优势，在移动端为中国法律群体搭建一个最高人民法院司法观点和裁判规则推送平台、法律人实务技能和实用资讯汇聚平台。作为专业服务号，“法信”微信公众号以提供有源、可信、可查的专业资讯作为基本定位。

7.6.5　微信公众号的应用案例

1. 微信公众号在企业的应用

随着企业的现代化改革，企业开始加强对新媒体手段的应用，尤其是微信公众号的使用，以便赢得更高的经济效益和社会效益。微信公众号能够实现精准推送及针对性的传播，信息呈现类型较多，在企业运营和营销方面具有突出优势，是企业维护老客户和拓展新客户的平台。

微信公众号在企业运营和营销方面发挥着巨大优势，具体体现在：①微信公众号能够满足用户的实际阅读需求和阅读习惯，同时在信息呈现上可以实现图文画音的整合，更加生动直观。②微信公众号能够让用户利用碎片化时间接收到大量信息，降低运营成本，且能满足用户与企业的双向互动要求。③微信公众号以其数量巨大且活跃的用户群体为依托，受众更广。下面以互联派为例，重点介绍微信公众号在信息服务方面的具体应用。

互联派自 2015 年创立，专注提供互联网校招解决方案及大学生求职服务，是国内领先的大学生互联网求职成长平台。互联派自身的定位为专注于互联网行业的大学生职前教育平台，目前已覆盖海内外 1000 余所高校，是网易、唯品会等知名互联网企业的官方合作招聘平台，主要为大学生提供海量校招内推、实习资讯、求职干货、职业辅导等。互联派的用户定位主要是应届大学生求职者[35]。目前该公众号推送内容的主题包括企业精选、求职资讯、原创内容、求职攻略、社群推广。企业精选内容，是运营者从众多互联网企业中为求职者筛选出的有特点、有价值的优质公司，从各个方面详细介绍企业背景、历史、文化、故事、福利、招聘情况等，求职者能够通过文章对企业有个全面的了解；求职资讯类信息主要为运营者搜集整合互联网行业有招聘需求的公司名称、招聘时间、申请方式，主要特点是数量多且全面，能降低用户的检索时间成本；原创内容是与大学生生活、求职有关，且具备故事性、观点性、话题性的文章；求职攻略是对求职者在求职过程中各个环节给予解释、说明或指导，帮助求职者解决求职过程中的疑惑；社群推广类是指运营者针对不同用户需求打造的具备不同功能的微信群。

与传统求职招聘网站主要搜集和罗列招聘信息的功能不同，互联派突出自身社交媒体的传播属性，主要通过优质的故事内容和话题内容来吸引用户。作为订阅号，互联派每天可以推送一篇文章，从推送的内容来看，原创内容和求职攻略所占比重比较大。运营者通过优质、有话题性的原创内容，来激发用户兴趣，引发用户共鸣，从而增加用户黏性。求职攻略类文章的目的在于给大学生求职者提供有价值的指导，这些指导攻略是基于大学生求职者在求职过程中遇到的各类问题而给出的解决方案。

互联派采用了“精度和广度”兼顾的信息提供模式，通过对求职信息的搜集、整理、加工给用户更加深入、细致的信息资讯服务，极大地节省了用户信息搜集整理时间，营造了良好的用户体验。例如，求职资讯包含了大量的互联网公司的网申地址和时间，互联网公司的数量太多，公众号文章没法将所有互联网公司都进行细致的描述，但是为了尽可能满足用户求职信息获取的需求，公众号运营者尽可能搜集某领域全面的招聘信息。同时，互联派公众号还提供企业精选内容，重点推荐一个企业，详细介绍企业的业务、文化、环境和招聘信息等。

互联派设置有界面搜索功能，用户在微信公众号主界面回复关键词，公众号能够给出更多额外附加信息，包括完整的求职信息、面试笔试材料、书籍资料、行业研究、内推资格、功能性微信群等。在互联派微信公众号中，很多文章的结尾都会额外的加入一个搜索关键词提示环节，通过这种方式给予用户更好的导引，免去了用户再去通过搜索引擎模糊搜索的过程，节省了用户的搜索时间。

微信公众号目前无法依据用户的个人兴趣偏好做到有针对性的信息推送，运营方只能在其服务领域内选择热点信息进行推送。但互联派充分地利用了微信群强大的功能，借由微信群，互联派微信公众号将有不同需求的用户再一次细分。例如，互联派针对不同的公司建立了不同的微信群，所有对该公司感兴趣的求职者都能向运营者提出加入申请，一般都是通过互联派公众号提供的二维码加入群组；针对面试的不同环节和不同方式建立交流群，其中有求职信息交流群、综合笔试交流群、面试交流群、无领导小组讨论交流群、租房交流群等丰富的社群。每个成员都是自愿选择申请入群，运营者能清晰地知道每个社群的不同需求，对每个社群能发布不一样的信息，进行不同方式的信息推送。每个群会配备一个管理员，管理员负责发布信息，组织各种活动，组织成员进行信息讨论、分享、反馈，也会对一些不合适的信息发布者进行清退，保证每个社群最大限度地发挥作用。在进行社群组织的过程中，运营者和用户能形成良性的互动，用户在群内不仅能从运营者方获取信息，还能从其他用户那接收到对其有价值的信息和服务，极大提升了用户黏性和参与度。运营者也可以借这个机会搜集用户反馈建议，在沟通中了解用户的需求。这种信息服务机制，2019 年互联派累计帮助学员斩获了 784 张录用函。

2. 微信公众号在政务方面的应用

政务微信是指政府及相关部门通过官方微信账号，向公民提供各种政务服务的新型电子政务平台。腾讯公司在《2018 年微信公众平台政务、媒体类账号发展报告》中指出，截至 2018 年年底，平均每个微信用户关注 2.3 个政务微信公众号。自 2012 年我国政府微信公众号大量上线以来，政务微信已经成为政府信息公开、提供公共服务、与公民互动的重要平台，公民已经习惯通过政务微信来获取政务信息。

以南昌政务微信公众号为例，在发布内容上，政务微信公众号发布的信息呈现多元化特征，可分为生活类、社会类、政务类、宣传类。以生活类为例，南昌政务微信公众号信息推送的主要是与南昌市民生活息息相关的信息，如天气、交通、施工、出行等内容，以方便公众为主要目的。政务类信息主要是与各政府部门政务相关的信息，包括会议和文件报告等。宣传类信息主要指一些生活常识或小贴士，如“南昌疾控”公众号发布的主要为这类信息，为公众普及科学知识。在发布形式上，从筛选出的信息发布内容分析发现，图文结合、纯文本信息是政务信息发布的主要形式。此外，南昌政务微信公众号因其服务性质，对用户输入的问题均会进行回复，但回复方式为自动回复。用户可以从公众号回复的信息中输入对应序号来获取要咨询或办理业务的详细指南。同时，用户还可以通过身份证号和驾驶证号进行实名认证，认证后的账户可直接显示与用户相关的有效信息，如驾照信息、公积金账户情况等。

以上可以看出南昌政务微信公众号涉及信息发布、信息检索、信息咨询等多种信息服务方式，服务范围涵盖南昌市居民生活的方方面面。

3. 微信公众号在图书馆领域的应用

当前，许多大学图书馆已通过微信公众平台，向读者提供各种信息服务。一般情况下，图书馆公众号列分为三个服务项目，每个服务项目对应多项不同的服务内容。信息服务的主要方式与内容包括：消息公告、开馆时间、绑定/解除借阅证、新书通报、馆藏检索、借阅信息、图书荐购、电子期刊/报纸/书链接阅读、公开课等。

以国家图书馆为例，微信公众号在图书馆信息服务中的应用主要有以下几种：①基础性读者服务。基础性读者服务可实现借阅查询、资源查询等功能，包括馆藏资源检索、在借图书查询、预约续借等。其中，馆藏资源检索提供了两种方式：一是通过在会话栏回复检索关键词，快捷获取跨库检索结果；二是通过菜单导航联机公共目录查询系统（online public access catalogue，OPAC）检索选项实现设置检索字段、选择目标数据库等精确检索功能。②移动阅览服务。移动阅览服务可实现图书、音视频资源的在线阅读或查看，一站式满足用户多样化的资源需求，包括移动阅读平台、国图公开课等资源。③馆读互动。注重用户体验和用户互动是微信公众平台的最大特点，馆读互动是这一特点的具体体现，包括关键词自动回复和人工回复两种方式。关键词自动回复适用于一般性问题解答，如开馆时间、借阅须知等；人工回复适用于无法命中关键词的个性化问题。

在国家图书馆公众号提供的这些服务中，借阅查询、资源查询等基础性服务都是利用了微信公众号的信息查询服务，为用户提供方便快捷的检索平台；新书推荐、公开课推送等服务，都是利用了微信公众号的主动推送服务，根据读者用户的个性化需求为其提供更贴合个人需求的信息服务，大幅提高馆藏资源的利用效率，最大程度地满足用户需求；馆读互动则是利用了微信公众号的基础性服务与咨询服务相结合的功能，尽可能为用户解决问题。

7.6.6 微信小程序的信息服务方式

微信小程序从 2017 年上线初期发布的 7 个功能到 2020 年已经增加到 21 个，每新增加一个功能，微信小程序就会及时发布一个开发指南，为用户介绍小程序的开发语言、框架、能力、调试等内容，帮助用户快速全面地了解小程序开发的方方面面。传统企业，甚至中小型企业，完全可以根据需要，去开发更契合自身需求的小程序。值得注意的是，很多内容型网站、自媒体等都开发了独立的 App 来做内容，它们在微信上是很难分享和传播的。但在小程序开放内嵌网页功能后，这些网站可以快速地定制属于自己的小程序，用小程序来装网站的内容，这使得用户所需的所有日常信息服务均可以在对应的平台上得以实现，包括信息发布服务、信息导航服务、信息推送服务、信息检索服务、信息咨询服务和知识服务。

1. 微信小程序的信息发布服务

微信小程序是一种全新的连接用户与服务的方式，它可以在微信内便捷地获取和传播。自推出以来，微信小程序就一直受到各行各业的关注。2019 年阿拉丁小程序白皮书显示，微信小程序数量从 2017 年的 58 万多，增长至 2019 年的 300 多万，复合增长率达 127.4%。作为一种工具，小程序提供适配精细化的场景服务是它运行的基本原理。个人、媒体、企业、政府和其他组织均可以将微信小程序作为信息发布和提供服务的载体。小程序也正在深入各个生活场景，包括生活服务、电商零售、政务民生等，既有猫眼电影、同城旅游等以服务功能为主的小程序，也有今日头条、蜻蜓 FM 等以内容生产为主的小程序，应用面非常广泛。

2. 微信小程序的信息导航服务

小程序中的导航是确保用户在网页中浏览跳转时不迷路的关键因素之一。导航会告诉用户，当前在哪，可以去哪，如何回去等问题。同公众号一样，开发者可以根据需要自行设计小程序首页和次级页面界面的导航。但受制于移动终端屏幕尺寸的限制，小程序页面的导航一般设置的比较简单，页面添加标签分页导航的标签数量一般不少于 2 个，但最多也不能超过 5 个，用于重点展示核心业务及优势信息，进而帮助用户快速了解并获得相关信息。

3. 微信小程序的信息推送服务

在信息推送服务方面，基于微信生态的小程序有着天然优势。小程序根据内容、社交关系、地理位置进行信息的推送服务。根据小程序内的商品、内容及服务，获取用户兴趣偏好进行推荐，从而满足快速浏览筛选小程序里面有价值信息的需求，进而打开使用相关的小程序；通过社交关系的方式让用户发现一些较多好友在使用的小程序，达到推送目的；此外，借助附近小程序功能，通过丰富服务、商品等信息地展示，并引入评价，将附近优质的商家推送给用户。

4. 微信小程序的信息检索服务

微信小程序的功能区可以为用户提供检索入口。打开“发现”—“小程序”，用户可直接在检索框中输入名称或品牌进行检索，检索出的结果不仅包括名称中含有关键词的小程序、与检索词领域相关的小程序，还可检索到小程序内部含有关键词的相关信息，以及与关键词相关的服务等。“附近的小程序”功能可基于用户的位置检索小程序，用户可直接浏览寻找所需要的服务，页面有“外卖”、“商超生鲜”、“购物”、“美食饮品”、“生活服务”、“休闲娱乐”、“出行”、“酒店”及“公共服务”等 9 个分类标签，主要是以电商和本地化生活服务 O2O 项目渗透率比较高的品类放在显著位置，方便用户精准筛选。

5. 微信小程序的信息咨询服务

随着微信生态系统的进一步完善，越来越多的企业开始使用微信小程序开展咨询业务。以药学服务为例了解相关主体利用微信小程序开展咨询服务的情况。药师提供互联网咨询服务在国外已有较长历史。近几年，国内也开始搭建各类在线咨询服务平台。“问药师”是 2017 年开设的面向普通大众提供符合循证医学理念的药学咨询服务平台。在线药学咨询实现了药学服务的个体化和契约化，更加多元化地满足了患者医疗卫生健康需求。在“问药师”小程序中，问答方式可以实现图文咨询，即药师和咨询者使用文字、图片、语音的形式进行交流。此外，平台还允许用户查看药师回复咨询的响应时间，用户可以根据需求选择当前最适合提供帮助的药师。

6. 微信小程序的知识服务

微信小程序的开放式、轻应用及强关系链特征，为创新形态的知识服务打开了巨大的想象空间，也成为基于移动端的知识服务首选平台。同样以“法信”团队开发的小程序为例，“法信”小程序相当于又构建了一个功能齐全的“微信网站”，为用户提供全方位的服务。作为中国首家法律知识和案例大数据融合服务平台，“法信”小程序不仅实现了法律条文全要素推送和法律知识体系的一站式推送，还提供专业法律检索服务。“法信”小程序全面支持法律人的四大类检索需求，包括关键词检索、知识体系检索、类案检索和智能问答。其中，法信智能问答是基于法信平台的海量数据做分析和支持，然后给出智能精准答案的。法信智能问答给用户提供的不仅是一个简单的回答，而且是一个来源明确、引用正规、出处权威的答案，它不但给用户的问题提供权威解答，而且要告诉用户解答的出处；不但告诉解答的出处，而且要提供解答的法律依据；不但提供法律依据，而且要提示法律依据的效力。正是由于法信平台深入把握了用户的场景化需求，不断地优化内容资源供给，借助小程序更好地匹配用户的需求与供给，所以“法信”已经成为全国法律相关人士优选的知识服务工具。

7.6.7 微信小程序的应用案例

微信小程序公布最新数据显示，截至 2019 年 6 月，微信小程序生态中的服务商家有 8200 家，共推出了 63 万个小程序，比 2018 年增长 80%，小程序服务商覆盖超过 150 个行业，涵盖生活服务、工具、商家自营、餐饮和商业服务多个领域，单日支付笔数同比增长 3 倍以上。目前，微信小程序提供了关键词搜索、地图定位、自定义标签、官网系统、支付系统、用户分组、权限管理等 21 个开发功能，服务商可借助这些功能在微信中开发出一个功能齐全的“微信网站”，为用户提供全方位的服务。

大众点评作为中国领先的本地生活信息服务及交易平台，可为消费者提供商户信息、消费点评及消费优惠等信息服务，同时提供团购、餐馆预订、外卖及电子会员卡等 O2O 交易服务。2018 年 1 月，微信小程序面向用户开放，大众点评作为首批邀约实践应用，率先登陆小程序，用户只需在最新版微信的搜索窗口输入“大众点评+”或在“发现”栏的小程序中搜索“大众点评+”，即可进入大众点评小程序，查找周边吃喝玩乐等品质优惠信息，进而享受一站式的闭环消费体验。小程序“大众点评+”相比大众点评 App 界面更加简洁，利用微信小程序的开发功能，大众点评小程序可获得接近原生 App 的流畅体验效果，能支持用户查找店铺、查找优惠信息的核心诉求，提供在线支付等消费模式，满足用户找美食、电影、休闲娱乐等高频服务需求，使消费者获得更加快捷、便利的消费体验。

7.7　短视频与信息服务

7.7.1　短视频概述

如果说长视频属于媒体——它只提供用户和内容之间的连接，那么短视频则属于社交媒体——它能够实现用户和用户、用户和内容之间更广泛的连接，实现了基于关系搭建基础上的内容流动，因此它不是一般的视频网站，而更适合被划分到社交媒体中。

1. 短视频的定义

随着互联网技术的飞速发展和移动智能终端的普及，大众的社交形式也发生了巨大的变化，人们已经不再满足于文字和图片社交，因此，诞生了短视频这样一种新的社交形式。短视频是一种视频时长较短，主要依托移动智能终端实现快速拍摄和美化编辑，可以在社交媒体平台上实时分享和无缝对接的一种新型视频形式，内容涵盖奇人趣事、幽默段子、美食、音乐、教育等多种类型视频短片的统称。短视频作为移动互联时代下一种新的文本表达和消费方式，实现了文字、语音和视频的融合传播，以更加立体直观的方式满足了用户表达和互动的需求。

相比传统长视频，短视频除了“短”这一特点之外，更加突出的特点是参与性。用户只需通过短视频应用平台即可完成短视频的拍摄、制作及传播，并可根据个人的意愿分享到其他社交平台，这一系列环节只需在一部智能手机上便可轻松完成[36]。尤其是在快节奏的生活环境下，短视频以时长短小、内容承载量高、制作门槛低、社交属性强等特点使移动手机用户可利用碎片化时间进行信息的传播，这一碎片化的信息传播方式更符合用户的使用习惯，用户的认可和喜爱使短视频市场迎来了前所未有的发展机遇[33]。

2. 短视频特点

短视频是伴随着移动互联网快速发展而出现的一种新的信息传播形态，它的出现改变了传统视频内容的传播模式，出现了适应互联网环境下信息生产与传播的新形式。与传统的信息传播方式相比，短视频有着明显优势，这种优势集中表现在如下几个方面。

1）创作门槛低

无论是技术层面还是内容层面，短视频均具有低门槛化的特点。相对于传统视频精细的制作过程和较高的制作成本，短视频的创作门槛较低，它打破了设备和剪辑的专业性限制，人人都可以成为视频生产者。并且视频时长较短，所以严谨的叙事结构和故事逻辑不再是短视频必须具备的特点，这在一定程度上降低了短视频制作的成本和周期。

2）碎片化

人们的碎片化时间是伴随着信息化和移动互联技术的成熟而同步出现的，而短视频正是为了填补这些碎片化时间而产生的。

3）信息传播快捷

相较于传统媒体，短视频依托网络传播，实现了即时传播的模式，大大提高了信息传播的速度和时效性。

4）传播信息量大

传统媒体时代，电视新闻在相同单位时间内传播的信息量是最大的。比如，同样用 5 分钟，看报纸获取的信息量和观看电视获取的信息量是不可同日而语的。短视频实际上是传统电视视频节目在网络上的传播模式，它在单位时间内容纳的信息量也明显高于其他媒介。

5）信息生动形象

短视频由画面、声音、文字等多种形式组成，受众在观看短视频的时候，兴趣度明显比观看传统媒体要大得多。信息传播的生动性，大大提高了受众的接收效率。

6）社交性强

短视频以社交媒体为主要的传播渠道，其发展也依托于社交媒体平台。因此短视频有着与生俱来的社交属性。目前的短视频允许用户进行点赞、评论和转发，有一些短视频平台甚至还提供了二次编辑功能。短视频集合了传统媒介时期各种媒介传播信息的优势。而且借助自媒体平台和各种 App，用户可以自由灵活地对短视频进行重新编辑、发表评论，或者录制内容相类似的视频进行传播，这也在一定程度上强化了短视频的社交属性。

7.7.2　短视频的发展概况

短视频最初出现在美国，2005 年 4 月 30 日，YouTube 联合创始人之一裘德 · 凯林姆（Jawed Karim）在 YouTube 网站上上传了一段长度为 19 秒的视频，开创了短视频分享的先河。2011 年 4 月，专业短视频平台 Viddy 推出，用户可以在该视频平台上上传 30 秒的视频并可分享到 Twitter、Facebook、YouTube 等社交网站上，后其改名为 Supernova；2013 年 1 月，视频分享应用 Vine 问世，用户可以拍摄 6 秒视频并可一键上传到社交平台；2013 年 6 月，Facebook 旗下的 Instagram 也新增了 15 秒的短视频分享功能，目前用户已达 1.5 亿。上述这些专业移动短视频一经推出就风靡了美国的社交圈。相对美国，我国的短视频也呈现出良好的发展态势。总结起来其发展经历了以下 3 个阶段。

1）萌芽阶段

2006 年，《一个馒头引发的血案》是胡戈创作的一部 20 分钟时长的视频短片，视频内容来自电影《无极》，视频滑稽且无厘头，然而在网络上的下载量甚至远远高于《无极》。一时间，这种新的视频线形式在网络上传播开来。同年，优酷成立，其与 2005 年成立的土豆网都致力于发展 20 分钟时长的视频。2009 年，中国 3G 通信网络建设卓有成效，移动网络也由 3G 向 4G 逐渐进行升级，给短视频传播提供了技术支持，这一时期的短视频时长一般都是在 30 分钟以内。但总体来看当时的短视频在制作难度和传播形式上与现在的短视频有着较大差异。

2）探索阶段

2012 年，图像互换格式（graphics interchange format，GIF）快手转型为短视频社

区，成为用户记录和分享生活的平台。2013 年，依托腾讯、新浪和美图的三大短视频分享工具的微视、秒拍和美拍相继出现，短视频活跃用户显著增加。这一阶段的短视频已经粗具行业形态，处于探索阶段。

3）爆发阶段

2014 年成为中国移动短视频元年，三大短视频应用的集中出现、4G 网络的普及和网络基础设置的日益完善，使得短视频进入快速发展期。2016 年，papi 酱作为一名原创短视频创作者爆红并获得了融资，自此，短视频行业快速崛起。其后，腾讯入股快手，字节跳动创办抖音、火山小视频，一些传统媒体也开始进入短视频行业，如南方周末的南瓜视业。2016 年，短视频在井喷式爆发的同时，其内容的垂直化和分众化趋势越来越明显。2017 年短视频市场迎来群雄逐鹿的新阶段，快手和抖音作为行业内两大头部平台，其发展速度和影响力有目共睹。2019 年，短视频发展依然火爆，根据中国互联网络信息中心发布的第 46 次《中国互联网络发展状况统计报告》数据，截至 2020 年 6 月，我国短视频用户规模为 8.18 亿，占网民整体的 87.0%[13]。内容视频化成为移动互联网一大趋势，互联网巨头公司纷纷布局短视频业务。2019 年 3 月，百度与大数据分析服务提供商神策数据合作，探索基于人工智能的视频推荐。腾讯、阿里巴巴、网易等互联网企业也在持续探索短视频业务。

7.7.3　短视频的信息服务方式

1. 信息发布服务

短视频是基于移动终端的全新社交服务，用户可以将手机拍摄的视频发布到各大社交平台与众多网友互动。与视频网站的长视频相比，短视频具有更强的互动性和传播性。用户在短视频平台进行信息的发布，一般基于以下几方面考虑：①用户可以使用短视频记录生活的点滴和美好事物，相比文字和图片，短视频更能给人以视觉的冲击效果。②社交媒体的娱乐性功能使用户获得满足感，帮助他们消遣时间。工作和学习的压力加快了人们的生活节奏，其经常处于压抑状态，短视频恰好有助于他们放松自己。③用户会为了表现自我和获得赞美而进行短视频信息的发布。④部分用户很乐意与在线朋友分享他们的经历，在短视频平台上公开分享作品有助于扩大他们的社交范围。⑤如果身边的朋友都在使用短视频，而自己没有使用，可能会被认为是落伍或者不合群。因此，部分用户受到身边群体的影响会为了融入圈子而进行短视频信息的发布。信息的发布涵盖了 UGC 和 PGC。其中，UGC 有巨大的内容潜力，在广度和生动性上有很大吸引力，但是 PGC 在信息质量上更加精良，在内容表达上更清晰、更有创意，在吸引力、感染力上表现出独特价值。

2. 信息推送服务

短视频的首页一般会有推荐、热门、关注或精选等固定页签，通过这些标签来让用户直接感受其感兴趣的或是平台热门推荐内容。此外，短视频会利用大数据、人工智能、推荐算法等信息技术追踪用户的浏览记录、评论点赞、转发情况，分析用户的内容阅读行为，快速识别用户需求，寻找用户的关注点，有针对性的推送用户感兴趣的内容。同时，各大短视频深入用户内容消费、商品消费数据，还原用户真实需求，致力于生产优质内容并实现内容的精准推送。例如，抖音短视频依托今日头条大数据算法的技术优势，通过对用户浏览内容的类型及停留时长等阅读习惯进行数据分析和归纳，精确推送广告信息，在不同的语境贴近受众的生活，以满足用户在使用过程中的需求，真正做到投其所好。同时，短视频还会根据不同用户的差异，推送不同的视频内容，做到一对一的个性化推荐。

3. 信息检索服务

用户在短视频平台进行信息检索的目的性比较强，其使用场景主要有以下几种：①搜索明确的内容，得到信息。②不明确自己想要搜什么内容，就是想进搜索框看看。③忘记了自己之前的搜索内容，想再次查看。基于上述使用场景，短视频平台在搜索界面设置了搜索框，搜索推荐、搜索记录及“猜你想搜”等不同的检索策略。其中，“猜你想搜”通过用户的搜索记录和浏览行为对用户进行内容推荐，做到了千人千面。值得注意的是，近期抖音短视频平台将推出一款通过识别视频内容进行搜索的新功能“识图”。相比百度识图、淘宝识图等通过识别用户上传的图片，然后检索出相似图片或相似宝贝的功能，抖音“识图”的功能则更强大，具体表现为在用户圈定视频内某件商品后，系统会自动识别出相应的商品链接，缩短了用户的购买路径。抖音识图的另一大功能是通过检索图片来推荐相似内容，如短视频中露出明星正面照时，点击识图，就会弹出大量与该明星相关的抖音作品，这些作品可来自不同的账号。

4. 知识服务

目前，大量学术成果基于研究的严谨性和全面性，涉及较多过程内容，用户需要花费大量时间进行阅读和学习。相对于文字内容，视频更容易在读者大脑中形成清晰印象，吸引更多感兴趣的人群。为此，很多科研机构鼓励作者针对论文的重点内容、核心内容进行二次加工，提炼精华知识，制作微视频，为精准人群提供视频资料，帮助用户解决问题。

7.7.4　应用案例

1. 抖音在政务系统中的应用

抖音是一款于 2016 年 9 月正式上线的音乐创意类主题短视频 App。在短视频如此火爆的环境下，政务、企业和用户个人都应用抖音来进行信息的发布与推送，一时间短视频的内容呈现井喷式增长，“爆款”作品频出。

2018 年，中央及地方党政机构纷纷入驻短视频平台，利用其传播特征推动舆论宣传工作。以人民视频为例，公安部、中国国家铁路集团有限公司、中华人民共和国应急管理部消防救援局等政务机构入驻人民视频短视频平台，开启一系列战略合作。特别是 2019 年

11 月 20 日，世界电视日前一天，中央广播电视总台“央视频”正式上线。与总台既往的所有新媒体产品和平台有所不同，“央视频”一上线就引人注目。首先，“央视频”聚合了众多社会优质账号，以“账号森林”体系广泛连接了社会资源，呈现出史无前例的开放格局；其次，尽管此前中央主流媒体已有众多“爆款”产品，但是尚未出现具有强大影响力、自主可控的新媒体平台。在党政机构积极探索信息传播新渠道，大胆创新尝试过程中，也涌现出一批政务新媒体的运营典范。例如，2018 年 5 • 18 国际博物馆日，中国七大博物馆联合短视频平台发布的创意视频《第一届文物戏精大会》引发极大关注，累计播放量突破 1.18 亿，点赞量达 650 万，分享次数超过 17 万，视频播放量相当于大英博物馆 2016 年全年参观总人次 642 万的 184 倍。

目前，“北京 SWAT”（北京市公安局反恐怖和特警总队）、“中国长安网”（中国共产党中央政法委员会）、“我们的天空”（中国人民解放军 95829 部队）等政务官方账号都拥有上百万的粉丝，成为“网红”级别政务新媒体，影响力惊人。洋葱智库联合卡思数据发布的报告显示，短视频政务号中，最受欢迎的是警务号，其他活跃号包括旅游文化类（如国家博物馆、陕西旅游）、地方宣传类（如湖州发布、合肥发布）、国家科研机关类（如航小天、航小科）等。抖音方面数据显示，在入驻的政务公号中，政法系统是最多的，占比达到 70%，他们也是发布短视频最活跃，最受网民喜爱的一批政务新媒体。

作为网红政务抖音号的“中国消防”于 2018 年 11 月在抖音正式上线，自称“阿消”，区别以往在人们心目中比较刻板的印象，以活泼亲和的形象出现在用户的视野中。在内容方面，政务短视频涉及的领域广泛，内容丰富，形式多样。政务号立足于自身的职能和属性，以多种多样的、网民喜闻乐见的形式进行内容生产，文字、图片、视频、特效巧妙结合，生产出微纪录片、情景短剧、创意剪辑、技能分享、街头采访等多种形式的传播内容。在“中国消防”上传的所有视频中，除了消息发布、实战演习、形象宣传，还有迷你剧、MV（音乐视频）、模拟游戏等。“中国消防”还利用“王者荣耀”的游戏界面，用身着不同装备（灭火服、抢险服、防蜂服、隔热服）的消防员来代替游戏中的英雄皮肤，打破了之前政务宣传的传统方式，增加了趣味性。

政务新媒体的运营应该实现“以发布为基础、互动为核心、服务为根本”的理念转型。单一的信息发布功能已无法适应用户的需要，在“中国消防”的视频评论区，可以看到大量给予执行任务时的消防员的关心和赞誉；可以看到民众向善的精神和对政府形象的认可；可以看到对灾难本身的关注，以及对灾难原因的质疑；也可以看到民众对社会事务的普遍关心和对于政府工作缺失的建议。这种新的方式不仅可以帮助政府了解民众的诉求，同时能够帮助政府在了解民意的基础上制定公共政策。

短视频内容在提供政务信息的基础上，如果能够对用户提出的问题或存在的疑惑有针对性地答疑解惑，满足民众的求知欲，一定程度上能够更好地提升政府服务的效率和公共治理能力。在“中国消防”里，就有大量的实验类视频，为民众提供日常消防知识。如“今天阿消带来了现场实验帮你证明孔明灯存在的隐患！你看，真的着火了！”的短视频，在 2019 年春节期间制作发布，这是“中国消防”政务号为了解决一位叫李雪琴的网友提出的“孔明灯是否存在隐患”的疑惑，消防员做了实验而录制的一个短视频。

总的来说，短视频平台鏖战正酣，政务抖音账号也势头正猛。但其存在的问题也不容小视，如何把握政务短视频的机遇与挑战，也正是未来所探讨之处。

2. 短视频在企业领域的应用

短视频广告是短视频商业价值的一种体现形式，短视频广告共享了短视频平台的庞大受众群，依托短视频平台的个性化推送算法，将广告精准投放给目标受众，由此实现广告的高传播率和高接受率。短视频广告的优势受到众多广告商的青睐，引发了短视频广告行业的井喷式发展，抖音、快手等短视频平台迎来前所未有的黄金时代。例如，抖音会在用户刷好友、网红短视频时插播的游戏类广告，或者会根据用户浏览的短视频内容，应用人工智能技术为用户创造丰富多样的玩法，利用某些推荐算法向用户推荐类似的产品或者广告信息。

当下，国内外不少拥有内容资源优势的行业，如新闻、出版、教育等纷纷试水短视频这一新兴媒介领域。作为短视频应用起源地的美国，“出版 + 短视频”已经成为图书出版行业营销新趋势。以全球著名出版商哈珀 • 柯林斯（Harper Collins）为例，该公司是美国最早开展短视频营销的出版商，早在 2012 年，公司就开始尝试制作短视频并在 YouTube 等社交网站上推广，迄今已吸引了大批年轻观众并取得良好的运营效果。

哈珀 • 柯林斯在短视频内容提供上，采用 PGC 和专业用户生产内容（professional user generated content，PUGC）相结合的内容生产机制，以公司专业生产短视频为主，同时积极鼓励读者参与短视频内容制作，在短视频内容生产上体现出鲜明特色。为了充分发掘用户的表演才艺和创作技能，哈珀 • 柯林斯还举办了自制短视频大赛，由读者自制视频展示自己书架、书房、喜爱的读物和才艺表演的创意视频短片。大奖获得者不仅可获得价值 500 美元的书籍，其创作的短视频作品也将被上传到“第 16 放映室”社群中进行展示，比赛吸引了广大读者参与。

新的媒介环境下，受众对视觉内容的需求呈现出个性化、多元化特征。哈珀 • 柯林斯在对社群成员进行分类的基础上，针对不同受众的年龄、兴趣和需求特征，制作了不同题材类型的短视频节目内容。“史诗读物”社群的短视频包括畅销书预告片、史诗书刊、书迷的烦心事、图书行情报价、史诗影视改编、史诗类读物介绍等；“第 16 放映室”的短视频内容主要有新书发布、畅销书作家访谈、作家谈创作、图书新闻、阅读让你变得更好、励志人物、使不可能成为可能等。专注于少儿图书推广的“哈珀少儿”社群，在内容制作上考虑到儿童的心理特点，推出了许多极富童情童趣的动画短视频，如春天来了——雀跃的春天、图书预告片、冒险系列、彼得猫、DIY 活动与手工等，主要围绕儿童生活场景展开，情节简单有趣，画面直观丰富，色彩鲜亮活泼。

此外，为扩大传播范围，提高短视频营销效果，哈珀 • 柯林斯公司采用了多渠道联合推送内容的方式，将短视频内容向多个平台分发，公司制作的短视频在 YouTube、Facebook 发布后，将进一步推送到 Twitter、Instagram 等社交平台，随后，短视频内容信息将继续分发到美国最大电商平台 Amazon 和最大零售书店巴诺（Barnes & Noble）书店等书业网站，以此实现信息在不同渠道之间的扩散和传播。

移动互联网时代，短视频的迅速崛起为企业开辟了新的营销空间。在利用短视频这一新的媒介传播渠道实施营销的过程中，相关企业应密切关注市场需求，精准定位平台用户；结合自身内容资源优势为目标受众提供个性化和差异化的内容产品；通过创新用户互动来提升用户黏性和对于品牌的信任度、忠诚度；通过对短视频的多渠道分发和联合推广来扩展信息传播路径，提升出版营销效益。

7.8　网络直播与信息服务

7.8.1　网络直播概述

1. 网络直播含义

随着经济的不断发展，生活节奏也在不断加快，人们产生了大量的碎片化社交及消费的需求，如满足自己的兴趣爱好、学习、与朋友分享情感等。这样一来，就需要有大量与之对应的内容与场景来满足用户需求。在这样的形式下，移动端的直播应用应运而生，网络直播也随着这些应用的研发而逐渐兴起。

网络直播是在移动互联网背景下，通过互联网媒体介质，将发生的即时状况展示给终端用户的一种高互动型互联网新形态，它起源于广播直播和电视直播。目前各大网站纷纷开设了网络直播平台，其中的直播场景不断垂直化发展，主要包括娱乐场景、电商场景、新闻场景、教育场景等。网络直播的门槛相对较低，但是收益却非常高，得到了网民的喜爱和热捧，全民直播的发展势不可挡[37]。

与传统媒体的单向传播相比，网络直播的实时双向互动性使其不仅具有内容传播功能，同时兼具社交属性。它能够让观众从被动的收看者同步转变为直播参与者，在这个过程中能够与其他网友用户进行交流沟通。在这些网络直播平台上，主播通过视频录制工具展示才艺表演、玩游戏等，在线观看的观众则通过弹幕文字、虚拟礼物打赏等方式与主播互动。直播平台富有创新性的内容、准确的产品整体定位和强大的群众基础，使得信息的传播更加高效、快捷，满足了互联网用户对于新媒体环境下形式丰富、渠道广泛、互动性强、推广方便的需求。

2. 网络直播的特点

网络直播具有参与难度低、受众范围广、即时互动性强、内容通俗易懂等特点，在很大程度上符合用户的客观条件与心理需求，从而容易引发大范围的热潮。

1）互动性

网络视频直播不同于传统的电视直播，它使用户拥有更大的自主权，用户与主播、用户与用户之间可以进行实时互动[38]。相比传统电视媒体，网络直播打破了原有的信息单线传播方式，互动传播成为网络直播应用的显著特征。弹幕作为直播最具吸引力的功能之一，用户将自己的观点通过留言传达给主播，主播可浏览并进行回复。网络上直播平台都具有弹幕功能，用户可实时发送对话表达自己的想法，弹幕有助于用户与主播之间、用户与用户之间的交互。网络直播平台作为典型的社群平台，聚集了众多和自己有相同兴趣爱好的群体，用户可以将个人作品上传到平台，通过点赞、评论、回复、转发等功能与朋友或平台用户进行交流互动。

2）内容自制性

直播是以草根为主体的直播形式，是对于传统视频中由精英阶层、组织化传播体系、报道重要事件和重大场景的传播形式的颠覆。在传统视频报道中，普通老百姓作为受众一方无法直接表达想法。直播的出现，有益于社会生活中精英文化与草根文化的多元对话地进行，它以新的形态极大地促进了社会文化的活力及阶层之间的理解和互动。并且，直播的内容大多源于主播的现实生活，基于身边事迹创作，内容具有自制性。直播带来自我表达门槛的降低和自我表达效果的大幅提升，因此成为主要的视频社交工具之一。

3）实时性

网络视频直播以其移动终端的便携性，使用户能够随时随地利用移动设备拍摄内容并上传，甚至进行同期网络直播[39]，实现了信息的实时传递与报道。并且大多数的直播平台都带有回放功能，视频保存在个人主页，即使时间冲突或者网络、设备条件不允许，也可以过后回看，真正使传播不受时空的限制，且高度灵活、个性、易于获取[40]。

7.8.2　网络直播的发展概况

网络直播的发展是与计算机网络技术的发展紧密相连的，尤其是移动互联网的发展促使网络直播的阵地从电脑端转移到手机端。网络直播经历了不同的发展阶段，多种直播类型兴起更迭。目前为止，网络直播可分为三大类型，传统的秀场类直播、专业游戏直播，泛生活娱乐类直播[40]。

1）直播 1.0——PC 端秀场直播

PC 端秀场直播是传统的直播模式，其主要特点是以美女主播为核心。通过主播的个人魅力和某方面的技能获得广大观众的喜爱。这个阶段，“YY”“9158”等是该直播类型的代表平台，其商业模式主要以秀场主播主持在直播中所获得的虚拟礼品打赏为主。

2）直播 2.0——游戏直播垂直细分领域

2014 年前后，网络直播市场出现了关键性的变化，显得越来越趋于专业化、垂直化。由于国内游戏市场规模的快速扩展，游戏直播随之迅速崛起，短期内集聚了超高人气，这一阶段，由于游戏产业的发展推动，该类型的直播也越来越专业化、垂直化，用户黏性也开始不断增强。这一类型的直播平台代表包括“斗鱼”“龙珠”“虎牙”等。

3）直播 3.0——泛生活化娱乐移动直播

2016 年是“中国网络直播元年”，国内的移动网络直播平台进入“井喷”发展的阶段，网络直播进入泛生活化移动直播时代。“随走、随看、随播”的泛生活化、场景化网络直播正在成为常态，直播内容向“陪伴”与“分享”为主题的吃饭、化妆、逛街、聊天等场景转化，受到许多年轻用户的追捧。“映客”“花椒”“一直播”等新的直播平台在这个阶段异军突起，抢占了泛生活移动直播的领军地位。第 46 次《中国互联网发展状况统计报告》指出，截至 2020 年 6 月，我国网络直播用户规模达 5.62 亿，较 2020 年 3 月增长 248 万，占网民整体的 59.8%。其中，真人秀直播、体育直播的用户规模分别为 1.86 亿、1.93 亿，分别占网民整体的 19.8%、20.6%；游戏直播、演唱会直播的用户规模分别为 2.69 亿、1.21 亿，分别占网民整体的 28.6%、12.8%[13]。

网络直播实际上是自媒体发展的必然结果，也是我国互联网传播中值得关注的现象。网络直播是一个新生事物，也是网络信息传播的新方式。

7.8.3　网络直播的信息服务方式

1. 信息发布服务

新形势下，网络直播的出现，更进一步地激活了社交圈自媒体的传播力量，让传统的图文信息获取内容方式，逐渐演变为通过直播来获取信息内容，并逐渐发展成为一种新的用户信息获取手段。直播的信息实时化功能主要体现在可以提供实时的信息发布传递服务，用户可以就身边看到的新闻、有趣故事或任何用户认为可以发布的东西，进行现场的直播，实现了信息的及时、有效传播。这种方式呈现的信息更加直观、生动、易于接受、易于理解。例如，虎牙直播通过平台向用户发布美食、秀场、电视、演唱会、发布会、体育等各行业、各领域信息。熊猫 TV、战旗 TV、龙珠直播作为游戏类直播平台，向观众直播，以发布游戏信息为主，也发布体育、综艺、娱乐等信息。

2. 信息推送服务

直播是一种实时性的互联网信息内容传播形式，用户可以在直播平台订阅来实现主播开播提醒服务，平台通过信息推送让用户及时关注主播的直播动态。另外，当前大多数的直播平台也可以实现个性化信息推送服务，直播平台会根据用户发布的内容、用户经常浏览的信息、用户的自标签和用户分享过的直播等，利用大数据、人工智能等技术为用户推荐相关类型的视频或者主播，节省了用户搜寻信息的时间。

3. 信息检索服务

网络直播平台的搜索框一般可以检索主播、房间、分类等，输入相关关键词时，平台还会出现下拉框，下拉框主要是平台的推荐检索内容，精准地显示了用户在搜索某关键词时有可能存在的搜索需求或者热门搜索，这在一定程度上提高了用户的搜索体验。直播平台搜索后的内容页面会有一些分类，主要是综合、直播、主播、视频等，检索结果页面还会呈现相关主播和相关直播的推送。

4. 知识服务

互联网时代，时间和注意力是最宝贵的资源，直播恰巧争夺的就是这样的资源。在网络直播日益繁荣的背景下，服务提供商可通过直播开展免费或收费的在线研讨会，邀请嘉宾分享知识，实现专家资源效用的最大化，以满足用户多样化的知识需求。例如，部分期刊杂志社在学术研讨会上增加直播环节，让更多无法到现场参会的学者在最快时间以最低成本身临其境。

7.8.4 应用案例

直播的兴起，丰富了人们的生活，上文已经对直播的相关概念及特点和信息服务方式进行了介绍，为了更详细地了解网络直播的特性，下面我们将通过具体的实例来介绍它们在现实生活中的应用。2019 年，各大直播平台积极探索“直播+”模式，布局内容生态，直播正在与多行业相结合，“直播 + 政务”“直播 + 电商”“直播 + 体育”等形式不断涌现。下面将会对直播在这三方面具体地应用进行简单介绍。

1. 直播在政务系统中的应用

传统媒体平台的政务直播由于用户定位精准度差、服务效率低，使得政务服务效果大打折扣。而新媒体环境下的直播具有时效强、成本低、覆盖广等优势，是加快推进“互联网 + 政务服务”落实的重要手段。

例如，2017 年 4 月 5 日，京津冀协同发展专家委员会副组长邬贺铨做客人民直播“大咖有话”，就广大民众甚为关切的雄安新区相关疑问进行直播解读，一下就吸引了百万观众。通过直播，专家委员会向公众详细介绍了雄安新区的规划、发展愿景等，实时回答公众对于雄安新区建设过程中的疑虑和疑问，实现了信息的及时沟通，公众可以以此判断政府的态度和行为的完整度，形成“应该参与管理”“可以这样参与”的民主参与观念。

2017 年，一直播与各个政府机关单位、全国交警、共青团委等开展了多项直播合作。例如，一直播和公安部交通管理局开展了“全国交警执法直播台”活动。2017 年全国交警共计开播 6054 场，累计观看量达 4230.03 万。最高人民检察院在 2017 年也通过一直播进行了首次公开视频直播。一直播还与北京市人民检察院合作，以国家宪法日为契机，开展了“首都检察官直播宣传周”活动。

2. 直播在电商领域的应用

电商直播可以给购物者带来图文介绍及录播视频很难提供的临场感，刺激消费者缩短购买路径，通过主播带动的氛围，刺激消费者购买意愿的产生。

2016 年，蘑菇街、淘宝等电商平台上线网络直播服务。在直播过程中，商家可以介绍商品，也可以开展线上营业推广和互动活动。以淘宝直播为例，直播间除了提供商品链接以外，还可以即时进行发放优惠券、点赞、留言互动、发起投票等活动。用户通过淘宝直播购买商品，可以实时对商品详情进行咨询。2019 年“6 • 18”期间，淘宝直播带动商品销售 130 亿元，开播商家数同比增长近 120%，开播场次同比增长 150%。淘宝根据用户以前的购买记录向用户推荐相关商品的直播店铺，用户通过观看直播，可以更加直观地了解商品信息，降低了退、换货率。

3. 直播在体育领域的应用

移动互联时代的媒体生产者通过直播应用，实时制作并同步播出多媒体格式的声像和影像，为用户提供全方位、身临其境的视听体验，用户可以随时随地观看现场直播。

2018 年，优酷成为世界杯央视指定新媒体官方合作伙伴，并拿到 2018 年俄罗斯世界杯包括赛事直播、视频点播、赛场花絮等多项权益。世界杯（2018 年 6 月 14 日～2018 年 7 月 15 日），国内用户将能够直接在优酷手机客户端和 PC 端观看 64 场世界杯比赛高清直播，还可以通过 CIBN 酷喵影视在智能电视上或通过天猫魔盒、天猫魔屏收看世界杯赛事高清内容。优酷通过对世界杯的实时播报，及时向国内用户传递和发布世界杯的最新赛事，实现了国内球迷在家门口观看体育赛事的愿望。

同时，碎片化、精细化的短视频内容与即时互动的直播方式相融合的趋势成为未来发展的一种趋势，通过共享用户流量，实现优势互补。例如，快手推出独立游戏直播 App，抖音短视频全面放开用户直播权限，不断探索“短视频 + 直播”的运营体系。

参 考 文 献

[1] Mayfield A. Me and My Web Shadow：How to Manage Your Reputation Online. London：A & C Black Business Information and Development. 2010.

[2] 方冰. 基于社会化媒体营销的品牌内容传播. 合肥：中国科学技术大学，2010.

[3] [美]汤姆·斯丹迪奇. 从莎草纸到互联网：社交媒体 2000 年. 林华译. 北京：中信出版社，2015.

[4] Hagel J，Armstrong A G. Net gain：Expanding Markets Through Virtual Communities. Boston：Harvard Business School Press，1997.

[5] 刘津. 社会化问答网站中的知识生产模式研究——以知乎为例. 南京：南京师范大学，2016.

[6] 陈果，肖璐，孙建军. 面向网络社区的分面式导航体系构建——以丁香园心血管论坛为例. 情报理论与实践，2017，40（10）：112-116.

[7] 周茜. 社会化问答平台信息推荐服务研究. 武汉：华中师范大学，2017.

[8] 褚佳丽，李姿莹. 营销技巧分析——以“小红书”APP 为例. 纳税，2018，（11）：137-138.

[9] 陈莹真. 医学型社交网站的营销模式研究——以丁香园为例. 上海：上海交通大学，2013.

[10] 刘素娜. 知乎的经营与管理模式分析. 智库时代，2019，（13）：278-279.

[11] 曹雨骋. 科普网站的社交功能对科技传播带来的影响——以知乎网为例. 科技传播，2014，6（20）：121-123.

[12] 王宇超. 国内媒体 APP 的发展现状、问题及对策. 新闻世界，2013（9）：10-12.

[13] 中国互联网络信息中心. 第 46 次中国互联网络发展状况统计报告. http://www.cnnic.cn/hlwfzyj/hlwxzbg/hlwtjbg/202009/P020200929546215182514.pdf[2020-09-29].

[14] Stephens M，Gordon R S. "IM = FASTER virtual reference on the cheap？". Computers in Libraries，2006，26（4）：36-37.

[15] 潘卫，郑巧英. IM——实时虚拟参考咨询方式的再选择. 现代图书情报技术，2006，（11）：12-15，80.

[16] 腾讯科技. 企业微信服务超 250 万家真实企业重点行业 Top10 企业覆盖率达 80%. https://tech.qq.com/a/20191223/009527.htm[2019-12-23].

[17] 李鲲. 博客环境下的汽车电控课程教学新模式研究. 软件导刊（教育技术），2009，8（9）：86-88.

[18] 赵屹，汪艳. 新媒体环境下的档案信息服务. 北京：世界图书出版公司，2015.

[19] 李纲. 博客与微博在教学应用中的比较研究. 武汉：华中师范大学，2012.

[20] 方兴东. 博客离场，深度内容不会离场. 环球时报，2018-08-25（7 版）.

[21] 王晓丽. 视频博客在两会报道中应用的优势探析. 视听，2019，（7）：221-222.

[22] 洪淑琼. 略论博客在图书馆信息服务中的应用. 江西图书馆学刊，2007，37（3）：64-65.

[23] 涂颖哲，钱国富. 博客（blog）及其在图书馆中的应用研究. 图书情报工作，2004，48（11）：53-56，78.

[24] 范倩倩. 高校图书馆 Web2.0 研究——以微博和学科博客为例. 合肥：安徽大学，2014.

[25] 贺靓. 科学网博客研究. 长沙：湖南大学，2014.

[26] 郑勇. 基于微博社区的网络信息集成服务研究. 武汉：华中师范大学，2013.

[27] 张斯琦. 微博文化研究. 长春：吉林大学，2012.

[28] 殷俊，孟育耀. 微博的传播特性与发展趋势. 今传媒，2010，18（4）：85-88.

[29] 谢耘耕，徐颖. 微博的历史、现状与发展趋势. 现代传播（中国传媒大学学报），2011，33（4）：75-80.

[30] 新浪微博数据中心. 《2018 微博用户发展报告》. https://data.weibo.com/report/reportDetail？id = 433[2019-09-11].

[31] 邱丰. 我国图书馆参考咨询中社交媒体利用情况调查研究. 图书馆学研究，2017，(23)：65-69，101.

[32] Java A，Song X D，Finin T，et al. Why We Twitter：Understanding Microblogging Usage and Communities. Proceedings of the 9th WebKDD on Web Mining and Social Network Analysis. New York：ACM，2007.

[33] 人民网-舆情频道. 2018 年度人民日报政务指数·微博影响力报告. http://yuqing.people.com.cn/n1/2019/0121/c209043-30581156.html[2019-01-22].

[34] 杨佳昕，谷悦. 社会化媒体对传统媒体信息传播的启示——从微信公众号谈起. 编辑之友，2014，(10)：55-57.

[35] 唐如峰. 大学生求职类微信公众号营销模式探究. 北京：北京外国语大学，2019.

[36] 田斌. 移动短视频应用的内容生产及传播模式研究. 石家庄：河北经贸大学，2018.

[37] 李承蔚. 自媒体时代电商短视频和直播的优劣势分析与研究. 科教文汇（中旬刊），2019，(8)：191-192.

[38] 单依晨. 网络视频直播的特点及发展研究. 传媒，2017，19（6）：91-93.

[39] 喻国明. 从技术逻辑到社交平台：视频直播新形态的价值探讨. 新闻与写作，2017，(2)：51-54.

[40] 梁利鹏. 我国中小企业在线网络直播营销策略研究. 北京：北京邮电大学，2018.

第 8 章　智能媒体与信息服务

8.1　智能媒体概述

纸媒衰落，新媒体崛起后，传媒行业进入全媒体时代。以人工智能为核心的新技术正在对人类以往的生产方式产生冲击，伴随着数据的爆炸式增长，算法的开源创新，硬件的迭代更新，人工智能技术在日常应用上的投射在人们生活中随处可见。2017 年人工智能迅猛发展，智能软件的算法生成、地图软件的智能导航、手机智能助手的贴心管理、购物软件的精准推荐，无不在提示着我们已经处于人工智能环境里。各行各业都在与人工智能技术相融合。信息行业也不例外。技术的高速发展让大数据、智能化技术进入了信息领域，引发了新一轮的变革[1]。

8.1.1　智能媒体的定义

人工智能技术在传媒领域的全面渗透使媒体的发展、进化与融合进入一个新的阶段。未来新媒体的发展，将在很大程度上与人工智能技术的引入和应用紧密相连。媒体朝着智能化演进的发展阶段，很多媒体都带上了智能化特征，并演化出了新的媒体形态，我们称之为智能媒体。

智能媒体的本质主要体现在：首先，可以利用技术手段来甄别虚假信息，为用户提供更多、更优质的信息，避免不良商家为了利益的目的而利用技术手段欺骗用户。其次，能够实现信息智能匹配，在信息过载的时代，用户需要个性化、定制化、精准化的信息，而智能媒体能够利用大数据和人工智能等技术手段更好地满足用户的需求。最后，智能媒体基于机器学习等人工智能技术，具备较高程度的智力，这种智力能够帮助媒体自身自我进化、自我完善、自我发展[2]。

8.1.2　智能媒体的特点

1）信息采集的智能化

信息采集是媒体运行过程中至关重要的环节。在过去，信息采集完全依赖人力提供的信息和数据作为原材料。智能媒体时代，以传感器为载体，以大数据处理技术为支撑的传感器技术对丰富和优化媒体信息源起到了至关重要的作用，搭载传感器或数据处理器的任何物体都有可能成为信息的采集者。传感器技术一方面拓展了信息来源的途径，另一方面扩增了信息采集的时空维度。

2）信息内容生产智能化

智能媒体的信息生产是人机合一、多元主体、去中心化的模式。写作机器人就是典型代表，它的主要优势体现在其进行内容生产的效率更高且生产的结构性文本精准可读、中立客观。此外，计算机视觉能够在图像的识别、处理、转换和编辑方面带来新的生产潜力。机器人可以根据不同用户的行为习惯、场景偏好、社交兴趣等方面形成一套精准的定制化信息产品，而这种精准化服务是以往媒体无法做到的。

3）互动反馈智能化

在智能媒体环境下，用户与智能媒体之间的互动和反馈方式更加丰富。例如，个性化分发，媒体利用算法推荐技术根据用户特点分发其可能会感兴趣的内容，沉浸式体验，通过 VR 和 AR 技术打造媒体场景，让用户沉浸体验媒体内容；语音交互，用户通过语音的方式与媒体进行智能互动。

8.1.3 智能媒体的技术基础

大数据和人工智能是媒体革新的基础，在全球范围内给媒体行业带来了深远的影响。特别是 2017 年被称为“人工智能应用元年”，其落地形式之一就是智能媒体。智能媒体技术的核心是人工智能技术。机器学习是人工智能领域中发展迅速的领域之一，可以帮助计算机理解大量图像、声音和文本形式的数据。除了人工智能技术，媒体智能技术还包括算法推荐技术、语音交互技术、传感器技术等。

算法推荐技术涉及三种类型：①基于用户喜好和历史浏览记录的内容推荐。②基于相似兴趣用户的协同过滤。③基于媒体内容点击量、阅读量等单一因子量值的单因子推荐。目前，大多数平台主要采用多种算法混合的策略来对用户开展个性化服务。

语音交互是现代化媒体迈向智能化的应用重点。目前，语音交互技术已逐渐走向大众化，搭载语音识别技术的终端从集成平台，如智能手机的语音助手，到垂直领域的具体应用，如教育、公共服务、医疗保健等得到了快速发展。

传感器技术作为信息获取的重要手段，与通信技术和计算机技术共同构成信息技术的三大支柱。信息服务提供者在提供相关服务时，需要用不同类型的传感器获取数据、收集数据、按一定要求分析数据，并将分析后的数据结合计算机技术和视觉传达技术以用户容易理解和可接受的呈现方式融入信息产品的生产过程中，如借助传感器，监测交通流量等信息，为出行者提供信息服务，智能穿戴设备利用传感器收集的生理信息提供运动与健康的信息服务。

智能媒体在语音交互领域的代表是智能音频，在传感器领域的代表是可穿戴设备，在信息内容生产领域的代表是写作机器人。以写作机器人、智能音频、可穿戴设备为代表的智能媒体丰富了新媒体形态，下面将以这三种智能媒体形态为例介绍信息服务的变革与发展。

8.2　写作机器人与信息服务

8.2.1　写作机器人概述

1. 写作机器人含义

写作机器人能够利用算法相关程序撰写文章，所具备的功能一般包括数据采集、整理分析、建立模型、生成产品等。目前来看，写作机器人最主要的应用是在新闻媒体领域，其功能主要体现在两个方面，稿件撰写及后期编排，更多的体现了信息生产和信息加工的功能。随着人工智能和大数据技术的不断进步，写作机器人已经渗透到多个领域，信息的时效性和可视化效果不断优化。

写作机器人出现的主要目的是为用户提供及时、客观、准确的新闻报道，信息提供服务是其最终目的。新华社在两会期间所应用的“媒体大脑”是由新华社和阿里巴巴共同研发的国内第一个媒体智能平台，可以迅速浏览学习上亿个网页内容并从中收集数据，自动分析舆情和热点，还可以自行完成视频剪辑和可视化图表制作，并在 15 秒内为用户提供一篇“两会”新闻实时报道，让用户及时了解“两会”咨询，增强用户两会的“现场化”体验感。

写作机器人运作的结果包含多种形式，数据地图便是其中之一。英国卫报报道 2012 年美国总统大选中，对全球的用户进行调查，收集相关数据，并最终将调查结果运用写作机器人通过数据叙事的方式“数据动态地图”呈现在读者面前，读者只要点击鼠标即可了解某一地区支持奥巴马的投票情况，简单清晰的数据地图和少许文字，一个好的故事《奥巴马再次当选美国总统：全球民众的态度》便呈现出来，并深受读者们的喜爱。

2. 写作机器人的特点

1）写作效率高

从数据分析到整合再到最后的产品发行每一步都有相关程序操控，相当于工业生产的流水线，效率非常高，而且可以实现量产。

2）较高的准确度

人工在处理大量信息时常常会不可避免地出现一些错误，但写作机器人凭借其超强的运算能力，处理海量数据时几乎不会出错。同时写作机器人具有很强的统计、信息存储、搜索和筛选功能，因此面对大数据，写作机器人也可以得心应手，不需要花费大量的时间成本，在保证较高准确性的同时，即可完成信息的生产。

3）整合效率强

写作机器人已经可以实现多平台的互联互动，如可以将生产出来的产品快速分享到微博、微信等社交平台，同时也能够将不同的数据库连通起来，通过分析对比来实现整合。

4）客观公平

写作机器人不带有任何人类情感，严格按照数据客观地陈述事实，不会因为个人喜好而厚此薄彼。

5）信息采集智能化

写作机器人中的传感器是一种收集特定数据信息的监测装置，能接收到被检测对象的信息[3]。人工智能通过对收集到的数据进行分析判别，实现信息产品的输出。

6）个性化服务

写作机器人基于海量的数据，实现用户个性化推荐和订阅。传统的新闻报道，用户只是单纯地了解世界上新近发生的事情，而写作机器人可运用新的新闻叙事形式，搭建与用户之间的交流平台、基于用户的订阅内容、大数据和人工智能技术搜罗用户感兴趣的新闻事件，以用户易于理解的叙事方式呈现给用户，实现以用户兴趣为目标的个性化服务。

8.2.2　写作机器人的发展概况

在国内，写作机器人作为智能媒体的代表，在我国各大媒体有所展露。例如，腾讯Dreamwriter、新华社的快笔小新和今日头条的张小明等。

早在2001年，维基百科就引入了“机器编辑者”的概念，至今写作机器人已经取得了长足进步。例如，2015年9月10日，腾讯财经发表的一篇报道《8月CPI同比上涨2.0%创12月新高》，署名为Dreamwriter，这是我国第一篇由写作机器人生产出来的作品，因此备受业内外人士关注[4]。在Dreamwriter推出后一年的时间，其版本已经从1.0升级到5.0，改进后的Dreamwriter不但可以写宏观的数据财经报道，还可以深入分析某上市公司的盈利指标。发展到Dreamwriter 5.0，其基本可以成为个性化定制资讯的一个工具。

2015年11月8日，微信朋友圈里被一条《“快笔小新”上岗了！84岁新华社启用“机器人记者”》的消息刷屏了，快笔小新的横空出世开创了央媒机器人写稿的先河。与传统记者相比，快笔小新在信息生产速度和准确性方面都有了明显的提升。而且它还被开发出了一个人机交互的界面，专门为用户提供生活服务，成为一个融合场景消费、公共服务等多功能的智能媒体。

与Dreamwriter、快笔小新相比，今日头条的张小明信息生产能力更强，它开发了自动配图的功能，文本与图片的结合增强了文章的可读性。美国的写作机器人起步较早，发展也相对更加成熟。自20世纪90年代，机器开始为美国新闻行业服务，在信息科技领域也不断取得突破。而且国外“人机合作”的理念更加突出，信息生产者与机器人之间共同完成工作，将各自的优势实现最大化。国外比较有代表性的写作机器人，如美国联合通讯社使用的WordSmith，洛杉矶时报的Quakebot，英国卫报的Open 001。可见，虽然基于数据的积累和算法逻辑的欠缺，写作机器人目前主要集中在财经、体育领域，但是写作机器人已经展现出相比人工编辑的巨大优势。并且需要注意的是，写作机器人并不是对记者的代替，而是作为最佳助手的角色与记者一起进行协同办公。

目前，写作机器人已经可以通过算法逻辑把周期性的事件包括数据、话题、榜单、突发性事件进行自动写作流程。在触发了写作流程后，机器人会按照流程进行文章框架的策划、微观内容的策划，然后根据一系列数据库的内容来生成新闻报道，同时还会对文字内容进行润色，调整行文逻辑结构，甚至插播一些相应的配图。在文章生成后，平台就会利用算法分发技术来进行个性化的内容推荐，并且形成反馈，不断优化写作流程。

8.2.3　写作机器人的信息服务方式

1. 信息加工服务

写作机器人是生产新闻报道的一种工具，利用海量的数据采集和数据分析技术，可以像人类编辑一样工作。其通过对互联网中大量的数据和信息进行抓取、分析和处理，运用可视化和叙事化的手段创造出一种新的新闻报道，是一种在互联网数据和信息基础上的二次加工工具。

写作机器人基本的创作流程主要分为数据采集、数据分析、自动写稿、审核签发等环节。比如，新华社的快笔小新在技术上通过三个流程完成稿件："采集清洗"、"计算分析"和"模板分配"，依托大数据技术对数据进行采集、清洗，再根据需求设计算法模型，计算和分析后选取合适的模板生成达到标准的信息稿件并自动写入到待编稿库，编辑审核后进行签发。在此加工过程中，写作机器人不带有任何人类情感，严格按照数据客观地陈述事实，不会出现因为喜爱某支球队而厚此薄彼的现象。

2. 信息推送服务

信息以指数级的速度增长，造成了信息爆炸。大众不再追求信息知识的广度，他们反而希望找到一个信息过滤器以帮助筛选对自己有用的信息，从而避免被过量的垃圾信息扰乱视野，个性化和针对性成为受众接收信息的行为特征之一。写作机器人通过实时数据检测和数据分析，算法会自动识别、筛选和处理数据，在几秒钟的时间内将消息发布和传达给受众，并且精准、有效。此外，机器人以挖掘的用户数据为基础可以生成个性化稿件。通过对单个用户的阅读内容、阅读习惯等进行挖掘和分析，或者借助用户自定的标签，将同一信息内容重新整合，制作成多角度、多形式、多趣味的稿件，为用户推送更加个性化的信息产品及服务，增强用户的黏性。

3. 知识服务

写作机器人在知识服务中的应用可以从出版业的其他分支行业来体现。对于词典类、条目类的文献，专业知识类出版社可以基于人工智能，应用写作机器人将复杂理论和文献条目化，整理和提取重要的知识点和关键词，建立起以知识点为基础的语义模型，从而编写专业文献，实现从内容出版向知识服务的转型。

在出版编译领域，写作机器人可依据语义模型和强大的词库系统，自动进行不同语言文字的文献作品翻译，目前技术虽然还不是十分成熟，但普通的翻译出版工作可以借助写作机器人来完成。

8.2.4　应用案例

写作机器人已经步入快速发展时期，从最早的 WordSwitch 到现如今的 Dreamwriter、快笔小新和张小明等，高度应用智媒化的未来社区将有越来越多的写作机器人为居民提供信息服务。

比如，写作机器人在城市社区应用过程中，社区就像一个微型社会，人群是流动的，一切都处于变化之中，每个居民都是一个流动的信息源和受众，整个社区所发生的事件多、杂、繁，因此，社区信息中心要处理的信息就比较繁杂，写作机器人的应用就可以让社区办公人员从琐碎地信息整理中解脱出来，去处理更有深入性和创造性的问题。社区新闻的内容生产主要围绕社区展开，通过社区传感器提供海量的数据，写作机器人从海量数据中分门别类地提取数据进行分析整理，根据社区民情提炼关键点，最后形成社区信息同步传递社区环境变化、社区卫生情况、社区安全系数等，让居民时刻掌握社区动态，服务于社区居民。例如，钱江晚报上线的机器人记者“小冰”能够通过微信公众号与社区居民进行互动交流，社区居民只要订阅钱江晚报的微信公众号便能通过“机器人”入口与“小冰”互动，“小冰”接收各社区居民的反馈，并对此进行收集汇总，利用数据挖掘技术了解各社区居民的现状，再通过钱江晚报的微信公众号进行报道。

写作机器人在新闻领域充分发挥了信息服务的作用，尤其是对信息的收集，加工及不断地分析整理，从而发布出更符合要求的稿件。对于写作机器人而言，其自身便具有强大的词库系统，可以很好地为用户提供知识服务，未来写作机器人的应用领域将会越来越宽广。

8.3 智能音频与信息服务

8.3.1 智能音频概述

1. 智能音频的含义

在 20～20000Hz 音频之间能够被人体感知的声音频率，智能音频是音频服务向智能化迈进的产物。技术上，智能音频具备了无线连接、可语音交互的能力，功能上，智能音频可提供有声读物等内容服务；信息查询、O2O 等互联网服务及场景化服务。对于用户而言，智能音频服务需要承载于智能音频终端，包括智能手机、智能音箱、智能耳机等。随着智能音频市场的发展壮大，互联网巨头在智能音频领域的竞争愈发激烈，涉及智能音频终端品质、平台智能化能力、音频内容资源丰富程度等方面的竞争。

2. 智能音频的特点

1）语音交互

智能音频借助声音传播信息内容，通过声音与用户之间进行交互，用户给出语音指示，智能音频设备做出即时的声音反馈，提供相应的信息内容和服务。语音交互意味着用户在使用过程中可以解放双手，让智能音频成为一种伴随性媒体。例如，华盛顿邮报还开发了一个名为“Feels”的聊天机器人，每晚他都会以一个简短的时事问题与用户展开互动。

2）场景化服务

智能音频的便携性可以满足各个场景下的音频需求。智能音频可以提供提醒、社交、娱乐的服务及购物、外卖、出行、消费等生活服务，同时作为家居控制中心，通过智能音箱可实现对智能家居的控制。例如，在私人移动场景提供地理位置信息追踪、天气及旅游景点等本地资讯信息服务，在展览馆、科技馆等开放公共场景，可以提供多维感官体验、深度沉浸体验等服务。

3）个性化体验

智能音频与用户的交互越多，越能了解用户的需求特点，进而可提供更加个性化的信息服务。随着算法的不断完善，智能音频将更加全面、快速地了解用户需求，进而打造用户个性化体验。

在以智能音频为中心的场景化服务体系中，智能音频为付费内容、第三方服务、电商等资源开拓了新的流量入口，用户多方数据被记录分析，厂商将服务嫁接到生活中的不同场景，数据成为基础，服务更加人性化。

8.3.2　智能音频的发展概况

互联网音频依托互联网平台，以音频为核心优势，兼具图片、文字、视频、VR 等多种媒体呈现形态，通过传统收听终端、车载收音终端、桌面收听终端、移动 App 终端、互动电视上的立体传播体系，即时直播与留存性常态订单并存，构建终端用户收听、平台互动沉淀的新型广播。

随着语言交互技术的发展，在互联网音频的基础上，智能音频发展成为用户群中影响消费者与其他媒体的新互动方式。在智能音频终端层面，经历了一个由附属终端设备向独立终端设备的变化过程。在附属终端设备阶段，智能音频被加载到计算机、智能手机等媒体终端上，以应用程序形式呈现，通常也被称为语音助手。比较著名的如 IOS 的 Siri，Windows 的小娜。在独立终端设备阶段，除了附属终端设备上的智能音频在不断发展之外，还出现了智能音箱、智能手环等专属设备。

目前智能音箱是在智能音频终端设备中发展最快的载体工具。智能音箱的鼻祖是 2014 年 Amazon 推出的 Echo 产品，它除了能播放音乐外也是家庭设备的控制枢纽，可连接第三方服务，后续其又推出一系列 Echo 家族产品。除了 Amazon，Google、Apple 等国际互联网巨头也先后进入智能音箱市场。国内智能音箱市场在 2017 年也出现了疯狂增长态势，其中阿里、京东、百度、小米等均在这一年推出了智能音箱产品。

截至 2019 年 1 月，天猫精灵硬件销量已超千万，每天约有 600 万人使用“天猫精灵早上好”这样的综合性功能收听天气、音乐、咨询、新闻。随着智能音箱走入千家万户，语音交互的信息获取方式越来越为人熟识，媒体转型迎来新契机。

8.3.3　智能音频的信息服务方式

1. 信息发布服务

智能音频的出现拓宽了信息提供服务的实现途径，解放了用户的眼睛和双手。新闻出版商可通过智能音箱向用户提供新闻报道，如纽约时报等媒体为了吸引客户推出了订阅便赠送 Echo Show 智能音箱的服务，获得了经济利益的极大增长；音乐电视网（Music Tevelsion，MTV）联合 Echo Show 平台播出品牌栏目流行文化的相关新闻；美国有线电视新闻网（Cable News Network，CNN）2017 年初发布智能语音助手，作为资讯获取的唤醒入口；华盛顿邮报在 Facebook Messenger 上搭载聊天机器人，用户只要发送“Washington Post”便可查看头条新闻，接收与某一主题相关的新闻故事。

2. 信息推送服务

智能音频平台利用精准人群分层的多栏目内容运营，并通过数据挖掘算法发掘用户需求，使优质内容能够精准分发到有需要的用户手中，实现个性化服务，不断扩大媒体内容的覆盖面及影响力。例如，喜马拉雅方面表示，小雅音箱将结合用户地域、分类偏好等个性化标签和使用场景，推出场景电台服务，并考虑与媒体合作深度定制音频节目。CNN 则按照头条新闻（top stories）、定制新闻（stories for you）、提问 CNN（ask CNN）的分组对聊天机器人进行程序设定，包括用户喜爱领域的热点事件，基于大数据用户个性化分析地特色推送和用户输入关键词获取相关新闻的音频资讯。小度智能音箱可以收集到用户和小度智能音箱之间的对话记录，从对话记录中可以看出小度智能音箱在进行人工智能方面的推荐，同时逐步在适应和学习控制者的语义，并进行更为人性化的定制服务。

3. 信息检索服务

无所不在的智能网络正在从国家的战略远景变为我们生活的现实，智能应用服务已经出现在社会经济生活的许多领域。用户可以以自然语言方便流畅地与智能音频载体对话，获得丰富的交互体验。这种借助语音进行检索的方式，摆脱了拼音和生僻字的障碍，在降低使用成本的同时大大提高了用户的输入效率，让信息检索变得更加高效。强大丰富的内容是一款智能音箱应具备的基本要素。根据官方提供的数据，小度智能音箱已拥有超过 1000 万小时的海量有声内容、2000 万 + 优质有声节目、1000 + 省区市广播电台、80 万 + 精品儿童有声节目、2000 万 + 认证母婴问答，并且提供各种在线音乐、小说相声、儿童故事、广播电台等内容资源。同时，智能音频所依附的载体一般拥有丰富的信息获取及整合能力，可以完成多种类型的信息检索，如天气、音乐、新闻、百科、翻译等内容。当日常生活中有任何疑问时，都可以向承载智能音频的智能音箱发起提问或者进行咨询。比如，“今天天气如何？”“适合穿什么样的衣物？”等，当智能音箱听到提问后便会快速做出解答。

8.3.4 应用案例

智能音箱实质上是人工智能技术、网络技术和传统音箱相结合的新产品[5]。在语音交互技术发展的大背景下，智能音箱不仅为人们的生活带来了便利，也为人们提供以声音作为载体的娱乐项目和为生活进行服务。本节以天猫精灵为例，天猫精灵的智能化功能体现在两个方面：其一，技术上具备 WIFI 链接，可语音交互；其二，可提供音乐、有声读物等内容服务，互联网服务及控制场景化家居的服务。

近年来，单亲家庭、留守儿童和孤寡老人等社会问题越来越严重，智能音箱也许可以有效地缓解这些问题，利用语音助手和互联网可以让他们获得陪伴和缓解压力。它可以根据儿童的性格、习惯、爱好等定制教育方案，有利于孩子的成长。

随着智能音箱影响的扩大，用户群体向老龄人群渗透扩散的趋势日益明显。智能音箱的存在为老年人的生活提供了很大的便利。有实验表明，老年人在与天猫精灵进行语音交互时，更偏爱温馨知性的女音角色，这样的形象能带来较大的亲和力，同时还能给老年人带来信任感。老年人在生活中有信息需求时便可通过唤醒天猫精灵来得知想要咨询的事，如“今天温差多大？”“今天是星期几？”“明天是否有雨？”等与其进行对话交流，一方面，促进智能音箱更好地服务于老年人生活，提高养老服务质量、效率及精确度；另一方面，从我国人口老龄化严重的基本国情出发，建立老年人与智能音箱的情感联系，为老年人的语音陪伴产品设计提供参考价值。天猫精灵在完成任务导向对话的同时，用轻量、简便的对话方式降低老年人的记忆负荷，从而提高任务的完成度。

天猫精灵还可以提供更多的在线服务，利用其结合各种手机应用进行更多语音服务，如语音购物、手机充值、叫外卖、网约车等。

智能音箱主要是依靠语音识别、语义分析等人工智能技术来完成机器与人之间的智能交流。现阶段相关的各项技术发展非常迅速，随着时间的推移，人们对新技术的接受程度会越来越高，更多用户将使用智能音箱，智能家居也将渗透到生活的方方面面，社会也将更加智能化。

8.4　可穿戴设备与信息服务

8.4.1　可穿戴设备概述

1. 可穿戴设备的含义

可穿戴设备又被称为可穿戴计算机，主要利用可穿戴式的技术实现将智能化配置融入人们日常穿戴之中，采用独立操作系统，通过将设备功能与人类思维能力相对应，在拓展用户感知能力的同时实现持续的人机交互，是可穿戴于体表、具备强大的信息收集与分析功能的智能终端。可穿戴设备内置独立的计算芯片，能随时随地保持网络连接状态，通过其核心器件——各类传感器收集、识别和感知佩戴者的各种行为、运动轨迹和情景信息，并采集这些信息和数据进行分析处理，作为其他设备用户信息获取的来源。

国际数据公司（international data corportion，IDC）的调查显示，预计 2021 年全球可穿戴设备市场的出货量将增长近 1 倍，达到 2.223 亿台，而且该市场每年将以较高的复合增长率快速扩大。目前，中国市场是全球最大的可穿戴设备市场。可穿戴设备多种多样，市场上典型的产品主要包括智能手环类、眼镜类、服装类及配饰类等。

2. 可穿戴设备的特点

1）智能化

可穿戴设备最重要的一点就是具有数据采集能力。设备传感器随时可以把手机中的数据上传到后台，极大地降低了信息采集的难度，如在图书馆应用中，可穿戴设备能够记录下用户的阅读历史和信息行为，即时捕捉到用户在图书馆内部的行动轨迹及在每个区域所停留的时间，这些收集到的数据可供图书馆全面了解用户的阅读行为。

2）便捷性

一款成功的可穿戴设备，不仅在于它的智能化，还在于其穿戴的舒适性，与用户身体结合的同时不会给用户增加携带负担。例如，谷歌眼镜的出现解放了信息生产者的双手，在与对象进行交流的同时，就能不动声色的记录下相关画面。

3）实时交互性

通过可穿戴设备，用户可以随时保持在线状态，个人数据的上传也是实时的。根据上传的信息，可穿戴设备可做到比受众自己更了解自身需求，并在此基础上实现推送信息的高度定制化。

8.4.2 可穿戴设备的发展概况

2012 年 4 月 Google 眼镜的发布将智能可穿戴设备带入公众视野，但实际上，早在 20 世纪就有了可穿戴计算机设备的雏形，如 20 世纪 60 年代爱德华 • 索普（Edward O.Thorp）研制的可穿戴轮盘赌计算机系统[6]、20 世纪 80 年代史蒂夫 • 曼（Steve Mann）研制的配有头戴显示器的可穿戴计算机原型[7]。

在产品方面，1975 年 Hamilton Watch 推出了世界首款 Pulsar 计算器手表[8]，1989 年 Reflection 开发出 Private Eye 头戴式显示屏[9]。随着计算机软硬件和互联网技术的迅速发展，1996 年在美国召开的两次会议引起了学术界和工业界对可穿戴计算的广泛关注，1997 年国际可穿戴计算机学术会议（International Symposium on Wearable Computers，ISWC）首次召开，20 世纪 90 年代中后期掀起了可穿戴计算技术研究的第一波热潮[10]。

进入新世纪后，可穿戴计算机设备的数量更是得到了爆发性增长，尤其随着移动互联网的发展及大数据时代的到来，其在各个领域显示出巨大的潜力和影响，Apple、Google 等大型互联网科技公司借助自身强大的研发能力推出了多款可穿戴设备。2012 年所诞生的 Google 眼镜是最具有代表性的智能可穿戴设备之一，它为人们打开了可穿戴技术领域的一扇大门。2013 年，可穿戴技术首次出现在《新媒体联盟地平线报告》系列中，报告显示可穿戴技术将会对高等教育产生重要影响[11]。2014 年可穿戴设备就是国际消费类电子产品展览会（international consumer electronics show，CES）的三大主题之一，必应预测（Bing Predicts）2014 年末预测可穿戴技术将在北美、欧洲及亚太地区成为未来潮头[12]，福布斯也将 2014 年称为可穿戴技术之年[13]，而 2015 年 CES 大会上各家公司更是带来了众多造型新颖、功能独特的可穿戴设备[14]，可穿戴设备已经从学术界、工业界研发机构逐渐走入了大众生活。

产业的发展离不开行业内的合作，在中国，可穿戴设备委员会筹备会暨产业链年会 2014 年 1 月在上海召开，会上宣布“可穿戴设备委员会（Wearable Devices Committee，WDC）”正式成立[15]，2014 年 10 月中国可穿戴计算产业技术创新战略盟（China Wearable Computing Innovation & Strategic Alliance，CWCISA）主办的“中国可穿戴论坛”在北京召开，CWCISA 正式宣布成立[16]。可以说，可穿戴计算机设备将在未来数年内成为下一代主流的计算机形态之一，有着极其广阔的应用范围和发展前景。

8.4.3　可穿戴设备的信息服务方式

1. 信息推送服务

当用户佩戴可穿戴设备活动时，与其连接的智能终端可实时感知用户的位置，并根据用户的地理位置提供相应通知、资源和信息的智能推送。比如，进入图书馆时，用户就会接收到图书馆发送的问候信息和近期举办的讲座培训等活动安排；进入某一阅览室或来到书库中某一学科的书架前时，用户就会接收到该区域的新到图书信息或该学科常用纸本资源和电子资源的推荐信息。图书馆能够增进对每位用户用馆行为和使用偏好的了解，把握用户关注的重点和热点，进而有助于高效便捷地为用户提供个性化的资源推荐和服务，更加智能地满足用户的个性化信息需求[17]。

2. 知识服务

当用户在阅读外文文献时，具有翻译功能或者安装有相应应用程序的可穿戴设备能自动地对这些文字进行实时翻译，并将翻译结果以语音或可视化的方式推送给用户。在医疗领域，医生利用可穿戴设备监测术后患者的心率、血压变化，在此过程中，可穿戴设备实时将监测数据与标准心率血压作对比来判断病患的健康状况，当监测到病患指标不正常时可自动在云端通知医生前来处理。

8.4.4　应用案例

可穿戴设备目前已经应用在多个领域并表现出显著的成效，本节主要分析在医疗卫生领域、体育健身、国防军事领域中信息服务的表现[18]。

1. 医疗卫生领域

医疗卫生领域是当前可穿戴设备运用最为广泛的领域之一。伴随着老龄化社会的到来，慢性病患者等特殊人群的数量不断增多，这使得可穿戴技术在医疗卫生领域有着极大的应用前景。佩戴可穿戴设备，可实现对老人和病患实时的健康监护。

利用各类生物传感器可对用户的生命体征，如心率、心电图、呼吸、血压、血糖、体温等数据进行实时获取和监测，通过网络互联将长时间的实时监测数据保存在其他计算设备或者云端，利用更强大的计算资源、医疗资源及同类别的大数据对这些生理参数进行有效分析，并将分析结果和专家建议信息通过网络回传，再通过人机交互技术反馈给用户，这对于一些慢性病和间歇发作疾病的诊断和治疗有着至关重要的作用。例如，一些患有心脏病的人员，其心跳异常情况（如心脏期前收缩、间歇性停跳等）可能几个小时或者几天才出现一次，在进行健康检查时，使用静态心电图或者 Holter 动态心电图记录仪在短时间内可能无法检测到这类心跳异常，而使用了可穿戴设备，则可以实现不间断地长期监测[19]，这为此类疾病的及时诊治提供了有效的方法和依据。除此之外，结合使用运动传感器，还可对用户的位置、动作进行监控。当出现一些紧急情况时，如急性高危病发作、跌倒等情况，可穿戴设备能实时向医院和家属发出警报信息[20]，这对抢救病患，尤其是对赢得挽救生命的时间有着至关重要的作用和意义。

无论是在信息的收集、加工方面，还是在对信息进行分析、推送，与用户进行交互方面，可穿戴设备都体现了其所提供信息服务的重要性。可穿戴设备作为新型医疗设备目前还存在一些不足之处，如在人体运动时产生的大量干扰信号，使得测量数据的可靠性受到很大影响。如何通过硬件器件或者软件算法消除这些动态信号干扰，是当前一个主要的研究方向。

2. 体育健身领域

随着工作节奏的不断加快，健身运动兴起，可穿戴设备被广泛地应用到运动健身中[21]。绝大部分可穿戴设备均具有计步的功能，并且可以在本设备或者联网的其他设备的本地或云端很方便的查看用户运动的时间、强度、距离、能量消耗等关键参数。集成了GPS 定位芯片的可穿戴设备还可以记录用户运动的轨迹，并在地图应用软件上进行显示。可穿戴设备可以提供信息推送服务，用户可以利用云端的数据分析与建议，不断改进健身计划。

除了运动健身之外，可穿戴设备还被应用于专业体育项目中。教练员通过运动员佩戴的可穿戴设备，可以实时查看运动员运动的姿势和动作，以便对其技术动作进行记录分析，提供知识服务，找出最优方案，也可以利用其对初学者进行动作的校正。可穿戴设备通过对运动员心率、血压等体征的实时监控，利用云端进行数据的对比和分析，可实时掌握运动员当前的体能或竞技状态，以便让教练员做出技术和战术上地调整。

3. 国防军事领域

国防军事领域对可穿戴设备的研究与应用已有多年。可穿戴设备独有的便于携带的特点、实时感知的能力和其出色的无线网络通信能力，在当今信息化战争中将有助于士兵更为准确、快速地感知、获取复杂的战场信息，让指挥人员能够快速有效地利用和下达指挥信息，最终实现信息制胜。

可穿戴设备可以嵌入战斗服装里或穿戴在头盔等作战装备上，通过设备的传感器等部件，实时获取战场信息，如战场温度、湿度等环境信息，声音、图片及视频等实时的多媒体信息，甚至能够通过可穿戴设备组成的传感器网络利用敌方枪声实施对敌人的定位，提供精准的信息推送服务。通过实时获取的生命体征信息判断是否有人员受伤或阵亡，并能实时通过无线通信等手段将采集的相关信息传给指挥所，让指挥员能够实时掌握战场态势，以便实施科学有效的指挥。

此外，可穿戴设备还可利用眼镜等显示技术，将当前战场的实时情报和指挥信息显示在作战人员眼前，让单兵也能够及时知道敌方情况，如敌人位置、阵地部署情况和目标行动轨迹等；也可及时知道己方情况，如己方人员位置、行动路线标注与导航，从而进行敌我识别。

智能可穿戴设备是一种可以穿在身上或贴近身体并能发送和传递信息的计算设备，它可以利用传感器、射频识别、全球定位系统等信息传感设备，接入移动互联网，实现人与人之间随时随地的信息交流，可穿戴设备自身还可以通过收集的信息实时进行反馈，经过分析整理的数据推送更精准的信息，体现了对于信息服务的重要性。可以预见的是，不久的将来，种类繁多、无处不在的可穿戴设备会和我们融洽地相处在一起，为我们的工作和生活提供更多的便利、增添更多的光彩。

参 考 文 献

[1] 李雪聪. 后信息时代人工智能条件下新闻生产方式的变革. 重庆：重庆工商大学，2018.

[2] 郭全中. 智媒体的特点及其构建. 新闻与写作，2016，(3)：59-62.

[3] 许向东. 数据新闻中传感器的应用. 新闻与写作，2015，(12)：70-72.

[4] 刘迷. 机器人新闻：开启新闻生产模式新样态. 今传媒，2018，26 (5)：31-33.

[5] 孙永杰. 智能音箱大战背后：语音识别技术应用仍存挑战. 通信世界，2017，(14)：54-55.

[6] Thorp E O. The invention of the first wearable computer. Washington D C：IEEE Computer Society，2002：4-8.

[7] Mann S. An Historical Account of the "WearComp" and "WearCam" Inventions Developed for Applications in "Personal Im-aging". International Symposiumonon Wearable Computers. Washington D C：IEEE Computer Society，1997：66-73.

[8] 赵亦俊，张涛. 智能穿戴在健康领域发展的现况分析. 中国卫生信息管理杂志，2015，12 (4)：354-358.

[9] Mann S. Smart clothing：the wearable computer and wearcam. Personal Technologies，1997，3 (1)：21-27.

[10] 陈东义，夏侯士戟，黄志奇，等. 面向工业应用的可穿戴计算技术. 电子科技大学学报，2009，38 (5)：678-686.

[11] 约翰逊 L，亚当斯贝克尔 S，卡明斯 M，等. Part I 新媒体联盟地平线报告（2013 高等教育版）. 北京广播电视大学学报，2013，(S1)：5-29，80.

[12] 中国网. CES2014 国际消费电子展. http://tech.china.com.cn/special/CES2014/20140110/86479.shtml[2019-08-05].

[13] 福布斯中文网. http://www.forbeschina.com/review/atlas/005047_1.shtml[2019-08-05].

[14] 199IT 中文互联网数据资讯网. Forrester Research：预计 2015 年使用可穿戴计算设备用户数增长至 3 倍. http://www.199it.com/archives/312954.html[2019-09-05].

[15] OFweek 会展网. 可穿戴设备委员会（WDC）正式成立. https://exhibition.ofweek.com/2014-01/ART-5201314-5252-28769413.html[2019-09-10].

[16] 中国新闻网. 中国可穿戴计算产业技术创新战略联盟成立. http://www.chinanews.com/cj/2014/11-06/6757562.shtml[2019-09-10].

[17] 王倩. 可穿戴技术和设备在图书馆中的应用研究. 内蒙古科技与经济，2017，(20)：111-112.

[18] 屈峰，王旭辉，谢爱荣. 可穿戴设备及其应用概述. 科技广场，2015，(5)：112-115.

[19] 屈峰，周海鹰，侯昆明，等. 心电图 QRS 复波实时检测算法. 数据采集与处理，2010，25 (S1)：60-68.

[20] 苌飞霸，尹军，张和华，等. 可穿戴式健康监测系统研究与展望. 中国医疗器械杂志，2015，39 (1)：40-43.

[21] 佚名. 智能计算让你更健康运动中的智能可穿戴设备应用. 微电脑世界，2014，(8)：52-62.

第 9 章　互动电视媒体与信息服务

9.1　互动电视媒体概述

9.1.1　互动电视媒体的含义

互动电视是一种建立在数字电视播出平台上的，具备观众和播出平台双向交流功能的新型电视传播方式。这种传播方式允许电视观众通过手中的遥控器与电视机顶盒的配合，用遥控器控制，选择由播出机构发送的不同信号来达到选择节目的目的；或者以电话网络、有线网络作为信息的回路，向播出平台传递个人意愿，此方式也可以达到选择节目信号的目的。通过这两种方式，观众可以得到自己所希望的信息甚至以个人意愿来影响正在播出的节目走向。

网络互动电视指的是基于计算机网络的广播电视多媒体技术平台，是集网络技术、通信技术、多媒体传播技术的综合产物，可以实现互动功能。网络互动电视中的播放技术得到进一步优化，操作更加简单、方便，并且可以根据用户的不同需求，提供有针对性的服务。目前，我国有许多的网络播放平台开始运用这一技术。

9.1.2　互动电视媒体的特点

互动电视最大的卖点在于“互动”二字。尽管互动的概念由来已久，但当今互联网信息技术的发展使互动上升到了一个新的高度，将真正实现跨越时间、跨越国界、随时随地地互动。从目前来讲，互动电视的表达方式可以归纳成“三个互动”，即观众对内容的互动、内容与内容的互动及播出与接收的互动，这三个表达方式都有很大的发展潜力。

互动电视的诱惑性首先在于它改变了电视台与观众、观众与观众、电视台与电视台之间的原有关系，形成了一种新的关系，即以观众为主体的伙伴关系。电视节目播出的主动权由电视台转移到观众的手里，观众成为自己娱乐生活的主人。观众不但可以选择自己喜欢的节目，而且可以参与节目的策划、制作等环节，从而享受到创作的愉快。

互动电视使电视台与电视台的节目交流速度得到可观地提升，台与台之间的互动成为可能。结果是观众不再需要顾及所喜爱的电视节目存在于什么位置，因为整个互动电视系统已经成为一个巨大的整体，观众参与或选择节目没有任何距离感，观众之间实现数字化、可视化的交流。观众通过互动电视这一形态，可进行“面对面”的沟通，交流对电视节目的看法及相互传递问候[1]。

9.2　互动电视媒体的类型

9.2.1　数字电视

数字电视采用了先进的数字编码和压缩技术，在同样的带宽下可以提供更多的电视节目。数字电视的节目内容极其丰富，通过细分化的、有针对性的内容，极大地满足了用户的个性化、多样化需求，增加了节目内容的吸引力。

数字电视系统采用了开放的中间件技术，能实现各种交互式应用，可与计算机网络互通互联，互动性体验彻底改变了以往单向的、被动的收看方式。首先，数字电视提供电视节目菜单，选择空间增大，用户可按照自身需求选择收看；还可以将不能及时收看的节目下载并存储起来以供日后方便观看。其次，数字电视提供增强电视的功能，用户可以获得更多深入信息，受众在观看音视频节目的同时，还可以点击节目中链接的附加信息，使其对电视节目的控制权大大增强。最后，数字电视除了实现电视视频节目的变革外，运营商还提供了更多的信息服务内容，包括电子商务、生活服务等。

9.2.2　IPTV

网络协议电视（Internet protocol television，IPTV）是一种利用宽带网络，集互联网、多媒体、通信等多种技术于一体，以计算机、电视机或手机为接收终端，向用户提供以视频节目内容为主的交互式服务技术和媒体形态。IPTV 可以提供电视类、通信类和各种增值类业务。电视类服务是指与电视业务相关的服务，如视频点播、直播电视和时移电视。通信类服务主要指基于 IP 网络的语音业务、即时通信服务等，增值业务则是指电视购物、互动广告等。IPTV 是新媒体革命浪潮中的有力一波，推动了媒体变革的深入进行。与传统电视相比，丰富多彩的内容资源是 IPTV 发展的主要动力。

9.2.3　OTT-TV

互联网电视（over-the-top TV，OTT-TV）是指通过互联网向电视机传输 IP 视频及其他的互联网应用服务，其接收终端一般为互联网电视一体机或者互联网电视机顶盒，代表产品包括小米盒子、天猫盒子等。这种交互式网络电视的内容及相关服务的传输一般由互联网公司主导，发展基于开放互联网的各种视频及数据服务业务。不同于数字电视和 IPTV，这些电视媒体是由广电运营商和电信运营机构来主导的，而 OTT-TV 是由网络业务提供商直接越过电信运营商来开展业务的。国外的 OTT-TV 不存在国内的广电系和电信系，它有着更加开放的业务形态，终端包括电视机、电脑、智能手机等终端设备。OTT-TV 采取“内容服务 + 集成服务”的双牌照制度，通过公共互联网进行内容的传输，具有海量的视频点播内容，但不允许提供直播、时移和回看等功能，这是和有线电视与 IPTV 的最大功能差异。

9.2.4 三者之间的关系

严格地说，现在的 OTT 电视盒子和 IPTV 也属于数字电视的一种。不过目前通常是指有线电视台的数字电视。

数字电视属于有线电视的升级版，数字信号压缩技术的进步使数字有线电视服务变得更为普及。在这种技术下，有线频道会先被转化为数字信号经压缩处理后被传送，所以数字有线电视能在相同的频宽下提供更多电视频道，这些数字频道需要使用特别的解码器才能收看。数字有线电视能提供比模拟制式质素更高的影像，但是高度压缩的数字电视可能降低部分视频的影像质量。

网络电视通常是指 OTT 电视盒子类产品，比较类似于用电脑看电视的效果，OTT 的机顶盒相当于一台阉割版的电脑，将电视节目转发给电视播放出来，电视起到了类似电脑显示器的作用。不过由于这些小的运营商或者 OTT 服务商不能保证带宽的稳定性，相比 IPTV 而言效果会差一些，尤其是在上网的高峰期，画面可能会出现卡顿等现象。

IPTV 的技术较为稳定，通常由三大运营商（移动、联通、电信）提供，内容（包括电视类和点播类）也都是其他内容提供商提供的（属于广电体系），三大运营商使用吉比特无源光纤接入网络（gigabit-capable passive optical network，GPON）或者以太网光源纤接入网络（ethernet passive optical network，EPON）单独提供相应的带宽给 IPTV 使用或者是给 IPTV 一个比较高的优先级，使得 IPTV 看电视不会卡顿，效果比较好。

9.3 互动电视媒体的信息服务方式

9.3.1 信息发布服务

随着互动电视媒体的发展，电视节目增加到了几百套，可以观看多样化、专业化、个性化的频道，如足球频道、健康频道、幼儿教育频道、老年频道等，满足了人们不同的需求。其中，国内的央视风云频道比较具有代表性，其创办了多个数字付费频道，面向国内外电视市场为用户提供高端媒体产品。

互动电视媒体的信息发布传递服务还体现在广告服务上，互动电视广告是一种通过数字电视的互动通道，向消费者提供参与商务信息传播机会的广告形式。电视互动广告是确定的广告传播与接收双方，直接或间接地付出一定代价，借助具有双向互动功能的数字电视媒体，进行动态的商务信息沟通的过程。双向动态沟通过程中，双方共享信息控制权、交换信息、共享价值，最后建立主体间的交互性关系。

9.3.2 信息导航服务

互动电视媒体设立了汽车、教育培训、旅游、机票、家庭医生、育儿、康体健身、家电 IT、购物、娱乐、游戏、会所 KTV 等分类信息或专门频道。用户可根据自身需求查看或定制有关分类项目信息。

9.3.3　信息推送服务

观众可以自由订制自己电视的“首页”，如设置当地天气、社区促销信息、互动游戏、汽车信息、餐饮信息等。运营商可以根据观众提供的电话号码、邮政编码或反馈的详细信息提供个性化推送服务。

9.3.4　信息检索服务

信息检索系统具备强大的自动搜索功能，用户只要通过遥控器输入需求信息，系统就能够自动完成包括最新的电子节目表、节目预告、天气预报、交通预报等在内的各类需求的搜索服务。

9.4　应用案例

9.4.1　互动电视媒体与图书馆——以国家图书馆为例

2008 年，依托科学技术部“数字媒体内容支撑技术平台”小组的研究，国家图书馆作为图书馆界的领军者开始尝试制作图书馆自己的节目及专业频道，2009 年 4 月，第一期标清节目正式亮相北京，2009 年 9 月，高清节目全面铺开。

在“服务社会”这个大原则的指导下，图书馆的栏目具有文化特色并体现公众文化的导向作用。在结合馆藏的基础上，规划了“文津讲坛”“图书推介”“馆藏精品”“图说百科”“少儿读物”“经典相册”和反映国家图书馆百年发展历程的“百年国图”等栏目，以文字、图片、视频相结合的方式全方位、立体化呈现国家图书馆的资源及服务。

“图书推介”栏目。此栏目内容从国家图书馆网站的“网上读书”中选取，栏目的主要表现形式为书封面图片加少量图书简介文字。

“馆藏精品”栏目。此栏目目前主要展示国家图书馆特色资源库中的甲骨、年画、碑帖等镇馆之宝，这也是国图为世界数字图书馆项目提供的内容，栏目的主要表现形式为图片加少量文字——每种馆藏都将其中的知识点提炼出来做了重点说明，用户在收看的时候不只简单地看到藏品的罗列，而是可以从中学到古代典籍中的精粹。在该栏目未来的计划中，将加入动画展示效果，以迎合老年和少儿用户；制作精良的图片也将作为学校教师展示历史文献的手段，因为与教育相结合也是图书馆作为公众教育平台的职责和使命。

“少儿读物”栏目。此栏目第一阶段内容为《千家诗》，用视频的方式解读绝句的意境和意义，同时配以诗词朗诵，让孩子从小感受中国传统文化的精髓。

“百年国图”栏目。2009 年适逢国家图书馆建馆 100 周年，其特别制作了馆庆题材的专栏，以宣传国图的历史和文化、揭示文献及其渊源。栏目中包括视频节目和展览，以馆史和馆藏为主线，让世界了解国图，向世人揭开国家图书馆珍藏的瑰宝的面纱。上述互动电视在图书馆领域的应用充分体现了互动电视信息服务的优势。

9.4.2 互动电视媒体与党教——以华数电视为例

浙江华数电视党教平台是针对当前农村基层党员群众平常“忙于生产、懒于咨询、疏于沟通”，但又渴望第一时间了解党委政府政策信息的现状的现象，依托华数作为千万级别数字电视的运营主体，通过数字电视这一载体为党员提供远程教育、党务公开、智慧家庭影院、智慧医疗、致富信息等信息服务的平台。通过该项目的建设，强化党员信息服务业务功能，为浙江省党员远教和党员服务提供了一条高效便捷的信息资源服务与文化宣传的渠道。

浙江华数结合省组织部党教入户的要求发展电视互动用户，提高电视互动率，实现单向广播电视向高清互动电视的升级及转换，提高用户对电视的黏着度和对每个用户平均收入（average revenue per user，ARPU）。主要建设内容包括以下几个方面。

（1）一体化云服务平台。实现电脑、移动终端、电视多平台云服务一体化，为党员提供多种信息化服务，实现无论党员在家与否，都可通过电视、电脑及手机 App 了解最新党员资讯，便捷使用各种信息应用。

（2）党员远教服务平台。通过华数点播网络的互联网出口与党教“时代先锋”门户网站进行数据对接，使党员用户通过华数点播网络即可访问“党教数字电视平台”，选择视频进行观看学习。

（3）党务公开服务平台。通过视频会议、媒体、文件信息等多种形式，逐级和及时地向党员通报党的代表大会的报告、党的各级组织对重大问题的讨论和决策情况，增强党员的荣誉感和责任感，调动党员的积极性、主动性和创造性。使党员更好地了解和参与党内事务，充分行使知情权、参与权、选择权和监督权。

（4）党员信息服务平台。通过平台在线服务为党员提供惠民、便民服务。

该项目的顺利开展得益于浙江华数电视媒体所发挥的综合服务平台和党教信息枢纽的作用。

9.4.3 互动电视媒体与教育——以遂昌华数校园电视台项目为例

校园电视台是华数进军智慧教育领域的创新性业务模式。基于华数电视平台的运营优势、电视网络的覆盖优势、电视内容的安全优势、电视服务的下沉优势，整合学校自产的本地教育资源，结合华数在国内外整合的优质教育资源，为学校搭建校园电视台，为学校、老师、家长、学生提供优质健康的个性化服务，将学校的宣传信息、教学信息、教育内容推送到学生家庭，促进家校互动、方便学生在家学习、提升学校日常管理能力。

通过校园电视台，可以方便华数切入智慧校园的建设，如校园监控、无线覆盖、平安校园、录播教室、翻转课堂等，将这些智慧校园系统与校园电视台打通，将家长和学生所关心的安全信息、考勤信息、公开课堂等推送到学生家庭，大大提升了华数争取智慧校园集客项目的优势。随着校园电视台落地数量的增加，华数可以依托平台所汇聚的学校和学生的大数据信息，进军智慧教育精细化运营领域。

遂昌华数结合遂昌教育实际，一期选取县城区实验小学为试点，依托华数高清互动电视，建设遂昌实验小学电视端学习应用平台。该平台集校园风采展示、学习共享、家校互动、学校管理等功能为一体，融合监控、广播、电视、宽带等多个华数产品。其特征如下：平台汇聚面广、学习资源丰富；学校资讯发布便捷、及时、精准；家校互通互动互融“三互”式加强沟通、管理；学生管理可视化、多元化、智慧化；实现资源平台与管理平台的深入应用与协同发展；融合电视、网站、手机，实现“三网融合”；平台建设完整、共性大、使用率高、可复制性强；平台以视频应用为主要特色，充分发挥电视平台高清大屏、绿色健康的优势[2]。

互动电视在教育行业领域的应用在一定程度上可以说最大限度地发挥了其信息服务的作用，如为学校、老师、家长、学生提供优质健康的个性化服务、促进家校互动；将学校的宣传信息、教学信息、教育内容推送到学生家庭，发挥其信息推送服务优势等。

参考文献

[1] 李振富. 互动电视：即将崛起的“第五媒体”?. 传媒观察，2003，(7)：51-52.
[2] 王庆顺，周芸. 华数融合性信息服务探索与实践. 广播电视信息，2018，(10)：70-73.

第 10 章　新媒体环境下信息服务的发展趋势

10.1　新媒体环境下的前沿技术

1929 年，经济学家托尔斯坦·凡勃仑（Thorstein Bunde Veblen）首次提出“技术决定论”，该理论阐明了两个重要论断，一是技术的发展是自主的；二是技术的变迁导致社会的变迁[1]；该理论向我们揭示了技术发展对社会发展的重要意义。当代信息技术发展带来的云计算、物联网、大数据、人工智能、移动互联网所形成的全新环境，成为信息服务创新的根本性动力。当今比较具有代表性的前沿技术包括以下几方面。

一是以大数据和云计算为代表，旨在改变传统的系统计算模式，并大规模提高计算能力的相关技术。大数据具有体量庞大、数据类型复杂、来源维度多、数据处理速度快的特点，可以用来发现趋势、优化流程、帮助决策。大数据技术大大提高了智能算法推荐的精准程度，在发现信息内在联系、提高信息传播效率方面发挥着重要作用。云计算技术通过网络的统一管理和调度来计算资源，进而整合各种信息资源，降低 IT 运营成本。

二是语音、图像识别技术。与声音和图像信息相比，文字信息更加自然、便捷，计算机要处理这些音、视频信息，离不开语音和图像识别技术。

三是智能传感器技术。传感器技术通过将传感器随外界条件变化而发生的物理变化转化为可测量的信息进而实现其工作机制。在众多的智能设备和物联网系统中，传感器都被赋予了重要的职责。

四是移动通信技术。移动通信技术是智能化发展的基础，大数据、云计算技术的实现都依靠实时的数据传输，移动通信技术决定了信息传播效率。无线通信在过去 20 年经历了突飞猛进的发展，从以话音为主的 2G 时代，发展到以数据为主的 3G/4G 时代，目前正在步入万物互联的 5G 时代。随着 5G 时代的到来，网络具备为用户提供高带宽低延迟的信息服务基础，同时信息服务将会依托更多的智能化硬件，迎来新一轮的创新升级。

10.2　新媒体环境下信息服务的主流趋势

信息服务随着信息技术的发展而不断进化，新媒体环境下，信息服务的主流趋势主要表现在以下几个方面。

10.2.1　融合性信息服务

目前信息呈现异质性、多元性和碎片化等特点，若想精准地为网络用户提供有价值的信息服务，需要多维度收集信息，借助三网联合、跨界融合、新旧融合等方式整合各种信息、内容和应用，将不同主体提供的各种业务和服务有机地结合起来提供给用户，满足用户一体化和泛在化的需求，最终向准确高效提供信息服务的方向不断迈进。

作为市场活动的核心，用户需求不仅是信息服务活动的出发点和落脚点，也是它们发展的风向标。用户需求的变化与提高，是融合信息服务不可忽视的重要动力之一。一方面，用户对信息获得的时效性和便捷性需求推动了不同媒体之间的内容共享和规模化信息生产。只有通过融合，吸取不同媒体的优势，充分利用数字技术、网络技术带来的多样化媒介终端，才能更好地满足受众需求；另一方面，受众对信息形态的多样性和个性化需求，对信息消费的交互性、参与性需求激发了融媒体式的信息服务。

在信息爆炸时代，社会公众追求的不单是随时随地获取任何信息，而是随时随地获取想要的信息，这是一种更高层次的信息消费需求。用户不仅要求信息消费省时、省力，更要求品质、享受，希望获得不同媒体形式所带来的全方位感官调动。与此同时，越来越细分甚至单一的个性化信息消费心理和需求开始出现，用户不仅想要获取信息，还想参与信息的生产、加工及传播等工作，这些都激发了不同媒体形式、传播平台、信息产品之间的整合和扩充，从而满足受众多样化、个性化的信息服务需求。

融合性信息服务的提供主要借助新旧媒体之间的融合。尽管新媒体依托技术先进性和诸多传播优势迅速打开了市场，但是在权威性和公信力方面，传统媒体具有一定的优势，考虑到当前新媒体之间日趋激烈的竞争态势，融合是新旧媒体互利共赢的必由之路。2019 年，总书记在中央政治局第十二次学习时也强调“推动媒体融合发展，建设全媒体成为我们面临的一项紧迫课题”[2]。传统媒体与新兴媒体融为一体的趋势将持续深化，传统主流媒体在加快探索和实践，积极发展网站、微博、微信、电子阅报栏、网络电视等各类新媒体，同时无人设备、视频直播、大数据、VR 等新技术将越来越多的运用到传统媒体的生产环节，为人们创新更多更好的互动式、服务式、体验式的信息服务，丰富用户的信息消费体验。这种基于媒体融合信息服务将成为实现信息服务创新的突破口。

10.2.2　移动信息服务

移动通信技术和移动计算技术的不断融合给人们的学习、工作和生活带来了巨大的变革，也给信息服务的发展带来了前所未有的契机，移动信息服务日渐成为主流的信息服务模式。

移动互联环境下，场景的意义大大强化，移动化增加了媒体在用户生活中的曝光率，大大拓展了用户的媒体接触场景。移动传播的本质就是基于场景的服务，即对场景的感知及信息服务进行适配。现实生活中，用户持有和使用移动终端数量的增加，移动终端不仅是用户获取信息服务的工具，也成为用户在移动环境中的标识。一方面，移动终端可以通过精准定位用户的空间位置，使得空间资源整合能力得到更大的提高，从而使相关服务更具定向性；另一方面，以智能手机为代表的移动终端大多具有较强的个性化程度，每个手机号、微信号、App 账号都精确地指向明确的个体，从而使相关服务更具针对性。移动环境下，用户的行为和产生的相关信息具备一定的场景化，更加真实可信，使得移动环境下用户信息的价值进一步提升。基于上述用户行为信息的研究和分析，能够更精准的为用户推送服务。

只是这种个性化的信息服务方式对用户信息安全和隐私保护技术提出了更高的要求，如何保证信息的准确采集、有效存储和保密等是未来有待解决的问题。

10.2.3 智能信息服务

信息技术使得信息服务机构可以为用户提供越来越多的智能工具。信息服务机构只有加大新兴智能技术的应用程度，才能将信息技术及其工具转化为实际信息服务能力。

人工智能技术为信息服务的升级带来了新的机遇，尤其机器学习算法作为人工智能的核心，赋予了计算机“自动发现特征”的能力，智能机器将逐渐替代传统的手动工作，极大地提高信息的采集和传播效率，同时智能算法可以根据每个人的媒介接触习惯绘制出独有的“用户画像”并通过智能推荐系统对信息进行筛选过滤，为用户提供个性化的信息服务。

物联网是新一代信息科技的重要组成部分，是继计算机、互联网之后世界信息发展的第三次浪潮，它扩展了移动通信的服务范围，从人与人通信延伸到物与物、人与物之间的智能互联，无限拓展了信息输出端口，每一个物体都可以成为信息的收集端和输出端，传感器作为触角可以延伸到社会的各个角落。借助物联网和移动通信技术，可以实现智能化识别、定位、跟踪、监控和管理。但现阶段，因网络迟延和带宽的限制，这些设备需采用 WIFI 或者蓝牙进行连接，不能独立存在，而 5G 技术的出现和普及将有助于促进万物互联，使物与物、人与物、人与人之间的互联和服务触手可及。

VR 技术通过创造一个高度逼真的虚拟环境，使用户的听觉、视觉、触觉沉浸其中并与虚拟世界产生交互，以达到身临其境的用户体验。VR 主要分为两种业务，一种为 360°全景视频类，如 UGC 的 360°视频直播，PGC 的 360°赛事、音乐会、电影等，核心是将平面的视频还原为全景播放。另一种以计算机图形处理为关键技术，利用计算机生成模拟环境，是一种多源信息融合的、交互式的三维动态视景和实体行为的系统仿真，可使用户沉浸到该环境中，主要应用于虚拟教学、社交等场景[3]。除此之外，结合 VR 技术还可以开展虚拟找书及可视化信息检索服务，用户可以在移动设备端接受虚拟咨询空间等多种信息服务。相对 VR 来说，AR 更强调的是在真实场景下增加的信息，与观看屏幕与 VR 的全封闭头盔设备不同，主要有头戴透明现实、手机、手持投影等。目前应用的主要领域是工业、商业及游戏类，如 AR 导航。基于 VR 的信息服务方面，由于 VR 的时延要低于 20 毫秒才能缓解人们感受到的眩晕感，而 5G 毫秒级的时延将可以很好地解决这个问题[4]，随着 5G 技术的普及和广泛应用，基于 VR、AR 等虚拟现实技术开展的信息服务将是未来主要的发展方向。

相对于传统的电脑、平板、智能手机等终端而言，可穿戴计算机设备的加入使得信息用户和服务系统间的交互通道变得更加多样化、便于操作，且无处不在，人们只需通过佩戴可穿戴设备就可以随时随地获取信息服务及计算服务。随着大数据处理和分析技术的发展，各类信息服务应用场景中都可以引入可穿戴计算机设备以提供更优的信息服务，同时，随着可穿戴计算机设备成本的降低，其必将得到越来越广泛的应用，成为未来智能信息服务发展新的驱动力。

10.2.4　流媒体信息服务

现阶段，很多机构已经开展流媒体业务，且服务内容日益丰富。所谓流媒体是指采用流式传播的方式在网上播放相应的媒体格式，包括图片、音频、视频等，此类流式信息具有不间断的特征，所以在实时和非实时的情况下能够满足用户实现信息传输、信息交流、信息共享等需求。随着 5G 时代的到来，一方面，可以通过智能终端、传感器等媒介对用户进行周围环境感知和上下文信息采集，支持了信息空间和物理空间的融合，可以对文本、图片等这些数据量较小的信息进行处理和利用，对音频、视频等数据量较大的信息也能做到识别、标记和安全的传输，甚至在复杂度更高的商务交易中流媒体服务也能达到准确、安全、高效传输和存储的目标。另一方面，流媒体本身具有信息存储量大、信息呈现较为直观、内容多样化等优点，而 5G 网络环境有着更加优质的基础设施平台、足够的带宽和实时的响应时间。5G 环境下信息服务支持各种视频教学、专题讲座、声色俱全的电子书，可以为用户创造动态的学习空间。除此之外，3D、4D、全息成像技术、视频捕捉技术、红外触碰技术、光学触碰技术、射频自动识别技术、云计算等技术与新媒体产业的结合，使流媒体信息服务以全新的方式逐步走入人们的生活，实现人们在视听领域的突破及创新[5]。

10.2.5　基于云计算的信息服务

云计算模式是通过网络以按需、易扩展的方式获得所需的基础设施、平台、软件等 IT 资源或信息服务的交付和使用模式。麦肯锡预测，到 2025 年，大多数 IT 和 Web 的应用及服务都将是云传递或应用云技术的，大多数商业机构将使用云设施和服务作为他们的计算资源。在云计算模式下，服务器中的大型存储器为日益增长的信息资源整合奠定了坚实的基础。用户可以通过浏览器访问云端存储器，实现信息存储服务，自行检索云端信息资源。

云计算模式下，企业信息服务外包模式将逐渐转变为整体基础设施外包服务和服务外包的租用服务模式。这种信息服务外包模式的优势在于其能大大降低企业运维成本，摆脱 IT 的束缚，而且云服务提供商可以发挥规模优势和集成优势，为企业用户提供低成本和更专业化的信息服务，升级更加便捷。此外，作为云计算的重要应用，个人云存储也已经走进人们的生活。因用户自身信息资源管理水平有限，终端设备和系统故障也会对信息安全带来威胁，所以未来个人云将逐渐取代电脑，成为个人保存信息、获取相关信息服务的数字生活重心。

信息技术的创新和发展丰富了信息服务的内涵，加快了信息服务向融合性、移动化、智能化迈进的步伐，而 5G 技术的出现则更为信息服务提供了罕见的发展机遇。尽管目前信息服务还存在人才、资金等诸多方面的瓶颈，5G 技术尚未得到规范化应用和大规模发展，但其发展条件已基本酝酿成熟，进入了商用阶段。5G 技术在相关领域的大规模应用指日可待，它将帮助 VR、AR 有效落地，通过物联网的应用实现万物互联，势必会极大地提升信息服务质量和效率，加快向以万物互联、万物感知、万物智能为目标的智慧信息服务转变的步伐。

参 考 文 献

[1] 黄晓伟，张成岗. 技术决定论形成的历史进路及当代诠释. 南京师大学报（社会科学版），2017，(3)：59-66.

[2] 新华社. 习近平：推动媒体融合向纵深发展 巩固全党全国人民共同思想基础. http://www.xinhuanet.com//zgjx/2019-01/25/c_137774646.htm[2019-09-21].

[3] 林小勇. 未来媒体蓝皮书：中国未来媒体研究报告（2019）. 北京：社会科学文献出版社，2019.

[4] 肖立. 浅谈 5G 时代新媒体的发展. 广播电视信息，2016，(10)：30-33.

[5] 张弛. 智能新媒体的发展模式创新研究. 上海：东华大学，2013.